CULTURA ESCRITA, TIEMPO LIBRE Y JÓVENES UNIVERSITARIOS

CULTURA ESCRITA, TIEMPO LIBRE Y JÓVENES UNIVERSITARIOS

Acerca de las prácticas e imágenes vinculadas con la lectura, los contenidos y los soportes

Alejandra Jimena Ravettino Destefanis

Ravettino Destefanis, Alejandra Jimena
Cultura escrita, tiempo libre y jóvenes universitarios: acerca de las prácticas e imágenes vinculadas con la lectura, los contenidos y los soportes en la era digital/ Alejandra Jimena Ravettino Destefanis. – 1a ed. adaptada. – Ciudad Autónoma de Buenos Aires: Alejandra Jimena Ravettino Destefanis, 2016.
ISBN 978-987-42-0700-5
1. Sociología de la Cultura. I. Título.
CDD 306

ISBN: 9789874207005

Las opiniones y los contenidos incluidos en esta publicación son responsabilidad exclusiva del/los autor/es.

Compaginado desde TeseoPress (www.teseopress.com)

Índice

Resumen 9
Abstract 13
Siglas y abreviaciones 19
1. Introducción 21
2. Uso del tiempo libre y consumo mediático 61
3. Apreciaciones sobre los nuevos modos de leer 101
4. Lectura y consumo de libros 125
5. Gustos y preferencias literarias 179
6. Conclusiones 217
Reflexiones finales 257
Referencias bibliográficas 261
Apéndice metodológico 299

Resumen

Esta investigación explora la relación que los jóvenes mantienen con la *cultura escrita* –prácticas y representaciones vinculadas con el libro y la lectura– mediante la cual otorgan sentido a su existencia a partir de necesidades sociales, reconociendo la correspondencia entre la materialidad del texto y el modo de apropiación. En el marco de la Revolución cibernética, la convergencia entre las industrias culturales y las redes digitales impacta en la relación que los sujetos tienen con la palabra escrita resignificando las prácticas culturales. En los últimos tiempos, aparecen nuevas formas de acceder al conocimiento y entretenimiento y surgen diversas maneras de administrar el ocio. Precisamente, dado que el tiempo libre es un recurso limitado, su utilización es un indicador clave de intereses, valoraciones y expectativas. Por otro lado, considerando que la lectura es básicamente una práctica escolar y reconociendo su estrecha relación con el rendimiento académico, y porque los jóvenes lideran este proceso de transformación profunda del acto de leer, se toma al universitario como unidad de observación. El hecho de que continúe estudios superiores después de la escuela media presupone un sujeto ilustrado con aspiraciones profesionales, con competencias intelectuales para analizar situaciones y comprender los textos que lee, aunque las pruebas internacionales de rendimiento y la experiencia docente indiquen lo contrario. En este contexto y con este perfil en mente, preguntarse *si la lectura tiene lugar durante sus momentos de ocio, qué disfruta leer y de qué modo lo hace, cuáles son sus percepciones respecto de su condición de lector y sobre los modos digitales de leer,* adquiere relevancia.

Esta tesis ofrece la descripción y análisis de un problema empírico mediante a) la aplicación de una encuesta diseñada ad hoc, cuyo cuestionario fue administrado a una muestra no probabilística conformada por trescientos sesenta universitarios; b) la recopilación y sistematización de material estadístico y de fuentes secundarias que permiten triangular datos; y c) entrevistas a informantes calificados que posibilitaron indagar temas pertinentes y descubrir aspectos significativos. Así pues, la estrategia metodológica supuso constatar, comparar y marcar tendencias dentro de los límites estadísticos de una muestra intencional. Como puntapié inicial se tomó como supuestos teóricos que a) la lectura es una producción de sentido socialmente determinada y una práctica históricamente variable determinada por los mismos aspectos socioeconómicos que el resto de los consumos culturales; b) la apropiación que hacen los lectores de los textos varía en función del sexo, la edad y los capitales escolar y cultural; y c) el rendimiento escolar está asociado con la intensidad de lectura.

Alguno de los resultados de esta investigación sugiere que la imagen y el sonido prevalecen por encima de lo escrito: dentro de los consumos culturales, Internet, música y televisión se imponen. Si bien los jóvenes invierten parte de su tiempo en intercambios virtuales entre pares, para los momentos libres prefieren las actividades de recreación y esparcimiento tradicionales. Entonces, después de *para comunicarse*, se apropian de Internet *para informarse*, evidenciado en la importante incidencia de lectura de diarios y consultas específicas en sitios de interés. No obstante, los jóvenes manifiestan una resistencia generalizada hacia la lectura en soportes digitales, mediante temores y presunciones que darían cuenta de cierto desconocimiento o carencia del dominio del lenguaje digital. En rigor, para los universitarios la función predominante de la lectura es posibilitar el acopio de saberes, por ello perciben al libro como un objeto que vehiculiza el conocimiento, desvinculándolo del placer. Sin embargo, se evidencia la necesidad generalizada de ficción que una minoría cubre con una cuota ocasional de literatura. A propósito, sus preferencias literarias son gobernadas por un gusto de época compartido con otros jóvenes en el mundo, fenómeno que se enmarca en la internacionalización del mercado del entretenimiento. Además se pudo constatar que, contrariando el sentido común, no hay una correlación negativa entre la lectura y otras prácticas culturales; y que el ejercicio de leer conlleva a otros consumos asociados, como concurrir a la Feria del Libro y comprar libros para obsequiarlos.

Esta investigación se encuadra en un proceso complejo de modernidad tardía y reconoce las profundas transformaciones en las formas de procesar los contenidos textuales, de imagen y sonido. No obstante, hay tres ideas que sobrevuelan esta tesis. Primero. Si bien el cambio de paradigma cognositivo que supone la irrupción de *lo digital* no tiene precedentes, el modo en que los usuarios se apropian de Internet y las representaciones que despiertan ciertas novedades virtuales tienen raigambres profundas en el pasado; y en este sentido, revisar la Historia del Libro y la Lectura contribuye a atemperar algunas prenociones. Segundo. Resulta insuficiente analizar los roles escritor-editor-lector con las anacrónicas categorías conceptuales, en virtud de que las injerencias de cada cual en una obra están trastocadas: por ejemplo, los usuarios son receptores y, al mismo tiempo, productores de contenidos. Tercero. Se percibe en los jóvenes una continuidad con respecto a los intereses, gustos y hábitos de los adolescentes, aunque la legitimidad y los ideales y temores vinculados con la lectura los emparenten con las generaciones precedentes.

Finalmente, esta tesis deja un espacio para profundizar en el análisis de la apropiación de la palabra escrita y sus efectos sobre la transmisión educativa, y en este sentido, reflexionar no sólo en las condiciones sociales en las que los universitarios leen, sino en las condiciones sociales de producción de esos lectores, y con ello, la responsabilidad y desempeño que compete en dicha tarea al Estado y el resto de las instituciones que acompañan su desarrollo y formación.

Abstract

This research explores the relationship students have with the –practices written culture and representations associated with book and reading– by which give meaning to their existence from social needs, recognizing the correspondence between the materiality of the text and the mode of appropriation. In the context of cyber revolution, the convergence of cultural industries and digital networks impacts the relationship that individuals have with the written word re-signifying cultural practices. In recent times, new ways of accessing knowledge and entertainment arise various ways to manage leisure appear. Precisely because free time is a limited resource, its use is a key interests, values and expectations indicator. On the other hand, considering that reading is basically a school practice and recognizing its close relationship with academic achievement, and that young people are leading this process of profound transformation of the act of reading is taken to the college as the observation unit. The fact that continue higher studies after middle school implies a subject illustrated with professional aspirations, with intellectual skills to analyze situations and understand the texts read, although evidence of international performance and teaching experience indicate otherwise. In this context and with that profile in mind, wondering if the reading takes place during their leisure time, which enjoys reading and how it does, what their perceptions are about their condition reader and about digital ways of reading, becomes relevant.

This thesis provides a description and analysis of an empirical issue by a) the application of a survey designed ad hoc, whose questionnaire was administered to a nonrandom sample consisted of three hundred and sixty students; b) the collection and systematization of statistical data and secondary data sources that allow mixing; c) interviews with qualified informants that allowed investigate relevant issues and find meaningful ways. Thus, the methodological strategy involved finding, comparing and identifying trends within the statistical limits of a purposive sample. As kickoff was taken as the theoretical assumptions that a) reading is a production of socially determined meaning and practice historically variable determined by the same socioeconomic than other cultural consumption aspects; b) appropriation that make readers of texts varies by sex, age and school and cultural capital; c) school performance is associated with the intensity of reading.

Some of the results of this research suggest that the picture and sound prevail over writing: within cultural consumption, Internet, music and television are imposed. While young people spend part of their time in virtual peer exchanges for free now prefer traditional recreation and relaxation. Then, after communicating, appropriate Internet for information, as evidenced by the significant impact of reading newspapers and specific consultations sites. However, young people show a widespread resistance to reading in digital media, through fears and assumptions that would realize certain ignorance or lack of mastery of digital language. In fact, for college predominant reading function is to enable the collection of knowledge, therefore perceived the book as an object that conveys knowledge, delinking of pleasure. However, the widespread need for fiction that covers a minority shares with occasional literature evidence. Incidentally, his literary preferences are governed by a like time shared with other young people in the world, a phenomenon that is part of the internationalization of the entertainment market. In addition it was found that, contrary to common sense, there is a negative correlation between reading and other cultural practices; and that the exercise of reading consumption leads to other partners, such as attend the Book Fair and purchase books for given away.

This research is part of a complex process of late modernity and recognizes the profound transformations in the ways of processing the textual contents, picture and sound. However, there are three ideas that fly this thesis. First. While cognitive paradigm shift involved the emergence of digital is unprecedented, the way in which users appropriate Internet and virtual representations that arouse certain developments have profound roots in the past; and in this regard, revise the History of Books and Reading helps to temper some preconceptions. Second. It is insufficient to analyze the roles writer-editor-reader anachronistic conceptual categories under which interference in a work of each are disrupted: for example, users are receivers and, at the same time, content producers. Third. Continuity is seen in young people with regard to the interests, tastes and habits of adolescents, although the legitimacy and ideals and fears associated with reading the related with previous generations.

Finally, this approach leaves a gap for further analysis of the appropriation of the written word and its effects on educational transmission, and in this sense, reflect not only on social conditions in which the university read, but under the conditions social production of those readers, and thus, accountability and performance in this task falls to the State and other institutions that accompany their development and training.

A mi madre, mi gran compañera, por su paciencia y optimismo incondicionales; y porque estimuló en mí, desde pequeña, la curiosidad por conocer y la disciplina de aprender.

Siglas y abreviaciones

- BHLyCLE: Barómetro de Hábitos de Lectura y Compra de libros de España
- CAL: Cámara Argentina del Libro
- CEDEM: Centro de Estudios para el Desarrollo Económico Metropolitano
- CERLALC: Centro Regional para el Fomento del Libro en América Latina y el Caribe
- COMFER: Comité Federal de Radiodifusión
- DGEC: Dirección General de Estadísticas y Censos, Ministerio de Hacienda GCBA
- FGEE: Federación de Gremios de Editores de España
- ENCDyED: Encuesta Nacional de Consumos Digitales y Entorno Digital
- ENLUL: Encuesta Nacional de Lectura y Uso del Libro
- ENHL: Encuesta Nacional de Hábitos de Lectura
- ETLPCC: Encuesta de Tiempo Libre desde la perspectiva del Consumo Cultural
- SCCABA: Secretaría de Cultura de la Ciudad Autónoma de Buenos Aires
- DGLPL: Dirección General del Libro y Promoción de la Lectura
- SInCA: Sistema de Información Cultural de la Argentina
- SNCC: Sistema Nacional de Consumos Culturales
- SNMCC: Sistema Nacional de Medición de Consumos Culturales
- OEI: Organización de Estados Iberoamericanos para la Educación, la Ciencia y la Cultura

1

Introducción

Cultura escrita, tiempo libre y jóvenes universitarios

De modo paulatino, el ocio y el entretenimiento se entremezclan con actividades productivas desplazándose de los horarios de consumo tradicional y distribuyéndose durante el día. Los consumos mass-mediáticos, antes concentrados exclusivamente en el tiempo libre, debido al acceso a Internet, comienzan a insertarse en las grietas del sistema productivo y en los masivos desplazamientos urbanos, que incluyen los traslados desde el sitio de trabajo hacia el centro educativo y luego el regreso al hogar, y a ser experimentados simultáneamente en dispositivos digitales en los cuales los jóvenes alternan consumos de contenido virtual, deberes estudiantiles y laborales y la comunicación interpersonal mediante el uso de las redes sociales. En este sentido, el fenómeno de convergencia entre las industrias culturales y las redes digitales impacta en la relación que los sujetos tienen con la palabra escrita resignificando las prácticas culturales. Esta investigación pudo probar que si bien los jóvenes disfrutan del ocio electrónico, las redes sociales y otros usos cibernéticos se han incorporado al tiempo productivo. Así pues, en un contexto asociado con las nuevas formas de acceso al conocimiento y entretenimiento, con la aparición del lenguaje digital y con las diversas maneras de administrar el ocio, el sujeto joven es protagonista. Ello se debe a que de los grupos sociales, los jóvenes están principalmente involucrados en este proceso de cambio, a partir de la irrupción de una cultura digital sobre la cual nacieron o se están desarrollando. En este sentido, esta tesis analiza minuciosamente el modo en que los jóvenes universitarios se relacionan con la cultura escrita; se ocupa centralmente de las preferencias y los modos de leer durante el tiempo libre. En sentido amplio, la cultura escrita abarca desde el manuscrito, el libro impreso y la prensa gráfica hasta la más cotidiana de las producciones escritas, las notas en un cuaderno, los apuntes de clase, las cartas y los correos electrónicos, los mensajes instantáneos y hasta las intervenciones en las redes sociales. No obstante, esta investigación comienza con un recorte de la cultura escrita a partir del público lector: los jóvenes universitarios, y tiende a focalizar la atención en un formato: el libro –aunque sin descuidar otras formas de expresión escrita–. Entonces, segmentando la cultura escrita desde sus destinatarios, y a partir del análisis de sus pautas de comportamiento y patrones de consumo cultural, se procura conocer las particularidades de los mundos simbólicos de este grupo generacional en el que la palabra escrita adquiere diferentes sentidos en el marco de la revolución cibernética que trastoca las experiencias de lectura.

En el análisis de la cultura escrita puede observarse la triple intersección entre el texto, el objeto –sea manuscrito, impreso o digital– y las prácticas culturales de apropiación –las lecturas y los usos que de los libros han hecho los públicos–. Algunos estudios han preferido dejar afuera los 'usos' y limitarse a la 'lectura' porque sin leerlos, los libros han sido utilizados para la magia o con fines medicinales –como cuando se lo utilizaba como protección y se creía que anteponiéndolo al enfermo éste podía sanar–, para establecer una distinción social (Bourdieu 2006) e incluso pueden transformarse en objetos de arte, como la reconocida performance de Marta Minujín.[1] No obstante, esta

---

[1] Cuando la UNESCO designó a Buenos Aires "Capital Mundial del Libro 2011", la artista plástica vinculada al movimiento Pop-art tuvo la iniciativa de construir la Torre de Babel de Libros. Se trató de una obra de arte efíme-

tesis abre un espacio de reflexión a partir del análisis de los contenidos, los soportes y las prácticas de lectura. En este sentido, la estrategia metodológica –que supuso la recolección de datos primarios mediante la aplicación de una encuesta administrada a una muestra de jóvenes universitarios y la recopilación de fuentes secundarias– contempló estos tres elementos de la cultura escrita: se otorgaron distintos espacios para interrogar acerca de los textos leídos, los hábitos de lectura y los soportes en que leen, sean analógicos o digitales.

Cuando se comenzó a diseñar la investigación, inquietaba una cuestión recurrente, un lugar común pero poco estudiado: el modo en que este grupo generacional administra los momentos que restan de las llamadas 'actividades productivas'. Sucede que desde siempre los jóvenes han sido cuestionados por sus hábitos fuera del ámbito educativo y laboral: "¿qué hacen mientras no están en la universidad estudiando o en su empleo trabajando?". Considerando que el tiempo libre es un recurso limitado para la mayoría de los sujetos, su utilización es un indicador clave de intereses, valoraciones y expectativas. Por ello, indagar en las actividades de ocio fue gran motivador.

Además de cuestionarse el modo en que los jóvenes emplean su tiempo libre y mirar con desdén el uso que hacen de la tecnología y el consumo mediático, a menudo son desacreditados como lectores: está instalada la idea "no leen lo suficiente" o "cada vez leen menos", sin embargo, no hay datos estadísticos que evidencien esa conjetura. De hecho, al cotejar los resultados de las Encuestas Nacionales de Lectura 2001 y 2011, la evolución del comportamiento lector no sugiere una disminución en la práctica. Pero además, ¿cómo podría sostenerse que los jóvenes *no leen* en

---

ro de 25 metros, recubierta por 20 mil libros, ubicada en Plaza San Martín. Para ello recibió donaciones de varios países y de instituciones locales que se sumaron a la campaña de recolección de libros, respondiendo a la consigna "libros de distintos idiomas, un lenguaje común". ("Sobre los libros de Babel". 30-04-2011. *La Nación*, p.18).

un mundo plagado de textos? (Chartier 2005c). Existe una omnipresencia de textos digitales para jóvenes que supuestamente "no leen", pero que sin embargo, están leyendo constantemente. Miran atentos con la cabeza gacha hacia su teléfono móvil: están leyendo 'algo'. Es decir, los soportes digitales son en su imaginario su pantalla textual donde hay sonidos, imágenes y cientos de palabras escritas. Asimismo, en la vía pública, los kioscos de diarios y revistas, los carteles y señales, y los avisos publicitarios constituyen estímulos de lectura. Esto significa que hay repertorios textuales, impresos y digitales, que se diferencian según su origen y soporte, y que hay prácticas de lecturas que son marcadas por un tiempo, por una reflexión, por una apropiación profunda de la palabra escrita. Sucede que el término «lectura» es confuso en sí mismo, desde la teoría y la metodología, puesto que leer una revista de moda o un cuento borgeano es leer. De esta manera, hay una posición ambigua porque todas las lecturas no son equivalentes. Existe un orden de los discursos con géneros diferenciados, por tanto, resultaría demagógico asumir que existe una equivalencia generalizada. De hecho, leer puede organizarse a partir de una revista de moda y no desde Borges. Desde luego, un mensaje instantáneo no es un libro; y precisamente esto exige un esfuerzo intelectual de clarificación y organización del mundo del discurso (Chartier 2005c). Aprovechar estas nuevas posibilidades supone que se conoce y se organiza un orden de los discursos para discriminar géneros (Foucault [1970]2013); y sólo a partir de esta asimilación de las diferencias podrían inventarse formas nuevas. Entonces, no se trata de medir cuánto leen los jóvenes o conocer si aumentó o disminuyó la intensidad de lectura en este grupo generacional –porque se estaría incurriendo en un lecturómetro sin demasiado alcance–, sino más bien preguntarse qué leen y de qué modo lo hacen, habiendo antes establecido niveles de lectura, ordenado los discursos y discriminado situaciones de lectura. Por tanto, es necesario plantear los objetivos de investigación no sólo desde el conocimiento de las prácticas y las preferencias, sino también determinar con qué imágenes están relacionadas.

También aparece una posición ambigua respecto del lector al descuidar la cuestión de por qué se lee, si existe una necesidad de lectura, y formular la pregunta sobre las condiciones en las cuales se produce esa necesidad. Por ejemplo, cuando se advierte una correlación entre el nivel de escolaridad y la intensidad de lectura y/o el tipo de lectura, podría cuestionarse cómo acontece dicha asociación considerando que no se trata de una relación auto-explicativa. Es probable que se lea cuando se tiene un mercado respecto del cual tienen valor los discursos relacionados con la lectura y los libros: "Si esta hipótesis puede sorprendernos e incluso chocarnos –dice Bourdieu– es precisamente porque nosotros somos gente que siempre tiene a mano un mercado de alumnos, de colegas, de parientes, etcétera, a los cuales uno puede hablar de lecturas." Y en efecto, el interés por estudiar la relación entre los jóvenes y la cultura escrita surge desde la propia experiencia laboral, a partir del trato con alumnos universitarios.[2]

Por lo dicho, según Bourdieu (1988) interrogarse sobre las condiciones de posibilidad de la lectura equivale a interrogarse sobre las condiciones sociales en las que se lee y las condiciones sociales de producción de los lectores. No obstante, antes de responder cómo se produce la necesidad de la lectura o de lectores, debiera cuestionarse el modo en que se produce la creencia del valor del libro como producto cultural, teniendo presente que éste requiere simultáneamente el universo de creencias que hace que se lo reconozca como objeto cultural. Precisamente, esta investigación pudo

---

[2] La tesista es docente universitaria en grado y posgrado; dicta las materias Epistemología, Metodología de la Investigación y Taller de Tesis, en la Universidad de Ciencias Empresariales y Sociales. En su práctica diaria observa el modo en que los jóvenes se desenvuelven con las lecturas sugeridas, el rendimiento académico, las disposiciones en el aula, las carencias de lectura previas y las dificultades en la interpretación de los textos propuestos.

constatar con reiterados indicadores la valoración positiva de los jóvenes respecto del libro y la lectura, así como la importancia asignada al fomento de la lectura en los niños mediante la compra de libros infantiles.

Por otro lado, estudiar la relación entre los jóvenes universitarios y la lectura conlleva el cuestionamiento sobre el grado de apreciación de los jóvenes por la cultura escrita, los formatos más utilizados para leer, su relación con la lectura digital y otros aspectos de suma importancia para los actores del sistema educativo así como del mismo mercado editorial. Además es importante determinar cuáles son los canales más recurrentes entre los estudiantes para informarse y acceder al material de lectura. En este sentido, cobra especial relevancia la biblioteca universitaria, pero también las bibliotecas públicas, junto con la valoración de otras fuentes de acceso como las librerías y otros canales de distribución no físicos, sino virtuales, que amplían y diversifican la oferta. Pero también cabe mirar ámbitos de encuentro entre los jóvenes y los libros, como los eventos culturales organizados de tipo Noche de Librerías y la Feria Internacional del Libro. Curiosamente, según un relevamiento del Gobierno de la Ciudad de Buenos Aires y la Fundación El Libro (2014), el 81% de los visitantes de la Feria del Libro tiene un título terciario, universitario y de posgrado o están cursando esos niveles educativos. Esto permite trazar el perfil de los asistentes y conjeturar que los jóvenes universitarios frecuentan este espacio –aunque se trate de una minoría muy reducida considerando el total país–.

La Encuesta Nacional de Hábitos de Lectura 2011 indica que el perfil del lector frecuente corresponde al sujeto en edad escolar proveniente de los niveles socioeconómico alto y medio. Pero precisamente, los grupos 12-18 años –previsiblemente, escuela media– y 18-25 años –posiblemente, escuela superior– son aquellos que manifiestan menos interés en la lectura de libros, aunque en comparación con la medición de 2001 haya aumentado la frecuencia semanal de lectura en este último segmento.[3] De cualquier modo, son lectores por deber. El último informe del Centro Regional para el Fomento del Libro en América Latina y el Caribe (2013b) confirma este fenómeno: los mayores niveles de lectura acontecen desde los 9 hasta los 25 años en los países de la región, y luego de un estancamiento, la curva comienza a decrecer progresivamente. Cabe concluir, entonces, que la lectura es una práctica básicamente escolar. Pero, ¿qué implicancias trae aparejado que el alumno se aleje de los libros a medida que cumple con las distintas instancias de educación formal? A diferencia de la lectura escolar, podría hablarse de "hábito lector" cuando la lectura se realiza de manera auto-motivada y se practica con cierta periodicidad. De modo que no sea sólo considerada un medio de aprendizaje, inducida desde la institución educativa, sino una alternativa genuina de entretenimiento. De acuerdo con las motivaciones, si se trata de la lectura de libros por placer, en Argentina, el interés aumenta después de los 40 años; el segmento de adolescentes resulta el menos interesado (SInCA 2012). Ocurre que el ejercicio de la lectura por entretenimiento, pasada la infancia, entra en crisis –y acaso, en competencia– con otras prácticas de ocio. Entonces, ¿de qué factores depende que los sujetos continúen cultivando el gusto por la lectura? y ¿cómo repercute en su vida adulta, más aún si deciden continuar sus estudios? Justamente, este trabajo sugiere el análisis de la cultura escrita a partir de la división de la lectura según se

---

[3] El grupo 12-18 años no fue medido en la encuesta de 2001, y por ello no puede estudiarse su progreso. A propósito de la evolución de algunos indicadores de lectura, y en el marco de la entrevista concedida, la Directora del Plan de Lectura comentó: "Si bien nos centramos en la etapa de escolaridad, lo que sí vimos [en los resultados de la encuesta] es que en 18-25 años aumentó muchísimo la frecuencia de lectura, es el grupo etario con mayor frecuencia de lectura semanal, de lunes a viernes. Nosotros inferimos que hay más jóvenes estudiando". (...) "Además, el programa Conectar Igualdad implica que haya una netbook en unos dos millones de hogares, en muchos de los cuales no existía ningún soporte digital... y eso impacta mucho en la franja de 12 a 18 años."

practique en momentos ociosos –con fines recreativos– o cumpla una función laboral o académica. Discriminar según la funcionalidad, por deber o placer, permitió distinguir el sitio que predominantemente los estudiantes le destinan a la práctica, y advertir cómo la conciben: si está destinada sólo como herramienta que permite la apropiación de conocimientos o si pueden admitirla como uno de los consumos culturales posibles. En este sentido, los resultados de esta investigación confirman que para los jóvenes la lectura es predominantemente académica e informativa, y que el libro es un vehículo de conocimiento antes que un mediador de entretenimiento. Asimismo, se descubrió que leen información desde soportes digitales, dejando un espacio residual a la lectura por placer, que continúan relacionándola con el libro en papel. Estar informados, al corriente de los últimos acontecimientos, constituye una motivación importante que los acerca a la lectura. De hecho, recuérdese, durante el Medioevo la lectura estuvo reservada a los monasterios con una función de repositorio y conservación, y más tarde, la lectura pasó a ser escolástica, vinculada a los centros de estudio con una función intelectual (Chartier 1999b). De allí en más, su función predominante continuó siendo posibilitar el acopio de saberes.

Por otra parte, el sentido común responsabiliza a los medios de comunicación por el aparente alejamiento de los jóvenes de la lectura –una práctica que 'ennoblece' a quien la desarrolla–. Pero, ¿es oportuno sostener que los jóvenes leen poco, que se distraen con otros consumos culturales, que su apatía respecto de los libros los aproxima a actividades fuera del sistema productivo? El Informe Juventud en España 2000 indica que la combinación de la oferta audiovisual con la informática se refleja en un rápido descenso de la cantidad de lectores –en 1995 los jóvenes de entre 15 y 29 años interesados por la lectura alcanzaba el 26%, pero hacia 1999, esa proporción descendía al 14%– (Gobierno de España 2001). Sin embargo, la Argentina carece de estudios que puedan abalar este preocupante dato. Incluso, esta investigación pudo constatar que no existe tal correlación negativa entre la lectura y otras prácticas culturales; y que ésta, asociada a los consumos culturales tradicionales, gracias a Internet se ha escindido del ocio y asemejado a otros consumos mediáticos, para los que no se precisa tiempo libre porque pueden desarrollarse en simultáneo con otras tareas. Y es aquí donde aparece un fenómeno contemporáneo: el multitasking, presente en varias apreciaciones de los jóvenes. Asimismo, se supo que la predisposición favorable hacia la lectura conlleva a consumos asociados –por ejemplo, concurrir a la Feria del Libro y comprar libros y obsequiarlos– y que leer está relacionado con la gran frecuencia con la que se asisten al cine. Por otra parte, esta investigación evidencia que la mayoría de los jóvenes no involucra a sus objetos predilectos, las computadoras y los celulares, en su tiempo libre, sino más bien los incorpora a las prácticas diarias escindiéndolos del ocio. Si bien las nuevas tecnologías ocupan un lugar preponderante en la vida de los jóvenes, las prácticas que se introducen con la expansión de nuevos dispositivos y plataformas no han desplazado por completo el interés en actividades recreativas más tradicionales, como el deporte y el disfrute al aire libre.

Lamentablemente no se dispone de bibliografía sobre el tema planteado, al menos no en la misma medida que hay material respecto de las conductas lectoras de niños. La población infantil, y más recientemente los adolescentes, han sido estudiados desde el ámbito académico, sobre todo, se reconoce el aporte del campo de las Ciencias de la Educación. Estrictamente sobre la educación superior, durante el proceso de revisión bibliográfica no aparecieron estudios aplicados a jóvenes universitarios, cuestión que evidencia un vacío en el conocimiento acerca del valor asignado al libro en este segmento, en tanto medio de información, recreación y enriquecimiento personal.

Hábitos de lectura y rendimiento académico

En el marco de los profundos cambios tecnológicos así como en el progresivo viraje en el paradigma cognitivo, lo que sugiere nuevas formas de apropiación de los contenidos que se les imparte a los estudiantes en las aulas, la propuesta de analizar el vínculo que los jóvenes universitarios tienen con la cultura escrita adquiere gran relevancia, sobre todo reconociendo la importancia que el contexto educativo tiene, como formador y mediador de conocimientos. Estos estudiantes han experimentado un cambio radical con respecto a sus inmediatos predecesores, que no puede reducirse a las esperables diferencias generacionales. Se está frente a un fenómeno sin precedentes, producto de una discontinuidad ante la rápida e ininterrumpida difusión de las tecnologías de la comunicación e informáticas desde las últimas décadas del siglo XX. De hecho, los actuales universitarios tienden a poseen una configuración cognitiva particular que implica tiempos de atención y dedicación diferentes así como un vínculo y tiempo de consumo mediático propios. Entre docentes y alumnos se advierte una brecha cognitiva, de competencias, de intereses, de motivaciones, aunque esta distancia también se aprecia entre universitarios de generaciones contiguas. Justamente, la estrategia metodológica de esta investigación instó a tomar dos subpoblaciones conformadas por jóvenes, menores y mayores de 25 años, con el propósito de advertir desavenencias entre ambas. Vale adelantar que, a diferencia de lo que se esperaba, se hallaron más semejanzas que diferencias en el modo en que aprecian y se vinculan con la cultura escrita: impresa y digital.

Por otro lado, la escisión, esencial pero rudimentaria, entre alfabetizados y analfabetos no agota las diferencias en la relación con lo escrito. Todos aquellos que pueden leer textos, no lo hacen de igual modo, y es apreciable la distancia entre los virtuosos y los menos hábiles (Chartier 2005b:25). En este sentido, el punto de partida de esta comunidad de interpretación son los recursos y capacidades de lectura inherentes a un alumno universitario, independientemente de la rama de estudio que haya elegido. Esta población supone un recorrido académico previo a su llegada a la Universidad y ciertas competencias intelectuales adquiridas en dicho trayecto: se espera que desarrollen actividades intelectuales y posean hábitos de estudio más o menos formados. De estas determinaciones, que gobiernan las prácticas, según Bourdieu (2010) el capital escolar, dependen las diferentes maneras en que los contenidos pueden ser leídos por lectores que no disponen de los mismos instrumentos intelectuales y que no mantienen una misma relación con lo escrito. Es sabido que en general, los jóvenes egresan de la escuela secundaria con un nivel de comprensión de lectura insuficiente para las exigencias universitarias, y que no tienen una relación estrecha con las bibliotecas escolares. Cuando llegan al primer cuatrimestre se sienten abrumados con un 'extenso' material para leer. No obstante, es innegable que el comportamiento lector está íntimamente ligado a la carrera que cursan, los textos que debe leer, el modelo formativo de la institución en la cual estudian y una serie de otras variables académicas. De cualquier modo, la bibliografía y apuntes de clase deben ser leídos, comprendidos y procesados para eximir las evaluaciones parciales y finales. Ahora bien, si un joven estudiante no tiene una conducta lectora arraigada y su nivel de comprensión de textos es deficiente, ¿cómo podrá asimilar los contenidos de la bibliografía obligatoria de cada una de las asignaturas que conforman el Plan de Estudios? Al respecto, cabe decir que tampoco se encontraron antecedentes bibliográficos que indaguen en el mecanismo que los jóvenes estudiantes tienen para enfrentar su rendimiento académico a través de la lectura.

Por lo dicho, se reconoce la estrecha relación entre el desempeño escolar y la intensidad de lectura. Una encuesta realizada con alumnos españoles de 4° año de la escuela media indica que existe una correlación positiva entre los hábitos lectores y el rendimiento académico, de tal forma que los alumnos que más leen obtienen mejores calificaciones en las materias escolares –además de en Lengua y Literatura– y mejores puntuaciones en las pruebas de nivel. Es decir, la frecuencia de lectura tiene una correlación positiva con el desempeño escolar: cuanto más asidua es la lectura, mejor resulta el rendimiento global (Gobierno de España 2002). A propósito, se sabe por los resultados de la prueba trienal PISA –con estudiantes del mismo grupo etario– que la Argentina ha presentado en las últimas mediciones una involución notable en la comprensión de textos, así como en matemáticas y ciencias; y que su rendimiento está por debajo del puntaje que obtuvieron otros países de la región. En lectura, el alumno promedio argentino se desempeñó de modo deficiente respecto de sus pares latinoamericanos excepto Perú. Si bien Argentina y Chile tenían un puntaje similar en lectura en 2000, Argentina permanece estancada y Chile avanza considerablemente (Proyecto Educar 2050, 2013). A los indicadores del nivel de comprensión lectora de los alumnos del secundario, podrían agregarse los resultados de la evaluación de la Oficina Regional de Educación de la UNESCO para América Latina y el Caribe (OREALC) sobre lectura, matemática y ciencias naturales a alumnos de tercero y sexto grado. Entre diesiséis países de la región, la República Argentina quedó superada por Cuba, Uruguay, Costa Rica, Chile y México, descendiendo significativamente en relación a la última medición de este organismo en 1998. En lectura, la caída fue mayor: la Argentina fue séptima en tercer grado y ocupó el octavo puesto en las pruebas de sexto grado. Entre los factores que influyen en el rendimiento de los alumnos, el informe de la UNESCO rescata el peso que tiene la escuela, por encima de las condiciones socioeconómicas.[4]

---

[4] de Vedia, Mariano. "Mala nota para la educación argentina". 21-06-2008. *Lanación.com* http://goo.gl/VlNHCE

Por otra parte, a estas alturas, es indiscutible que el estímulo de la lectura desde edades tempranas posibilita que los individuos alcancen un nivel básico de educación y continúen un proceso de aprendizaje a lo largo de su vida. Mantener hábitos de lectura contribuye a aumentar el vocabulario, fomenta el razonamiento abstracto, potencia el pensamiento creativo, estimula la conciencia crítica. Sin embargo, la importancia de cultivar el hábito de la lectura excede lo académico o formativo, puesto que es un instrumento fundamental para el crecimiento personal y social de los individuos: la lectura estimula la convivencia y las conductas socialmente integradas. El reconocido trabajo de Paulo Freire "La importancia del acto de leer" (1981) es un ejemplo del amplio consenso entre los expertos en lo que atañe a la significación de la lectura en el crecimiento y el desarrollo de la identidad personal y colectiva de los individuos.

[...] el acto de leer no se agota en la descodificación pura de la palabra escrita o del lenguaje escrito, sino que se anticipa y se prolonga en la inteligencia del mundo. La lectura del mundo precede a la lectura de la palabra, de ahí que la posterior lectura de ésta no pueda prescindir de la continuidad de la lectura de aquél. Lenguaje y realidad se vinculan dinámicamente. La comprensión del texto a ser alcanzada por su lectura crítica implica la percepción de relaciones entre el texto y el contexto (Freire 1984:94).

Cuando el sujeto lee es capaz de experimentar emociones que lo llevan más allá de la mera comprensión textual. De modo que la relación entre la lectura y el rendimiento intelectual se estrecha, pues ésta influye en el desarrollo y perfeccionamiento del lenguaje a través de la potenciación de la expresión oral y escrita tornándolo más fluido. Precisamente, el reconocimiento del valor de la lecto-escritura guió a los Jefes de Estado y de Gobierno congregados en la XIII Cumbre Iberoamericana a admitir que la lectura es "un instrumento real para la inclusión social y un factor básico para el desarrollo social, cultural y económico de nuestros países".[5] En aquel encuentro proclamaron el 2005 como el Año Iberoamericano de la Lectura, y se comprometieron con lo estipulado en la VI Conferencia Iberoamericana de Cultura respecto de a) la adopción del Plan Iberoamericano de Lectura presentado por la Organización de Estados Iberoamericanos para la Educación, la Ciencia y la Cultura y el Centro Regional para el Fomento del Libro en América Latina y el Caribe y b) el respaldo para su desarrollo entendiendo que entre sus objetivos se encuentra "contribuir a la erradicación del analfabetismo".[6] No obstante, las políticas públicas vinculadas con el fomento de la lectura tienen como principales destinatarios a los estudiantes del primario y secundario. Por ejemplo, el Ministerio de Educación de la Nación, con el propósito de "formar lectoras y lectores", de acuerdo con la Ley de Educación N° 26.206, impulsó en 2003 el Plan Nacional de Lectura, un programa que desarrolla líneas de acción para "fortalecer la presencia de la lectura en la escuela y promover el encuentro de docentes, estudiantes y la comunidad con el libro y la literatura".[7] El Museo del libro y de la lengua, creado

---

5 "La inclusión social, motor del desarrollo de la Comunidad Iberoamericana". Santa Cruz de la Sierra, Bolivia, 14 y 15 noviembre de 2003. http://goo.gl/xcpoAL

6 El Plan Iberoamericano de Lectura es una iniciativa regional que se ocupa de la articulación entre los gobiernos, el sector privado y la sociedad civil para emprender o continuar acciones inmediatas y con proyección a largo plazo en favor de la lectura. Una de las principales líneas de acción fue "convertir el fomento de la lectura en un tema de política pública". La iniciativa contó con el apoyo de la Agencia Española de Cooperación Internacional (AECI) y el Ministerio de Educación y Ciencia de España. Se acordaron propuestas sobre el fortalecimiento de las bibliotecas públicas, la integración de este tema en las políticas educativas, la promoción de la lectura en la primera infancia, la participación activa de la sociedad civil en la construcción de las políticas referidas y la formación de mediadores, entre otras. ("Agenda de políticas públicas de lectura". 09-2004. http://goo.gl/w86Jcq).

7 "Desde el 2003 realizamos campañas no convencionales. En un relevamiento que hicimos, el 16% respondió que recibió material de lectura en las canchas y lugares de veraneo. (…) En la cancha el mayor impacto fue en los jóvenes. Los que más pedían eran cuentos de Fontanarrosa y Soriano. La idea era iniciarlos en la lectura con literatura de calidad, y de fútbol. Y mucha gente nos decía: Nuestros hijos se acercaron a la lectura a partir de recibir

por la Biblioteca Nacional en 2001, organiza visitas guiadas que incluyen actividades y lecturas sugeridas para los estudiantes.[8] Incluso, de los visitantes de la Feria Internacional del Libro en 2014, alrededor de 130.000 fueron estudiantes primarios y secundarios que accedieron gratuitamente;[9] sin mencionar la Feria Infantil y Juvenil, diseñada especialmente para los más chicos.

Ciertamente, la última encuesta nacional evidencia una evolución positiva en la lectura respecto de la medición anterior. Pero al no disponer de evaluaciones de impacto sobre las iniciativas, cabe cuestionar si esto se debe a las políticas públicas vinculadas con acciones concretas de promoción de la lectura o al descenso natural del analfabetismo en la región. Más allá de las acciones de promoción e indicadores de lectura, la experiencia en el aula evidencia cierta incapacidad de relatar lo leído, de apropiarse de los contenidos, de sintetizar ideas, de articularlas con saberes previos. Leen con dificultad textos formales y artículos periodísticos o de divulgación. Se observa a jóvenes que saben leer y escribir pero no poseen la competencia que les permite controlar la escritura para comunicarse, porque escribir es trazar letras y también es dominar la escritura, componer, razonar. ¿Se otorgan herramientas a los alumnos para que aprendan y sean capaces de crear contenidos propios? Acaso, previsiblemente, se halló que las mismas carencias observadas en el aula aparecieron al procesar los datos: los universitarios han respondido escuetamente y/o mal interpretado preguntas del cuestionario –por ejemplo, cuando se les pidió que manifiesten ventajas y desventajas

---

    un cuento en una cancha." (Entrevista concedida por la Directora del Plan de Lectura, marzo de 2013. Sobre las acciones de promoción vigentes, consultar: http://goo.gl/CiqtdX).

8 Entrevista concedida por la Directora del Museo del libro y de la lengua, noviembre de 2013. Sobre las actividades vigentes, consultar: http://goo.gl/XZPN6R.

9 Roffo, Julieta. "La Feria del Libro en cifras: van los jóvenes y 'reincidentes'." 03-03-2015. *Clarin.com* http://goo.gl/aVgqzt

respecto de la lectura digital, comenten sus experiencias de lectura con los últimos títulos leídos, o cuando se les pidió que valoren a sus autores preferidos–. Las preguntas abiertas han dejado expuesta la incapacidad de expresión escrita y de comprensión lectora de los jóvenes.

Resulta imposible no hilvanar estos datos: los que surgen de la prueba PISA y la medición de la UNESCO en alumnos de primario y secundario, la propia experiencia en el aula y el modo en que los universitarios han respondido el cuestionario que se les administró para la presente investigación. Entonces, si bien no hay evidencias que den cuenta de una disminución en la intensidad de lectura en la población juvenil, debiera reconocerse la involución en el rendimiento escolar, sobre todo, en comprensión lectora. He aquí una paradoja: al parecer, se lee más pero se comprende menos lo leído. Estas falencias que no suceden por generación espontánea, sino que evolucionan desde etapas educativas previas, no provienen sólo de las posibles debilidades de los métodos pedagógicos vigentes, sino también de la inserción de la escuela en un mundo que la desborda y que dificulta ciertos aprendizajes. Más que responsabilizar unilateralmente al sistema educativo y/o al seno familiar, el tema merece una reflexión profunda y extendida. En este sentido, y con respecto a los alcances del trabajo, esta tesis abre un espacio para profundizar en el análisis de la apropiación de la palabra escrita por parte de los jóvenes, y en sus efectos sobre la transmisión educativa.

Acerca de la legitimidad de ciertas lecturas

Para el estudio de la cultura escrita, después de las capacidades de lectura de una población en particular, o bien de sus competencias intelectuales, cabe organizar modelos de lectura que correspondan a una configuración histórica de una comunidad particular de interpretación enmarcadas socioculturalmente. Reconstruir los millones de actos de lecturas en torno a un título o autor escapa las posibilidades de las Ciencias Sociales. Pero puede reconstruirse las pautas y las costumbres en las que estos millones de actos singulares de lectura se ubican y encuentran su sentido. De esta manera no se logra reconstruir *la lectura* sino describir las condiciones compartidas que la definen, y a partir de las cuales el lector produce sentido en cada lectura (Chartier 1999b:40). No obstante, debe reconocerse que dicha producción de sentido no es aleatoria sino que está socialmente determinada, y que al mismo tiempo se halla inscripta dentro del campo literario donde acontecen coacciones, restricciones y limitaciones que la constriñen (Bourdieu 1995). Por tanto, en virtud de conocer las lecturas compartidas de los jóvenes, una inquietud imperante fue responder antes: qué leen cuando reconocen en la práctica una alternativa para el ocio. Se supo que leen primordialmente literatura de ficción. Ahora bien, ¿de qué modo pensar un público interesado en actividades recreativas y de esparcimiento, usuario de Internet con fruición y de otros consumos mediáticos, y que sin embargo, consume una cuota ocasional de ficción? ¿Cuáles son los canales por los cuales acceden a estas narraciones, y qué lugar ocupan en su tiempo libre? La investigación evidencia en los jóvenes la necesidad generalizada de ficción: no sólo de literatura, puesto que se observó la búsqueda de ficción en el contenido televisivo consumido, en la frecuente asistencia al cine y en el material de colección comprado en los kioscos de diarios. Considerando la instalada en el imaginario social –pero aún supuesta– "relación de competencia entre la lectura y otras prácticas culturales", ¿qué propuestas equivalen o superan la intensidad de lectura de los jóvenes? y ¿qué sitio ocupa la lectura respecto de los consumos culturales tradicionales y los massmediáticos? Y finalmente, en términos de mercado, ¿cuáles son los motivos por los cuales este consumo de literatura ocasional eleva las tiradas de ejemplares hasta alcanzar la condición de best seller?

En el relevamiento de libros leídos por los jóvenes aparecieron literaturas globalizadas, que podrían definir un lector mundializado (Ortiz 1994). En rigor, el proceso de mundialización de la cultura se manifestó en esta investigación a partir de cierta homogeneización en las preferencias literarias de los jóvenes: los títulos y autores que se reiteran en el propio estudio coinciden con los primeros puestos de ventas en los relevamientos nacionales e internacionales. Tomando los títulos que mencionaron como un corpus y al cotejar con los rankings de best sellers, se halló que siguen las mismas pautas de consumo que el resto de los jóvenes. Aunque con excepciones, en general comentaron leer los thrillers de moda y las sagas fantásticas y épicas más resonantes llevadas a la pantalla grande. En términos de contenido, la aventura y la emoción de estas narraciones seriadas se origina en la ausencia de imprevistos, en la economía discursiva y narrativa ajustada a la trama épica. Demandan poco del lector y le proveen bastante: el placer de la repetición, del reconocimiento, del trabajo sobre las matrices conocidas. Una peculiaridad es que varios de los libros mencionados son consumidos por un público mayor de la edad para el que fueron escritos originalmente.

Entre 1917 y 1925 circularon por los kioscos de diarios de Buenos Aires las novelas sentimentales, aquellas que la vanguardia supo llamar "literatura de barrio, de pizzerías y de milonguitas"; predominantemente para mujeres, adolescentes y jóvenes de sectores medios y populares. En su análisis de la novela sentimental, Beatriz Sarlo se preguntaba: "¿Puede considerarse a estos placeres fuera del arte, en oposición a la 'literatura culta'? y ¿cómo abordar estos textos sin suficiencia elitista, de modo acrítico? (Sarlo 2004:20). A estos interrogantes, que valen para el propio análisis, este estudio agrega: ¿sería prudente legitimar cierta palabra escrita y descalificar lecturas consideradas 'menores', vulgares o livianas? ¿No pueden ser, acaso, la puerta de acceso hacia otros contenidos? Y aunque no lo fuesen, ¿por qué no asumir que cumplen con el propósito por el cual fueron creadas, simplemente, para entretener? En rigor, son narraciones escritas a la medida de sus lectores: el discurso de estos relatos proporciona a la vez la ilusión de la literatura y la facilidad de un sistema basado en un elenco reducido de principios estéticos, que una lectura asidua de los textos permitía captar rápidamente. Ocurre que existe una oposición social entre dos tipos de lectores: los lectores de contenidos que no merecen ser leídos, y los otros lectores, los que practican la 'verdadera lectura', la lectura de lo eterno, de lo clásico, de ese tipo de textos que merecen ser conservados y recordados. Por tanto, está instalada en el imaginario social la idea de que existe cierta jerarquía de los libros: aquellos que deben ser leídos en oposición a los que no lo merecen. Pero sucede que una vez definido lo que merece ser leído, "se trata de imponer la *buena lectura*, es decir el buen modo de apropiación, y el propietario del libro es aquel que impone el modo de apropiación" (Bourdieu 2003:171). Entonces habría que simplemente ajustarse a la lectura legítima, cuestión evidenciada en las respuestas de dudosa calidad de algunos jóvenes. ¿Por qué considerar que los títulos que trascienden son sólo los de libros proféticos? Sucede que tiende a subestimarse el poder específico que ejercen ciertas lecturas, que desde el punto de vista de su eficacia simbólica, también guardan una dimensión significativa. En este sentido, resulta interesante observar la aparición de todos los signos visibles del esfuerzo por controlar la recepción: estos signos han aumentado a medida que se expandió el público lector y se consolidó el campo literario. Conforme ha ido creciendo el mercado del libro, se cristalizó el esfuerzo de los autores por controlar la recepción, por imponer normas de percepción de su propio producto (Bourdieu 2003).

Esta tesis sostiene que los jóvenes gustan de estos libros comerciales porque están construidos precisamente para gustar, pero también para convivir y/o complementarse con otros bienes y discursos que circulan en la industria del entretenimiento global. Recuérdese que originalmente las esferas culturales actuaban como campos autónomos. De hecho, tradicionalmente se dividía a las industrias culturales según sus productos provengan de los sistemas de sonido, imágenes y letras (Bustamante 2003). De modo tal que la lectura disputaba espacio con un amplio abanico de pasatiempos, como la radio, el cine y el periódico. Actualmente, en la medida que el libro comienza a funcionar de modo complementario –y por qué no, en sinergia con los medios electrónicos– en vez de competir con ellos, encuentra un nuevo mercado. Un claro ejemplo lo constituyen las sagas "Harry Potter" o "Crepúsculo" –leídas por los jóvenes encuestados–, en el que los libros, los videojuegos, las películas y las reposiciones televisivas se retroalimentan entre sí, y al mismo tiempo, promueven el merchandising que a su vez los promueve a ellos. Es decir, aparecen objetos simbólicos en los que estas esferas culturales quedan yuxtapuestas promoviendo una misma idea. Para dar cuenta de este momento histórico, bien vale el concepto de Josefina Ludmer (2007a) de «pos-autonomía». Según Ludmer, la pérdida de autonomía y especificidad de lo literario tiene su origen en la fusión de lo económico y lo cultural, un proceso socioeconómico de los últimas décadas.[10]

Una de las preguntas que atraviesa toda la investigación es si existen diferencias por sexo y edad respecto del ejercicio de la lectura y de otros consumos culturales. A priori, se sugiere que el sexo condiciona bastante más que la edad las distintas elecciones de los jóvenes en materia de consumos culturales en general. Por ejemplo, respecto de la intensidad de lectura se puede concluir que las jóvenes leen con mayor frecuencia pero menos cantidad de libros al año que los varones y que sólo leen ficción y literatura, mientras los varones admiten otros géneros literarios y consumos mediáticos. Con respecto al tipo de lectura, a los jóvenes universitarios les atraen los contenidos policiales y

---

[10] Ludmer, Josefina. 2007a. "Cambia, todo cambia." Obtenido desde *Página/12* el 26-08-2007 de http://goo.gl/D3iUiv

de *suspense*, aunque en los varones aderezados con acción y aventura épica, y en las mujeres con temas personales e histórico-románticos.

Una tendencia persistente en los jóvenes es cierta continuidad temática entre lo escrito y lo audiovisual en sus preferencias: aquello que les gusta en la pantalla –sea en la televisión, el cine o la computadora– les atrae en lo escrito. En los varones, quienes mantienen un vínculo más estrecho con las nuevas tecnologías, esto se hace aún más nítido. En lo que respecta a los temas y contenidos, una particularidad en los varones es que consumen publicaciones y programas de deporte y contenido político –en tanto, los gustos femeninos se hallan menos diversificados–. Tanto en el uso del tiempo libre como en los hábitos de lectura, en los resultados de esta investigación se observa una prolongación de los gustos de los adolescentes. Ante la inexistencia de estudios centrados en la población de jóvenes mayores de 18 años, se cotejó constantemente los propios resultados con los trabajos nacionales (Ministerio de Educación 2006 y 2013; Morduchowicz 2008, 2012) y españoles (Gobierno de España 2001 y 2002; Pindado 2004; Muñoz Rodríguez 2011) que tienen a los adolescentes como unidad de observación. Se encontró que los hábitos y los gustos vinculados con las actividades de tiempo libre así como la relación con la cultura escrita, en general, tienden a asemejarse.

En una misma línea de indagación, inquietaba conocer quiénes son sus autores predilectos y qué aprecian de su obra, interrogantes que complementan al anterior. En sus respuestas conviven los autores mediáticos, aquellos que escriben los libros que comentaron leer, con los consagrados, los célebres del campo literario. Asimismo, los jóvenes lectores comentaron que el modo en que los autores cuentan la historia de ficción es fundamental; y cuando valoran a su escritor favorito destacan cierta "capacidad para", por ejemplo, crear climas de suspenso y describir situaciones y personajes. Sin embargo, al observar las menciones de los universitarios, se manifestó de modo contundente aquello que Bourdieu (2003) denominó «efecto de legitimidad». Según este concepto, las manifestaciones de los sujetos sobre lo que dicen leer resultan poco confiables, porque lo que responden no es aquello que verdaderamente leen, sino aquello que les parece socialmente legítimo. De hecho, cuando comentan favoritismo por grandes escritores, carecen de capacidad para valorarlos. Si bien no se descree que lean a autores como Borges, Poe, Christie, entre otras menciones, cabe poner entre paréntesis el hallazgo porque no han sabido cómo respaldar su respuesta. De cualquier modo, sirve a los efectos analíticos al evidenciar el efecto de legitimidad en torno a escritores y libros consagrados. En estas condiciones, Bourdieu se pregunta "¿en dónde encontrar indicadores de esas lecturas diferenciales? Porque frente al libro se sabe que hay lecturas y competencias diversas, instrumentos diferentes para apropiarse de ese objeto, herramientas desigualmente distribuidas" (2003:166). A esta inquietud, Chartier le responde que históricamente es posible controlar este análisis mediante el estudio del objeto mismo y de todas las formas de lo escrito, impreso o manuscrito [esta tesis agrega digitales], y el estudio de los modos en que dichos objetos han sido apropiados (2003:167). Por tanto, esta investigación sostiene la importancia de abordar los modos de lectura según las transformaciones del soporte que vehiculiza la palabra escrita.

¿Crisis del libro? Nada es tan nuevo debajo del sol...

Podría decirse que la tradición del libro como soporte es la historia misma de la lectura y de lo escrito, lo cual –como se anticipó– implica reconocer la relación fundamental entre la materialidad del texto y las prácticas de apropiación (Chartier 1999b). A propósito de las recientes transformaciones tecnológicas, cabe puntear algunas consideraciones sobre las llamadas Revolución de la lectura y del libro, a menudo confundidas. Básicamente, existen tres líneas de transformación, que no corresponden a una misma cronología, y que debieran siempre matizarse. Una primera línea es la transformación técnica –de reproducción de textos, y aquí el aporte de la imprenta de Gutenberg es esencial–. Una segunda línea está asociada al formato libro, desvinculada de la anterior puesto que el libro tuvo la misma estructura antes y después de Gutenberg. Aquí, los dos momentos clave fueron a) la invención del códice en los siglos II, III y IV de la era cristiana y b) la invención de un nuevo soporte del texto, la pantalla, o incluso, el libro electrónico en la actualidad. La tercera línea de transformaciones tiene que ver con la historia de la lectura: sus prácticas, sus diversos cambios y momentos de transformación; hasta la aparición de los textos digitalizados, dos de ellos han sido los más apreciados: a) la aparición de la lectura silenciosa –cuando el lector puede liberarse de la oralización para sí mismo, no para los otros sino para entender el sentido de lo que se lee– y b) lo que se ha llamado la revolución de la lectura del siglo XVIII, que es el acceso a la lectura extensiva (Chartier 1999b:48). En tanto, la lectura lineal del texto manuscrito e impreso ha dado lugar a una nueva forma de vínculo con la palabra escrita: el modo de leer es fragmentario e interactivo: 'salteado'. Se trata de una lectura hipervincular porque lo que se lee es un hipertexto, que es la estructuración de la información de modo multisecuencial, un texto no lineal sujeto a múltiples enlaces. De hecho, del inglés proviene la expresión *surf in the Internet*: esta idea de navegar por el espacio virtual hace del lector alguien que va de un lado hacia otro –a veces sin rumbo–, fuera de límites porque no existen fronteras y con detenciones fugaces. Entonces, en la denominada era cibernética, la progresiva digitalización de contenidos implica no sólo una nueva técnica, sino la transformación profunda del soporte del texto, y con ello un cambio brusco en la forma de leer, y paulatinamente, en el modo en que se procesa eso que se lee. Es un cambio de paradigma porque se materializa una alteración en las tres líneas de transformación de la cultura escrita: técnica, soporte y lectura. Por ello, esta época no tiene precedentes. Por su parte, Brea sostiene que

> [...] toda técnica es epocal, lleva en la frente escrito el nombre de su tiempo. Pero sería más exacto pensarlo por el contrario: que es la técnica la que hace a su época, la que la escribe. La época de los trenes que cruzan Europa, la de la pólvora, la del comediscos, la del sextante, la del teléfono portátil –como en tiempos se dijo la Edad del Hierro o la del Bronce–. Son los hallazgos técnicos los que escriben las líneas del tiempo que recorre la historia de la humanidad (2002:116).

Esta tesis demuestra cómo los jóvenes estudiados son un grupo en transición, puesto que al analizar los hábitos y pautas de consumo cultural actuales, se hallaron vestigios de otras épocas, cierta continuidad y profundización de antiguas costumbres; en tanto al indagar en sus imágenes sociales, se observó la persistencia de los ideales y también las resistencias, inquietudes y temores del pasado ante la novedad cultural. Justamente, en los últimos años se debate acerca del futuro del libro en torno a preguntas del tipo ¿resistirán los libros el embate de la tecnología digital? ¿Cambiará Internet el modo en que se lee? ¿De qué modo la literatura se abrirá paso en un medio que parece no ser compatible con ella? Esta investigación recuperó indicios suficientes que permiten sostener que en la actualidad persisten los mismos temores que rondaban en el paso del texto manuscrito al objeto impreso. La llamada "crisis del libro" no es nueva: desde el siglo XVII hacia el XIX fue un periodo caracterizado por la preocupación por la conservación del patrimonio escrito –y con la invención de la imprenta– por una abundancia de libros e insuficiencia de lectores y por la tergiversación de lo que el autor proponía originalmente. La pérdida, el exceso y la corrupción de los textos continúan siendo las preocupaciones que existen de manera más o menos permanente desde los siglos centrales del Medioevo. Así lo han manifestado los universitarios cuando dieron sus apreciaciones respecto de la lectura digital y los nuevos soportes. Esto está tan arraigado que han manifestado este mismo temor a la pérdida, pero ya no respecto del manuscrito sino del texto digital. El texto impreso sigue garantizándoles cierta conservación de los contenidos.

Las infinitas posibilidades que propicia Internet como espacio de experimentación alientan la creatividad, participación y autogestión así como circuitos de difusión alternativos. Debido a ello, indudablemente existe una sobreoferta de títulos, así como una proliferación de contenidos textuales de diversa naturaleza y calidad, estimuladas por la facilidad con que puede escribirse y publicarse en la Red. De hecho, los jóvenes manifestaron inquietudes sobre esta abundancia de contenido y su dudosa procedencia, cierta susceptibilidad hacia lo escrito digital y el exceso de información que, en ocasiones, les resulta perturbadora. También se supo que el carácter de inestabilidad de los textos digitales, la fugacidad y pronta caducidad, les genera desconfianza. Incluso, la tensión entre la preocupación por el exceso y la necesidad de una recolección del patrimonio escrito pueden conducir a posiciones encontradas. Desde el siglo XVI, toda la reflexión sobre los instrumentos que permiten la conservación y organización de este acopio cultural escrito gira en torno a las bibliotecas, que son su receptáculo natural (Chartier 1999b:31). Los jóvenes han revelado que cuando compran material de lectura y colección en los kioscos de diarios, lo hacen precisamente con la intención de preservación y con el propósito de formar una biblioteca propia. Es decir, esos ideales respecto del valor que encierra la conservación siguen vigentes en esta población de estudio. Pero más allá de la biblioteca, existen todas las formas de producción escrita sobre la cultura escrita cuya intención es la exhaustividad: catálogos, bibliografías y todas la colecciones que en el siglo XVIII, y aún antes, ya entrado el siglo XVI, se llamaron *bibliotecas* y que no eran lugares o edificios, sino colecciones de autores, de títulos, de textos (Chartier 1999b:32). Éste es un elemento que permanece en el presente a través de la figura de la biblioteca como edificio, o de una nueva manera, a través de la imagen social de la universal disponibilidad del patrimonio escrito gracias a las redes electrónicas. Ya en el cuento "La Biblioteca de Babel", Jorge Luis Borges (1941) imaginaba una biblioteca con todos los libros y las combinaciones posibles de las letras del alfabeto. Ese mismo sueño de la exhaustividad fundamenta algunos proyectos contemporáneos.[11]

Por otra parte, es interesante conocer quiénes articulan estos discursos alrededor de la "crisis del libro". Un primer discurso yace en el campo académico. Para docentes, pedagogos y otros actores del sistema escolar, que lamentan el descenso de las capacidades y/o de las prácticas de lectura y su impacto negativo en el rendimiento escolar, su preocupación no tiene tanto que ver con la saturación del mercado, sino con la disminución de los lectores frente a la competencia de los medios audiovisuales (argumento que esta tesis pone en duda).

Un segundo discurso yace en el campo editorial. Los editores han manifestado el temor a los medios de comunicación y al texto digital como una amenaza a la producción tradicional de libros. Pero lo curioso es que en estos últimos años es cuando más libros se publicaron en la historia de la cultura escrita. Es decir, si se revisan las cifras de producción en títulos y ejemplares, a nivel mundial así como local, jamás se publicaron tantos libros. En el país, la actividad editorial experimenta un constante crecimiento desde la recuperación iniciada en 2003. Según los registros de la Cámara Argentina del Libro, en los últimos cinco años,

---

[11] Robert Darnton fue nombrado Director de la Biblioteca Universitaria de Harvard en julio de 2007. Uno de sus primeros y renombrados acuerdos fue el Harvard Google Project. Se trató de la digitalización masiva de obras en dominio público y de obras huérfanas como parte de una estrategia más amplia que pretendía poner la mayor parte de contenidos disponibles en la Red. (Hardvard University Library. Open Collections Program. http://goo.gl/HwWTlL).

la producción editorial aumentó, en promedio, un 5% en títulos registrados y un 3% en ejemplares tirados, considerando novedades y reimpresiones.[12] Datos recientes indican que la cantidad de registros de 2013 aumentó un 5%, no obstante, la cantidad de ejemplares producidos disminuyó un 6% respecto del año anterior (CAL 2013). Esto profundiza la paradoja planteada anteriormente: más libros –mayor variedad de títulos aunque en tiradas más reducidas–, más lectores, menos comprensión lectora.

También es curioso que se plantee este diagnóstico como un interrogante –¿cuál será el futuro del libro en papel o cómo sobrevivirá la industria ante la digitalización de los contenidos?– cuando la respuesta es ya obvia: el libro impreso sobrevive para algunos contenidos, mientras que para otros la versión digital supera al papel. Ya lo decía Umberto Eco (2003) en la reapertura de la Biblioteca de Alejandría: hay dos clases de libros según su utilidad, leer o consultar.[13] Los primeros exigen una lectura tipo novela, de principio a fin, en tanto las enciclopedias y los manuales, por ejemplo, fueron concebidos para ser consultados, nunca para ser leídos de la primera a la última página –de hecho, han sido los primeros contenidos en digitalizarse después de que durante años se comercializaran las versiones en CR-ROM–. Este tipo de textos ocupan mucho volumen y que estén disponibles on line otorgan un doble beneficio: aportan comodidad y disponibilidad. Justamente, los jóvenes lectores mencionaron consumir literatura en papel y manifestar cierto menosprecio hacia ese tipo de lectura en soporte digital: mostraron cierta resistencia hacia las pantallas por los daños en la vista que supone leer por tiempo prolongado. Por su parte, los registros de la industria

---

[12] Este cálculo surge del análisis comparativo efectuado con los boletines estadísticos publicados por la Cámara Argentina del Libro en su sitio http://goo.gl/9HC5zY
[13] Publicado originalmente por el semanario Al-Ahram, el suplemento Radar reproduce el texto completo de la conferencia dada por Umberto Eco. Obtenido desde *Página/12* el 07-12-2003 de http://goo.gl/eYoI0y

confirman este dato: los libros de ciencias sociales y jurídicas presentan una concentración estadística mayor en formato digital que en papel, mientras que la literatura adulta y los libros infantiles y juveniles muestran mayor concentración en papel (CAL 2013). Pero si los contenidos sirven para consultar e informarse, las computadoras y los dispositivos móviles con acceso a Internet resultan el medio idóneo; además revelaron que la portabilidad y fácil acceso son las principales ventajas de las tablets y los smartphones.

Sabiendo que en Internet circula una sobreabundancia de información así como de efímeras trivialidades sujetas al 'aquí y ahora', esta investigación concluye que así como los jóvenes precisan de una cuota de ficción ocasional –que desvinculan de los soportes digitales–, necesitan contar con información nueva y actualizada en todo momento; y precisamente, ésta es la principal ventaja que destacan de "estar conectados" desde sus teléfonos móviles.

Por otro lado, si bien ambos grupos etarios poseen un capital escolar y origen social similares, al inicio de la investigación se consideraron matices respecto de su vínculo con las nuevas tecnologías en los menores y mayores de 25 años. Suponiendo que los más jóvenes poseen una configuración psicocognitiva diferente que les permite asimilar con mayor rapidez el uso de las nuevas tecnologías, al diseñar el trabajo de campo, una hipótesis indicaba diferencias perceptivas en cuanto a la lectura y a los dispositivos digitales en ambos grupos. Sin embargo, este estudio no evidencia tales diferencias, sino más bien tienden a manifestar prácticas e imágenes sociales bastante similares. En todo caso, las diferencias se observaron más por sexo –por ejemplo, los varones tienen un vínculo más cercano con la tecnología–. Así, un hallazgo notable sugiere ciertas resistencias a la digitalización de contenidos de lectura independientemente de la edad de los jóvenes. Los estudiantes han manifestado con desdén la imposibilidad de señalar los textos digitales, de apropiarse de ellos en sentido estricto: con marcas, subrayados y comentarios. Incluso, comentaron con cierta nostalgia la imposibilidad de oler los libros, de tocar sus hojas, de sentirlos. El libro en papel es palpable, y esto constituye una valor en sí mismo. Notablemente, una diferencia entre los llamados *nativos digitales* e *inmigrantes digitales* (Prensky 2001, 2010) es que durante el proceso de aprendizaje los usuarios 'advenedizos' –a menudo llamados *early adopters*– prefieren leer contenidos impresos porque les permite subrayar y hacer anotaciones, e incluso, si compran aparatos tecnológicos, leen el manual de instrucciones en papel. En este sentido, los resultados que arrojó esta investigación sirven para matizar las diferencias presupuestas, y considerar más bien que las connotaciones de la cultura impresa están aún muy arraigadas en este grupo generacional. Los alumnos que están ahora cursando la escuela media, nativos digitales en sentido estricto e hijos de una generación que debió adecuarse a las propuestas de la era digital, posiblemente ya no hagan estos comentarios ni miren con recelo los nuevos modos de leer porque no admitirán otros.

Otra pregunta recurrente e instalada socialmente es si los nuevos medios tornarán obsoletos a los libros. Precisamente, en el instrumento de recolección se utilizó esta misma categoría 'obsoleto' como opción posible para recuperar las valoraciones de los jóvenes respecto del libro. Ellos han manifestado nula esta alternativa: ante todo, los libros son un medio de conocimiento, y de ningún modo antiguo. En síntesis, esta investigación no evidencia que la cultura escrita impresa corra peligro de extinción, sino más bien se vislumbra un futuro de convivencia con la digital. Según un informe de la Cámara Argentina del Libro, "las ofertas de contenido compiten en un espacio reconfigurado dinámicamente en función de parámetros de consumo cultural que evolucionan más rápido que la industria editorial" (CAL 2010:15). Sin embargo, a lo largo de esta tesis se evidencian algunas estrategias editoriales a partir del tipo de lecturas que los jóvenes comentaron leer, y se cuestiona el supuesto "peligro que amenaza a los libros" por la sobreabundancia de bienes de contenido cultural. Se percibe, más bien, una retroalimentación profunda entre los distintos contenidos y medios. Entonces, sí podrían ser interrogantes válidos: de qué modo los editores serán capaces de adecuarse a este nuevo modelo de negocio, cuáles son las estrategias imperantes y las perspectivas futuras del mercado del libro, considerando la heterogeneidad del campo editorial –grandes sellos, mega corporaciones, cooperativas autogestionadas, editoriales artesanales tipo boutique, etcétera–.

Un tercer discurso yace en el campo literario. Los autores podrían preguntarse respecto de su futuro: ¿existirán los autores cuando cada uno decida el final de una novela según su voluntad? ¿Llegará el día en que cualquier individuo pueda reescribir el *Ulises* de Joyce desde su computadora? ¿La Red atenta contra la literatura? ¿La nueva civilización hipertextual eliminará la noción de autoría? Pese a estos temores, la escritura y la lectura ya estuvieron vinculadas en el pasado. Seguramente la transformación de una lectura en escritura se relacione con la "revolución de la lectura" en el siglo XVIII, alrededor de un género nuevo, la novela. Se definieron un nuevo estatuto de autor y una nueva práctica de lectura que condujo a la práctica de la escritura –pues la novela llevó a los lectores a escribirle habitualmente al autor.– (Chartier 1999b:116). Esto mismo lo demostró Darnton (1986; 1996) con el caso de Rousseau, autor a quien se dirigían epistolarmente sus lectores frecuentemente, si bien el fenómeno se estableció con Samuel Richardson y el éxito de sus novelas *Pamela o la virtud recompensada* (1740) y *Clarissa o La historia de una señorita* (1748), que lo llevó a integrar en las reediciones las cartas de sus lectores.[14] En la investigación se observaron nuevas formas de involucrar a los lectores en los textos, estimulados por la industria del entretenimiento y apuntando a un perfil de lector en particular: los jóvenes. En este sentido, el fanfiction y

---

[14] Otros autores que tempranamente incorporaron las cartas de sus seguidores fueron Johann W. Goethe y de Bernardin de Saint-Pierre.

la participación de los lectores en las blognovelas, textos construidos en comunidad, pueden considerarse ejemplos contemporáneos de aquello que fue el envío de cartas de lectores a los autores de la novela del siglo XVIII.

Por otro lado, podría cuestionarse la supervivencia de la figura del escritor y de la obra de arte como unidad orgánica, aunque ya se vieron amenazadas en el pasado. Inclusive, la idea de ausencia de autoría en relación con el arte popular colectivo en el que cada participante aporta lo suyo, es un lugar común. No obstante, como sugiere Eco (2003) es necesario señalar una diferencia entre la actividad de producir textos infinitos y la existencia de textos ya producidos, que pueden interpretarse de infinidad de maneras aunque materialmente limitados. Antes de la Revolución digital, los poetas y narradores soñaron con un texto totalmente abierto para que los lectores pudieran recomponer de diversas maneras hasta el infinito. Ése era el concepto de *Le Livre*, según lo predicó Mallarmé; "pero es una ilusión de libertad", dice Eco. La maquinaria que permite producir un texto infinito con un número finito de elementos existe desde hace milenios: el alfabeto. Por el contrario, un texto-estímulo que no provee letras o palabras sino secuencias preestablecidas de palabras o de páginas, no posibilita inventar lo que se desee, porque sólo se es libre de desplazar fragmentos textuales preestablecidos en una cantidad razonablemente importante. Entre los precursores de los textos no lineales, de la fragmentación del discurso que hoy sirve de paradigma a la literatura hipertextual, se encuentra Marc Saporta con su novela *Composición N°1* (1962). Aún reconociendo estas limitaciones, Internet alienta la experimentación, co-creación y divulgación de contenidos. En este sentido, es entendible las inquietudes vinculadas con el copyright debido al carácter modificable de los textos. Los autores están especialmente preocupados por el hecho de que la disponibilidad global e ilimitada del acceso a Internet acabe por debilitar sus defensas contra el plagio y la piratería editorial. Seguramente las leyes de copyright que surgieron en el siglo XVIII y se consideran universales fueron propias de la era de la cultura impresa, pero resultan anacrónicas dadas las condiciones de intercambio contemporáneas.

Por último, resta aludir de acuerdo con Benjamín (2007) que los modos tradicionales de percepción y cognición son violentados por las nuevas modalidades de experiencia. En este sentido, las tecnologías de la información, comunicación y software someten a 'crisis' la experiencia. Esta tesis concluye que más que hablar de *crisis del libro*, se está en una época de crisis de la experiencia del acto de leer. Crisis, en el sentido griego del término, como "coyuntura de cambios de la realidad social": una época evolutiva, inestable e incierta. No obstante, si los cambios son profundos, súbitos y violentos, y traen consecuencias trascendentales porque son irreversibles, exceden una 'crisis' y debería hablarse de 'revolución'. Se sostiene que se está ante una revolución tecnológica-cibernética, pero la crisis es experiencial –evidente en el modo en que los sujetos aprenden a relacionarse con ella–. La inmersión digital ha afectado incluso al modo en el que se absorbe la información. Los jóvenes ya no leen necesariamente una página de izquierda a derecha y de arriba hacia abajo, incluso puede que se salten algunas buscando datos específicos; pueden, simultáneamente, bloguear y etiquetar amigos en Facebook, mandar mensajes y tweets. La magnitud de su uso no tiene precedentes, ni siquiera según los estándares de los medios de comunicación de masas del siglo XX. En suma, se está en una fase de transición entre dos formas de pensamiento: el proceso lineal –calmo, concentrado y sin distracciones– que está siendo desplazado por una nueva forma que reclama recibir y diseminar información en estallidos cortos, descoordinados, frecuentemente solapados, y sobre todo, rápidos.

Sobre el abordaje y los alcances de esta investigación

Los cuestionamientos recién comentados, provenientes desde el campo académico y el editorial, así como las preguntas más cotidianas sobre los hábitos de los jóvenes, sumados a la experiencia docente que indica ciertas falencias en el rendimiento escolar, fueron el puntapié inicial que originó el presente estudio. Desarrollarlo desde una perspectiva sociológica, aunque atenta al aporte histórico-cultural, y rehuir al análisis inspirado en la intuición certera por la proximidad que la tesista tiene con los jóvenes universitarios, implicó diseñar una estrategia metodológica pragmática que, entre otras consideraciones, hiciera partícipes a los mismos alumnos en la recolección de datos. En este sentido, se consideró la necesidad como investigadores de "objetivar al sujeto objetivante", puesto que quien emprende el estudio de un objeto de análisis debe proyectarse a sí mismo como parte del proceso de investigación. En la medida en que los investigadores "tomen conciencia de lo social dentro de ellos mismos, otorgándose un dominio reflexivo de sus categorías de pensamiento, menos probabilidades tendrán de ser actuados por la exterioridad que habita en ellos" (Bourdieu y Wacquant 1995:36).

Como se mencionó al inicio, este trabajo se nutre de los resultados que arrojó la aplicación transversal de una encuesta diseñada ad hoc, cuyo cuestionario fue administrado a una muestra de jóvenes universitarios. Los resultados giran en torno de los hábitos, preferencias y diferencias entre grupos de lectores y no lectores, por sexo y edad. Sintéticamente, los resultados orbitan alrededor de los siguientes núcleos temáticos:

- Uso del tiempo libre
- Condiciones que definen la lectura por placer
- Hábitos de lectura y prácticas vinculadas con el consumo de libros

- Tipo de lectura preferida, libros leídos y autores preferidos
- Imágenes mentales vinculadas con el libro y la lectura digital y analógica

Las encuestas sobre los consumos culturales señalan los desplazamientos en el nivel de la población general. Si bien se reconoce que no existen encuestas cuya metodología resulte inobjetable y sus resultados inapelables, han aportado al conocimiento y servido de base para proyectos interesantes vinculados con las políticas públicas. Tanto en los relevamientos nacionales así como en las encuestas académicas o privadas existe el riesgo de que los encuestados auto-eleven su nivel de lectura o no se asuman lectores porque consideran que leer es menester de intelectuales. Asimismo, se consideró que existen espacios sociales en donde no es posible hablar de textos sin adquirir un aire pretencioso –como el ámbito universitario–, así como existen lecturas de las que 'no se puede hablar', lecturas inconfesables que se manifiestan a escondidas. En este sentido, esta investigación ha tratado de controlar dichos escenarios, de modo tal de advertir si el joven encuestado "inflaba" su situación cultural o si desmerecía su vínculo con la lectura; e incluso, preguntar después de que indiquen autores y títulos aquello que apreciaron al leerlos, de modo de ratificar el conteo numérico, o bien ponerlo en duda.

Como parte de la estrategia metodológica se complementó la aplicación de la encuesta con la recopilación y sistematización de material estadístico y de fuentes secundarias, lo que permitió contextualizar con datos oficiales la situación-problema y comparar datos al tomar las fuentes secundarias como parámetro. En este sentido, esta investigación rescató, fundamentalmente, las publicaciones de las Encuestas Nacionales de Lectura de 2001 y 2011 para cotejar con los propios resultados y encuadrar los hallazgos. Dado que las muestras no son equiparables, se enfatiza y profundiza en las posibles diferencias en función de las variables sexo y edad. A los efectos de brindar un panorama de los hábitos de lectura en la región iberoamericana, se tomaron aquellos países que realizaron mediciones concomitantes a la Argentina, cuyos resultados fueron publicados en los recientes informes del CERLALC. Otras fuentes de consulta han sido los boletines estadísticos de la Cámara Argentina del Libro, y estudios nacionales e internacionales realizados por universidades y organismos públicos y privados acerca de las prácticas de lectura y las nuevas tecnologías. Se complementó, además, con entrevistas a informantes calificados lo que posibilitó, por un lado, indagar algunos temas relevantes para el estudio según la bibliografía consultada y, por otro, descubrir aspectos inéditos que resultaron significativos. En primer lugar, se consultó a un miembro del organismo Sistema de Información Cultural de la Argentina, precisamente al Director de la ENHL 2011. Considerando que parte del trabajo implica la comparación constante de los propios resultados con los de aquella encuesta, se necesitaba no sólo precisiones sobre los datos sino además sobre los aspectos metodológicos. Por otro lado, pensando estrictamente en la población de estudio y en las políticas públicas, se interpeló a dos miembros del organismo Plan Nacional de Lectura; los informantes clave han sido la Directora Nacional y la Coordinadora del Plan de Lectura y Biblioteca. Con una intención similar, posteriormente se visitó a la Directora del Museo Nacional del Libro y de la Lengua quien también alumbró respecto de las políticas públicas impulsadas desde el organismo que dirige; no obstante, se pudo conversar con ella acerca de la historia de la actividad editorial nacional, quien como reconocida historiadora de las ideas, supo describir con solidez y precisión. Finalmente, con el objeto de entender la dinámica del mercado del libro, desde el punto de vista de la oferta, se consultó a dos representantes de la actividad editorial. En suma, la estrategia metodológica supuso constatar, comparar y marcar tendencias. En el Apéndice se explicita el proceso de producción de conocimiento, en tanto diseño de investigación y pautas de descubrimiento, se desarrolla exhaustivamente el modo en que se construyó el dato y se delinea el perfil de los jóvenes encuestados de acuerdo con los aspectos socio-demográficos, la ocupación y la trayectoria académica.

Por otro lado, cabe decir que si bien los estudios culturales tienen cierta trayectoria en el país, se advierte cierta escasez en la reflexión sistemática desde las Ciencias Sociales como de las instancias públicas y organizaciones no gubernamentales respecto de los cambios en los modos de leer de este colectivo, lo cual revela una serie de huecos en el estado del conocimiento sobre los cuales se pretende desarrollar esta tesis. Por ello, esta investigación se justifica a partir de a) su originalidad teórico-metodológica en la construcción de un objeto de estudio inédito, b) su utilidad académica e interés científico al carecerse de estudios específicos centrados en esta población, y c) su relevancia social a los efectos de tributar con la formulación de políticas públicas culturales o reconsiderar las vigentes –tanto en lo referente a su evaluación como en las perspectivas para su diseño e implementación–.

Con respecto a las limitaciones de este trabajo, dado las características de una muestra no probabilística e intencional, por un lado, no es posible generalizar los resultados aunque sí marcar tendencias; y por otro, si la cantidad de alumnos al interior de cada institución educativa y de cada carrera de donde se tomaron los casos fuese semejante, podría verificarse si se producen variaciones en las respuestas que permitiesen concluir si el tipo de universidad y el área de estudio inciden en el comportamiento lector y, de ser así, en qué grado. Asimismo, se sabe que el análisis de los consumos culturales contribuye con la comprensión de los procesos sociales, la formación de subjetividades y la construcción de identidades colectivas, la elaboración simbólica de diferencias y desigualdades en el mundo contemporáneo. Aún trabajos como éste, que recortan la realidad a una mínima expresión pueden contribuir en este sentido, al aportar tendencias que permitan explicar fenómenos de mayor envergadura. No obstante, las limitaciones de esta investigación en términos de alcance expresan la necesidad de avanzar en el nivel de complejidad y combinar con el enfoque cualitativo que permitan conocer los significados que los jóvenes le otorgan a sus prácticas culturales y profundizar en las respuestas de percepción que dieron. Sucede que las técnicas cualitativas potencian los hallazgos de las cuantitativas, considerando que una práctica cultural no puede ser cuantificada y descrita sólo por medio de un porcentaje, puesto que dicha práctica siempre se realiza dentro de una constelación de otras prácticas y actividades dentro de las cuales tiene sentido, se origina y se transforma en el tiempo (Rosas Mantecón 2002). Quedan planteadas, entonces, las limitaciones metodológicas de este trabajo que se prevén superar posteriormente.

Por otra parte, a partir de los hallazgos más significativos de esta investigación, se prevé ahondar en aquello que los jóvenes entienden por *información* desde su horizonte de expectativas, considerando que es una de las palabras más mencionadas en los cuestionarios, constituyendo una motivación importante para el ejercicio de la lectura. Y desde el lado de la sociología de la cultura literaria, cabría analizar en profundidad a) el impacto de la mundialización cultural en el consumo de libros y los gustos literarios juveniles, y b) las características del texto y su relación con el interés del público lector.

En síntesis, de acuerdo con el Reglamento del Doctorado en Ciencias Sociales, esta tesis pone a disposición la descripción y análisis de un problema empírico, nutrido por el relevamiento de datos primarios y un sinnúmero de fuentes secundarias que abonan, corroboran y/o cuestionan los hallazgos de la investigación. Finalmente, deja un espacio para profundizar en el análisis de la apropiación de la palabra escrita y sus vínculos con la transmisión educativa, no sólo en el nivel superior, sino en las instancias de formación previas. Todo ello considerando la correlación positiva entre rendimiento escolar y lectura, pero sobre todo, teniendo presente el desfasaje en términos de lenguaje digital que se advierte entre estudiantes y docentes que se profundiza progresivamente. Por último, esta tesis ofrece resultados que debieran ser considerados como indicadores educativos, presupuestos sobre los cuales se pueda reorientar la práctica educativa. De modo tal que si se pretende tomar decisiones para fomentar y consolidar los hábitos lectores, es imperioso conocer además de los factores socio-económicos, los aspectos actitudinales que condicionan las prácticas culturales.

Contenido y orden asignado a la exposición

El primer capítulo es esquemáticamente conceptual, porque brevemente conceptualiza definiciones básicas desprendidas del mismo título y sienta la perspectiva teórica. A partir del estado del conocimiento, se exponen los supuestos con los que comienza el trabajo y los antecedentes disponibles a nivel regional y nacional. Finalmente, se define la situación-problema: se ciñen las preguntas de conocimiento, plantean los objetivos de investigación y formulan las hipótesis de trabajo. Desde el capítulo segundo hasta el quinto, se presentan los resultados que surgieron de la aplicación de la propia encuesta. Al inicio se explicita el propósito de cada capítulo, se recuperan las preguntas y los objetivos formulados y se sintetiza el abordaje para la medición de las variables que allí se tratan. Asimismo se ofrece la lectura descriptiva que acompaña a toda infografía así como un análisis interpretativo en la medida en que pueda establecerse asociación entre variables, comparar al interior de los grupos por sexo y edad, y cotejar con datos secundarios. Finalmente, la Conclusión opera como condensador de la investigación porque sintetiza los resultados obtenidos y traza puentes con el marco teórico-conceptual. Luego se plantean nuevos interrogantes, como líneas de indagación posibles, en virtud de profundizar los hallazgos reconociendo el necesario pero insuficiente relevamiento cuantitativo para abordar, por ejemplo, el significado que los universitarios le asignan a sus acciones. Además se sugiere una discusión en torno a la responsabilidad del Estado y el desafío que la formación de lectores supone para el Sistema de Educación.

2

Uso del tiempo libre y consumo mediático

Este apartado procura determinar los patrones de comportamiento vinculados con los hábitos de consumo cultural prestando atención al contexto tecnológico que los enmarca y las interrelaciones posibles en la trama social. ¿Qué actividades desarrollan los universitarios cuando no estudian ni trabajan? ¿Cómo se vinculan con los consumos culturales clásicos, los mass-mediáticos y las redes digitales? Teniendo presente el perfil de la población –universitarios que promedian los 27 años y están empleados– es fundamental señalar la ausencia de tiempo libre durante la semana, y considerando que éste es un recurso limitado, el modo en que lo utilizan es un indicador clave de sus intereses, valoraciones y expectativas. Medir el ocio permite saber a qué actividades otorgan atención y sutilmente comenzar a indagar en el valor asignado a la lectura.

El sentido común indica que las redes digitales han minado la vida social de los jóvenes. Se suele oír decir que prefieren estar 'a solas' conectados mediante algún dispositivo digital con acceso a Internet o jugando video-games en la Play, antes que el diálogo personal en el mundo real. Se asegura incluso que Internet ha sustituido lo que se denomina sociabilidad directa o encuentro personal (Morduchowicz 2012). Sin embargo, hasta el momento no se dispone de evidencia empírica que permita afirmar que hubo una sustitución de vínculos en la era digital, sino más bien puede advertirse cierta resignificación de los lazos interpersonales y de las prácticas culturales. Esta tesis sugiere que Internet genera nuevas formas de sociabilidad juvenil. Durante décadas, los temas de conversación entre los jóvenes giraron en torno de la televisión, la radio, el cine o la música. Estas charlas tenían espacio en encuentros cara a cara en el centro educativo, el barrio o en las salidas grupales. Hoy disponen no sólo del teléfono de línea para comunicarse –ahora destinado a un uso residual hogareño–, sino además cuentan con su smartphone para enviar mensajes de texto e instantáneos, chatear, administrar un blog o interactuar en una red social. Sucede que las redes sociales les posibilitan expresarse con su voz y exponer vivencias con propias palabras e imágenes. Ser 'autor' de un perfil en Facebook o Instagram, por ejemplo, les permite ejercer el derecho de participar y construir su identidad según como quieren ser reconocidos. Desde que apareció la Web 2.0 surgió una nueva cultura participativa: los jóvenes se involucran mediante las afiliaciones en comunidades virtuales –membrecías en torno a intereses comunes– y también participan produciendo contenidos –textuales y/o audiovisuales–. (Jenkins 2006). El valor del networking no sólo radica en fortalecer los vínculos, sino en construir saberes mediante nuevos circuitos de información surgidos a partir del interés compartido y la participación de la comunidad virtual. Entonces, en el marco de la Revolución digital, ¿qué espacio queda para las actividades de ocio tradicionales y los consumos mass-mediáticos? ¿Compiten o se complementan con las redes digitales? Se sabe que los medios ofrecen modelos de identidad individual y nacional [esta tesis agrega 'mundial'] que influyen en la imagen que los jóvenes tienen de sí mismos y de los otros. Las series del cable y los programas de televisión abierta, las películas, los diarios y revistas, los últimos videojuegos y las canciones y grupos de música proponen modelos de identidad cultural mundial. En efecto, las industrias culturales globales y las redes digitales están tan ligadas a la identidad juvenil que el sujeto se configura como tal a partir de la frecuentación y acceso a ciertos bienes y servicios culturales así como la forma en que los socializa. Por ello, es importante indagar en la relación que los universitarios tienen con los medios de comunicación y las tecnologías, porque permite comprender cómo construyen, con contradicciones y de modo complejo, su imagen del mundo (Reguillo 2000).

MATERIALES Y MÉTODOS. Esta investigación está especialmente centrada en la estructura social, en los patrones recurrentes de comportamiento y en las interrelaciones entre elementos del tejido social, reconociendo la importancia de la acción y el significado que los sujetos le otorgan a sus acciones (aunque las técnicas empleadas de recolección de datos no permitan captar las significaciones). Desde este capítulo hasta el sexto se presentan los resultados que surgen de la aplicación de la propia encuesta a la muestra conformada por 360 universitarios. Además del análisis descriptivo de datos primarios, se complementó con fuentes de consulta secundaria que permiten contextualizar y comparar.

Este capítulo aborda los objetivos a) determinar los usos y preferencias respecto de bienes, actividades y espacios culturales; y b) determinar el consumo de medios de comunicación masivos: diarios, televisión e Internet. Para cumplirlos se miden –en los universitarios– bienes tecnológico-culturales preciados, actividades de tiempo libre, salidas y espaciamiento cultural, medios de comunicación –desagregados en consumo de televisión, prensa gráfica e Internet–, y consumo de contenidos de colección en los kioscos de diarios. Se dividió la muestra según las hipótesis de trabajo que prevén diferencias por sexo y grupo de edad –utilizando el mismo criterio de segmentación que en las Encuestas Nacionales de Lectura–. Además de conocer la incidencia de cada variable y construir cuadros de contingencia, se aplicó la prueba de independencia Chi-cuadrado para las variables categóricas. Ésta permite determinar si existe relación entre dos variables de igual naturaleza: indica si se halla asociación, pero no indica el grado o el tipo de relación.

Los bienes más preciados

Inicialmente se preguntó a los jóvenes cuál es el objeto tecnológico-cultural que más aprecian con el fin de obtener una aproximación a su valoración respecto del tiempo libre. Los objetos ofrecidos como opciones implican actividades que pueden desarrollar a partir de su implementación. Se trata de dispositivos tales como la computadora, radio, celular o cámara de fotos, y soportes en sentido estricto como el libro o disco compacto. Con excepción del libro, se trata de objetos contemporáneos, cuya creación y difusión se remonta a las últimas décadas del siglo XX.

Sin duda, los jóvenes eligen dispositivos digitales. En primer lugar, el 44% prefiere la computadora –principalmente los varones y sobre todo los varones mayores (64%)–. Vale mencionar que en el cuestionario no se aludió a un tipo particular de computadora u ordenador; en cualquier caso, es muy significativa la proporción en comparación con el resto de las elecciones. En efecto, la medición más reciente a nivel nacional, la ENCCyED 2013, indica que la computadora es el equipamiento que más se ha extendido socialmente en los últimos tiempos.[15] Aunque con una diferencia importante respecto de la computadora, el segundo objeto

---

[15] Según dicho relevamiento, el 71% de los argentinos tiene una PC, el 65% se conecta a Internet diariamente y 60% tienen conexión hogareña. La computadora, además, se usa bastante: dos horas y media diarias en promedio, para conectarse a redes sociales o chequear mails. (SInCA 2014).
Resulta conveniente mencionar que, por su parte, la ENHL 2011 mide la *cantidad de usuarios de PC* preguntando a la problación si se considera "usuaria". En este sentido, el 57% de la población se considera "usuaria de PC" –los varones superan en cuatro puntos la proporción de usuarias–. Se hallaron diferencias significativas por edad puesto que a medida que aumenta la edad de la población, disminuye la cantidad de usuarios de PC. Sin duda los más jóvenes son los principales usuarios: el 92% del grupo en edad escolar y el 84% del grupo 18-25 años se consideran usuarios (los denominados "nativos digitales"). Luego, el 75% del grupo 26-40 y el 49% del grupo 41-60, y por último apenas el 13% de los mayores de 61 años. Por nivel socioeconómico la brecha entre los segmentos también es notable: el 90% del nivel alto, el 80% del medio y el 29% del bajo se consideran a sí mismos usuarios de PC.

más valorado es el celular (26%). Se destacan las mujeres, quienes con el 30% superan en diez puntos porcentuales la incidencia masculina; y en términos comparativos, las más jóvenes (32%) lideran la categoría. En los varones no hay diferencias significativas entre los grupos etarios. Si bien la concentración se da en las zonas metropolitanas del país, en numerosos lugares hay más penetración de telefonía celular que de telefonía fija.

La radio es uno de los objetos menos valorados, aunque la destaquen las mujeres mayores (7,5%). Piénsese que la radio como objeto en sí mismo es obsoleto: su uso ha sido reemplazado por el reproductor de audio digital[16] y el teléfono móvil. Por ello no se descarta que muchos de los que eligen al celular lo utilicen en gran parte para escuchar radio o reproducir música. Repárese en los smartphones: un mismo objeto con el potencial de desarrollar varias de las actividades para las que hasta no hace mucho precisábamos más de un dispositivo. En este sentido, no resultaría llamativo que sean precisamente los objetos tecnológicamente más antiguos los menos valorados, porque sus funciones fueron paulatinamente reemplazadas por la telefonía móvil. Si bien el auge de los smartphones comienza en 2007, un estudio de principios de siglo podría dar una idea de los otros usos que comenzaba a dársele al celular. Según el informe del SNCC, usar el celular solo para hablar o para aplicar otras herramientas, a mediados de 2000, dividía a los argentinos prácticamente en dos mitades. En aquel entonces, alrededor del 54% usaba el celular sólo para hablar –principalmente individuos de mayor edad y nivel socioeconómico medio-bajo–. El estudio señalaba a los jóvenes, precisamente a

---

Por región geográfica, las distintas regiones tienen una proporción de usuarios semejante, aunque se destaca el NOA con la más baja participación (48%) y la Patagonia (64%) con la mayor cantidad de usuarios. (SInCA 2012).

16 Precisamente, otro equipo muy valorado por los argentinos, según la ENCCyED 2013, es el reproductor de CD –el 85% de los consultados dice disponer de uno– así como el reproductor de DVD –74% de los encuestados–. (SInCA 2014).

los adolescentes como "el segmento que se caracteriza por hacer del celular una herramienta multifacética", como los individuos de nivel socioeconómico alto y residentes de la región metropolitana.[17] Según la ENCCyED 2013, el teléfono móvil gana amplio espacio constituyéndose como un consumo digital en sí mismo. Después de la TV y la radio que son los bienes predilectos entre los argentinos (95%), en orden de importancia, le sigue el teléfono celular (85%), que supera ampliamente al fijo, y que se ha ido convirtiendo en un equipamiento residual, presente en el 68% de los hogares (SInCA 2014). Este dato resulta marcadamente diferente a las preferencias de los universitarios encuestados, para quienes la radio es uno de los objetos menos valorados en términos de importancia.

Respecto del libro como objeto, se encuentra que más del 18% del grupo 18-25 años lo elige, tanto las mujeres como los varones; aunque si se mira sólo por sexo se nota que son las mujeres quienes lo eligieron en mayor medida (17%). Como era esperable, la videoconsola es únicamente valorada por los varones, principalmente por los más jóvenes. En tanto, cerca del 4% de las mujeres valora un dispositivo digital de lectura o navegación en mayor medida que los varones, sobre todo las mayores de 25 años –con dos puntos porcentuales más que el promedio del grupo–. Este dato es aparentemente contradictorio con otro que se verá más adelante: la mayor predisposición masculina hacia los aparatos tecnológicos.

Considerando que la prueba de independencia indica que el tipo de objeto más valorado se relaciona con el sexo de los jóvenes, se toman las tres categorías con mayor incidencia y elabora el siguiente gráfico comparativo:

---

[17] Algunos datos que ya marcaban la importancia que iría adquiriendo el celular: enviar mensajes de texto (98%), bajar ring-tones (28%), sacar fotos (13%), navegar por Internet (12%), filmar (6%). (Nota: resultados calculados a partir de los encuestados que indicaron utilizar el celular con otros propósitos además de "sólo hablar", base conformada por 994 casos en AMBA.)

Valoración de los principales bienes tecnológico-culturales, por sexo. Total Jóvenes.

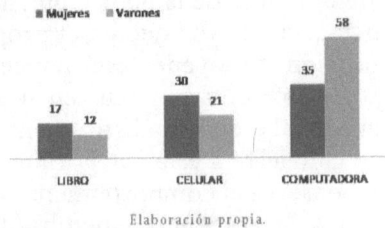

Elaboración propia.

Actividades de tiempo libre

Se entiende *actividades de tiempo libre* a las acciones, sean individuales o colectivas, asociadas con el ocio y el placer, que expresan cierto estilo de vida y una manera específica de organizar el tiempo que resta de las actividades obligatorias, como estudiar y/o trabajar. Con este concepto en mente, se preguntó a los universitarios acerca de las actividades que prefieren realizar en momentos libres, y ofrecieron varias alternativas –muchas de las cuales pueden desarrollarse sólo si se cuenta con alguno de los objetos mencionados anteriormente–. En este sentido, los resultados de ambas variables deberían leerse de modo complementario. Por otra parte, cabe destacar que algunas opciones remiten claramente a consumos culturales clásicos –libros, cine, teatro, diarios– y mediáticos –televisión y radio–; mientras que otras se ubicarían en una zona más híbrida. Es decir, se adoptó el mismo criterio utilizado en la ETLPCC 2005, mencionado en el punto anterior.

La lectura está lejos de ser una de las actividades preferidas de los jóvenes, aunque las mujeres –especialmente las de entre 26 y 40 años (16%)– parecen más proclives a leer durante el tiempo libre que el resto de los grupos. (Hasta el momento no se había distinguido en el cuestionario el tipo de lectura, la interpretación era libre, podría tratarse de cualquier material: libros o prensa escrita, e incluso en cualquier soporte). Cuando la ENHL 2011 indaga en las actividades de tiempo libre de la población en general, leer presenta una incidencia mayor que en el propio estudio.[18] La mayor proporción de jóvenes está concentrada en la categoría pasear: el 36% opta por salir en su tiempo libre. Sin embargo, cabe señalar que estadísticamente la gran incidencia femenina convierte a esta categoría en la más preponderante. Si se observa el comportamiento de la variable por sexo, aparece que la frecuencia femenina (48%) triplica a la masculina –esto es aún más acentuado en las más jóvenes: cinco de diez elige esta categoría–.

Por su parte, únicamente las mujeres eligen la alternativa estudiar como actividad de tiempo libre (2%); una frecuencia tan baja era previsible, y en cierto modo, también que fuesen las mujeres quienes la eligieran.

Luego, mirar televisión o ver videos y películas es una actividad optada en proporciones similares por mujeres y varones; sin embargo, se advierte diferencias al mirar las respuestas por grupos etarios respecto del sexo de los jóvenes: eligen esta actividad las mujeres más jóvenes (13%) y los varones mayores (12,5%). De acuerdo con la ENCCyED 2013, la televisión continúa ocupando la mayor parte del tiempo libre que, como se señaló, resulta ser el principal objeto tecnológico elegido por los argentinos.[19] Otro

---

[18] En este sentido, el 13% del total país menciona espontáneamente leer. En esta categoría se destacan las mujeres, el grupo amplio de 26 a 60 años, el Gran Buenos Aires y el Noroeste con el 14%. Por nivel socioeconómico, el nivel medio presenta mayor incidencia (15%) frente al nivel bajo (12%) que supera notablemente al nivel alto (11%). (SInCA 2012).
Según el BHLyCLE 2012, al 28% de la población le gusta leer en el tiempo libre. Se destaca esto porque es alto el porcentaje en comparación con la región iberoamericana. No obstante, esta cifra resulta inferior a la registrada en 2007 (36%). El informe advierte que la televisión, Internet y las reuniones con amigos vienen ganando participación en los momentos de ocio. (FGEE 2012).

[19] El 98% de los consultados yace frente a la pantalla casi todos o algunos días por semana. En promedio, los argentinos miran casi tres horas por día y casi la mitad supera las dos horas diarias. Consultados sobre para qué encienden la TV, el 73% dice que para mirar noticieros y más de la mitad para mirar

consumo vinculado con la TV es la radio: el 7,5% de los jóvenes opta por escuchar radio o música en su tiempo libre. Según la ENCCyED 2013, la radio, contra todas las previsiones, no ha perdido espacio y de hecho, así como la TV, resulta el objeto más valorado por la población argentina.[20] En el propio estudio, mientras no se advierten diferencias significativas entre las mujeres, que llegan al 8%, entre los varones se halla una clara predisposición en los más jóvenes (10%) hacia esta actividad respecto de los mayores que casi llegan al 6%. Se reconoce que en esta categoría al no distinguir música de radio, no se puede conocer con exactitud la incidencia de cada uno. Y en cierto modo, al notar que el grupo de varones menores de 25 años se destaca en esta actividad, queda el interrogante respecto de si prefieren escuchar música con su MP3 o smartphone por ejemplo, o son fieles oyentes de cierto programa radial. De cualquier

---

también películas y series. El consumo de televisión es mayormente de señales pagas, puesto que el 81% de los hogares destina una parte de su presupuesto a un abono de TV por cable (68%) o satelital. Por otra parte, el consumo de cine y video en el hogar es una actividad muy practicada, con un 84% de menciones. Principalmente se miran películas a través de la TV paga. El consumo de películas on line o bajadas de Internet es bajo, por debajo del 20%. Por otro lado, del relevamiento surge que lo que más compraron los argentinos han sido películas en DVD, aunque por su costo –que obviamente incluye al circuito de películas pirateadas que se compran en la calle– es el rubro en que menos se gasta, en promedio $38 al año. En comparación, existen menos compradores de libros, pero que gastan sumas mayores ($178 anuales en promedio). (SInCA 2014).

20 A nivel país, la incidencia es notablemente mayor que en los universitarios: en el 86% de los hogares se escucha radio; el encendido es en promedio de casi tres horas y media por día; los programas preferidos son los musicales (75%), seguidos por los informativos (58%); y FM es más elegida que AM. Acerca del consumo de música, el relevamiento indica que en los hogares argentinos hay, en promedio, una discoteca con 76 CDs. La encuesta revela, además, que escuchar música es la práctica cultural más extendida, ya que el 99% de la población lo hace diariamente. Se escucha más música en castellano que en otros idiomas. Gustan varios géneros, pero los favoritos son la canción romántica (85%), el folklore (84%) y el rock nacional (81%). En tanto, cerca de la mitad de los encuestados comenta haber descargado música de Internet. (SInCA 2014).

modo, se preveía una incidencia baja entre los universitarios porque como otros consumos culturales, escuchar radio o música está adosado al tiempo productivo.

Por otro lado, el 4% de los varones juega video-games en sus momentos de ocio, coherente con aquellos que eligen la Play como objeto más preciado: pareciera que son los mismos varones que contestaron en una y otra pregunta. (Más adelante se verá que cuando se les pregunta por "actividad en Internet" y se les ofrece la opción jugar videojuegos, la frecuencia disminuye notablemente en tanto aumenta la cantidad de mujeres que juega online). Según el SNCC 2006, el promedio de horas semanales dedicadas al juego virtual rondaba las 5,8 horas para el Área Metropolitana de Buenos Aires; además, el informe revela que la actividad está fuertemente asociada con la edad y el sexo: los varones adolescentes y los jóvenes-adultos son los principales implicados en esta práctica.[21]

En tanto, el 54% de los varones disfruta el tiempo libre practicando un deporte. Este dato es sumamente relevante por la gran proporción. Si bien se desconoce el tipo de deporte, podría suponerse que se trata de prácticas grupales. Estadísticamente la gran incidencia masculina convierte a esta actividad en la segunda más preponderante dentro del sistema de categorías: pero también para las mujeres deviene la segunda actividad de tiempo libre (13%), aunque no parece tener suficiente relevancia: se separa bastante de pasear y se acerca a

---

[21] El 64% de los adolescentes emplea su tiempo en estos hábitos de ocio –aunque también en menor medida, se destacan los jóvenes de 18 a 34 años–. Otros grupos que impulsan el uso de videojuegos son los hombres, los de nivel socioeconómico alto y medio y, especialmente, los residentes del AMBA. A la hora de detectar los lugares más utilizados para jugar sobresale el hogar (66%), en un segundo lugar los cyber, locutorios o locales de videojuegos y en menor medida la casa de amigos o familiares y el ámbito laboral. (SNCC 2006). Actualmente, según la ENHL 2011, cuando mide consumos culturales en general, el 5% de la población total se entretiene con videojuegos en su tiempo libre. De esta proporción, se destacan los varones (9%), el grupo 12-17 años (20%) y los sectores medios (7%). (SInCA 2012).

leer. Según la ENHL 2011, el 15% del total país menciona espontáneamente y como primera respuesta hacer deportes. Este dato es semejante a los propios resultados, aún en las diferencias significativas por sexo.[22]

La opción realizar tareas domésticas, que apenas el 1% de los universitarios marca, podría aglutinar un sinnúmero de pasatiempos no listados: desde la jardinería, la cocina, las manualidades o cualquier hobbie o entretenimiento hogareño.[23]

Revisando la ENHL 2011, se encontraron algunas diferencias significativas al comparar con los resultados propios: en primer lugar, mirar TV y escuchar música son las prácticas preferidas de los argentinos en los grupos etarios estudiados; asimismo, todas las actividades

---

[22] Esta actividad presenta mayor incidencia entre los varones (24%) frente a las mujeres (7%), aunque la brecha es todavía más amplia en el propio estudio. Se destacan los jóvenes-adolescentes con el 31%, luego conforme aumenta la edad, disminuye la incidencia. Por nivel socioeconómico, el sector alto sobresale con el 22%, en tanto el nivel medio el 18% y el bajo el 11%. En términos regionales, la Patagonia es la "menos deportista" (9%) y el Noroeste la zona que mayor incidencia presenta (19%). (SInCA 2012).

[23] Cuando la ENHL 2011 mide *prácticas de tiempo libre*, ofrece una opción hacer trabajos en casa que se asemeja a esta la categoría. En este sentido, se hallan diferencias importantes puesto que el 22% de la población total menciona esta actividad como la principal destacándose las mujeres (26%). Asimismo, a medida que aumenta la edad, aumenta la incidencia de la práctica. Notablemente los sectores medios presentan menor proporción. En términos geográficos, la Patagonia se distancia bastante del resto de las regiones del país con el 32% de incidencia. (Las condiciones de vida afectadas por el clima sureño explicarían este dato.) (SInCA 2012).

de ocio hogareñas presentan mayor incidencia.[24] Esta discrepancia en los datos se debe indudablemente a su condición de universitarios.

Si se toma a la muestra íntegra, casi un 3% señala Internet como espacio de recreación, pero si se observa por sexo, se nota que esta actividad cobra importancia entre las mujeres (4%). A diferencia de lo que el sentido común sugiere, la incidencia de Internet en el tiempo libre de los jóvenes es realmente muy baja. Se infiere que la Red está adosada a las actividades productivas de los universitarios, en las aulas y los ámbitos de trabajo están on line, entonces, ¿para qué sacrificar tiempo ocioso para hacen uso de Internet si se está conectado permanentemente?

Por otro lado, actividades poco frecuentes como mirar televisión o videos así como escuchar música, no presentan diferencias importantes entre mujeres y varones. En cualquier caso, las imágenes y los sonidos, prevalecen por encima del texto: si se consideraran las actividades vinculadas con la televisión, Internet y la música, se vería que superan ampliamente a la lectura –aunque permanecerían por debajo de las actividades recreativas–. Sin duda, los jóvenes prefieren actividades de esparcimiento. Esa imagen social del joven encerrado y aislado frente a algún dispositivo tecnológico podría ponerse en duda. Aunque la computadora sea más valorada que cualquier otro objeto, al momento

---

[24] Entre los menores de 25, el 59% mira TV y el 52% escucha música, en tanto entre los mayores de 25 años, el 62% mira televisión y el 45% escucha música. Muy por debajo queda el resto de las actividades. Aún si se sumaran todos los paseos que la encuesta ofrece en su sistema de categorías –salir a tomar algo, ir a bailar, ir a shoppins, parques, etc.– no se llegaría al 36% de los jóvenes del propio relevamiento que indican que pasear es aquello que prefieren hacer en su tiempo libre. Con esto se destaca que la diferencia notable yace en el adentro y afuera como espacio de recreación. A modo de análisis se sumaron todas las actividades que pueden realizarse en el hogar y compararon las respuestas de los grupos: se encontró que estas actividades superan ampliamente aquellas que implican salir del hogar, mientras que en el propio estudio la proporción es inversa. Posiblemente, esta diferencia se explique a partir de las características intrínsecas de la muestra.

de emplear el tiempo libre no parece estar incluida en sus prácticas. Escuchar radio o música, comunicarse por el chat o administrar un perfil en la res social son actividades incorporadas a la cotidianeidad acompañando a los jóvenes mientras desarrollan otras tareas. Cuando disponen de un momento libre, se imponen actividades distintas de la lectura, la cual se deduce, les resulta poco atractiva. Otra cuestión importante es que el grupo de pares es fundamental para compartir el tiempo libre, porque las principales actividades elegidas exigen la interacción con otros, sea acompañamiento o compañía de juegos aunque no se descarta los paseos a solas o deportes solitarios pero no es lo habitual.[25] Entonces y pese a que el sentido común sugiere la apatía y ensimismamiento de los jóvenes en torno a lo digital, se comparte con Winocur (2006) y Morduchowicz (2012) que las nuevas formas de comunicación generan otro modo de sociabilidad juvenil y que no han anulado su vida social, sino que les ofrecen canales alternativos que se complementan con los tradicionales espacios de encuentro, y que al mismo tiempo, les otorga una autonomía diferente (Urresti 2008). Sucede que el espacio virtual posibilita que se amplíen los espacios físicos de encuentro tradicionales así como el tiempo para estar en contacto con amigos y familiares; esto es: lo virtual extiende el tiempo y acorta el espacio. Finalmente, se compara a partir de las cuatro actividades con mayor incidencia según el sexo; la prueba de independencia evidencia relación entre ambas variables.

Para conocer la principal actividad online se conformó una subpoblación con los jóvenes que en la pregunta anterior comentaron que en su tiempo libre navegan en Internet, y se les preguntó qué uso específico hacen de la Red.

---

25 En otro orden de cosas, pero siempre pensando en el uso del tiempo libre, la ENCCyED 2013 señala que el 43% de los argentinos sale a bailar regularmente, en fiestas o boliches. El género preferido es la cumbia. Asimismo existe un gusto por prácticas vinculadas con la música: el 20% de los consultados dice cantar o tocar un instrumento –la guitarra es el más popular–. (SInCA 2014).

(Originalmente esta variable tenía el mismo sistema de categorías que aquella que indagaba exclusivamente por el uso que dan a Internet, pero fue simplificada a partir de las reiteraciones).

La mitad de quienes emplean su tiempo libre en Internet utilizan redes sociales.[26] Esta forma de establecer vínculos nuevos y fortalecer los existentes mediante el intercambio de comentarios e imágenes fue creciendo en el mundo y particularmente en Argentina; de hecho, es el segundo país sudamericano con más cantidad de usuarios de Facebook.[27] Este dato registra el momento de auge de Facebook puesto que en la actualidad, la cantidad de cuentas es bastante menor, porque adolescentes y jóvenes se han volcado hacia otras redes sociales como Instagram, en tanto los perfiles que tienden a mantenerse en Facebook son los de los jóvenes-adultos y adultos-mayores. No obstante, la más reciente medición, la ENCCyED 2013 indica que Facebook –seguida por YouTube– es el sitio más visitado por los argentinos.

La segunda actividad que los jóvenes realizan en Internet es informarse mediante los medios de prensa: el 25% de quienes navegan en Internet durante su tiempo libre lee diarios y revistas online. En tercer lugar, el 17% visita

---

[26] Entre 2001 y 2002, aparecen los primeros sitios web que promueven el armado de redes basados en círculos de amigos en línea. Éste era precisamente el nombre que se utilizaba para describir a las relaciones sociales en las comunidades virtuales. Estos círculos se popularizaron en 2003, con la llegada de redes sociales específicas, que se ofrecían ya no sólo para re encontrarse con amigos o crear nuevas amistades, sino como espacios de intereses afines. Hacia 2010 existían más de 200 redes sociales, con más de 800 millones de usuarios en todo el mundo. La mayoría de quienes mantienen una red social son jóvenes: el 80% de los usuarios en todo el mundo tiene entre 12 y 30 años –sobre todo los adolescentes de 12 a 19 años–. Con respecto a la frecuencia con que visitan la red social de pertenencia, el 50% de los jóvenes la usa día por medio, el 30% a diario y el 20% una vez por semana. (Morduchowicz, R. y et.al. 2010. "¿Qué son las redes sociales? en Los adolescentes y las redes sociales". http://goo.gl/rz1ylc).

[27] En Argentina, hacia 2012, se registraban unos 20,048,100 perfiles en Facebook. (Internet World Stats. September 30, 2012. "Argentina Internet Usage Stats and Telecommunications Report." http://goo.gl/vKvajr).

sitios de interés. Y finalmente, el 8% descarga contenidos audiovisuales. Cabe señalar que las últimas dos opciones se superpondrían en sitios como YouTube, donde los jóvenes podrían bajar un contenido audiovisual después de verlo y comentarlo con otros usuarios. De todos modos, el hecho de ofrecer cuatro categorías bien definidas tuvo como propósito delimitar actividades y conocer qué lugar ocupan en su tiempo libre cada una. Por último, considerando que son las mujeres quienes refieren navegar en Internet en su tiempo libre, podría suponerse que son también quienes están distribuidas en estas actividades. Si bien los casos son pocos, y es un sin sentido mostrar un cuadro que discrimine por sexo y edad, puede advertirse que la utilización de redes sociales es muy frecuente en las mujeres más jóvenes, la lectura de diarios y revistas en los varones mayores, las visitas a los sitios de interés es recurrente en las mujeres de ambos grupos, y la descarga de audio y videos en los varones más jóvenes. (Este resultado surge de la lectura directa de la matriz de datos.)

Como conclusión parcial cabe decir que estos datos coinciden con los resultados de relevamientos entre adolescentes: en primer lugar, los jóvenes se conectan para comunicarse y en segundo lugar, para informarse. Aunque la tendencia es similar, las proporciones varían, porque mientras el 90% de los adolescentes utiliza Internet para comunicarse (Morduchowicz 2008; 2012), lo hace el 50% de los universitarios. Esto significaría que pierde peso la comunicación y gana espacio la información e interés general como intención de consumo digital. Se infiere que el ciclo vital, las necesidades y preocupaciones de estos jóvenes explicarían la mayor predisposición hacia la lectura y búsqueda de información y navegación en sitios de interés.

Salidas y esparcimiento cultural

Pensando en actividades que impliquen salir del hogar, se preguntó respecto de los sitios culturales a los que prefieren ir durante el tiempo libre. Se considera que son *espacios culturales* las construcciones físicas o espacios naturales cuyo fin es servir de escenario para el desarrollo de actividades y prácticas culturales, facilitando el acceso a diversos bienes y servicios culturales –bibliotecas, casas de cultura, museos, galerías de arte y salas de exposición, centros históricos–. Se ofrecieron varias alternativas más la opción "no asisto a eventos culturales".

Se supo que sólo el 6% de los jóvenes encuestados y un notable 21% de los varones menores admite no participar de eventos culturales; en comparación con el resto de los grupos la proporción es notable: el 3% de las mujeres y el 7% de los varones mayores de 25 años. Del resto, el 43% indica asistir al cine. Se nota que esta salida es impulsada por el grupo 26-40 años (47%). Dentro de los más jóvenes, las mujeres superan en siete puntos la incidencia de los varones menores de 25 años (33%). Si bien diversos estudios demuestran que dentro de los consumos culturales fuera del hogar el cine concentra la mayor participación de la población joven, en el propio relevamiento la incidencia es bastante mayor. Para analizar este dato en contexto, cabe señalar que sólo el 2% de los argentinos asiste al cine regularmente (SInCA 2012) aunque el 40% comenta ir por lo menos una vez al año para ver, preferentemente, películas de acción, comedias o de aventuras. Las producciones extranjeras resultan las más elegidas, si bien el cine nacional es valorado positivamente (SInCA 2014).[28] Se supo que las

---

[28] Hacia mediados de década, el hábito de ir al cine oscilaba alrededor del 35% de los argentinos. Entre los que concurrían sobresalen los menores de 35 años, los de nivel socioeconómico alto y medio y los residentes del AMBA. (SNCC 2006).
Cuando la ENHL 2011 mide *prácticas y consumos culturales de tiempo libre*, no se hallan diferencias significativas en la visita al cine por sexo, edad y zona

preferencias por el tipo de películas reproduce la pauta de los criterios televisivos; esto se da en relación a los géneros y a los actores. Por otra parte, más del 60% de los encuestados afirmaba a inicios del nuevo siglo, que al menos una vez por semana alquilaba videos repitiendo los criterios de elección de películas en el cine (OPSM, ex IBOPE 2004).[29]

Regresando a la lectura del cuadro de resultados, apenas 17% de los universitarios opta por el teatro: se destacan las mujeres (18%) frente a los varones (15%), ya que estadísticamente las mayores de 25 años impulsan esta categoría con el casi 22%. A diferencia del cine, la asistencia al teatro es un consumo cultural de minorías asociado con los adultos y adultos mayores; no obstante, en el propio relevamiento presenta una incidencia superior que en el total país.[30] En las salidas culturales menos populares, las proporciones descienden previsiblemente. Por ejemplo, sólo el 7% de los jóvenes elige visitar ferias artesanales; las mujeres menores de 25 años son quienes promueven esta elección

---

geográfica –sólo por nivel socioeconómico: alto 3%, medio 2% y bajo 1%–. (SInCA 2012). No obstante, al observar los datos de la industria, se advierte una brecha importante en la asistencia al cine según sea la región del país. De acuerdo con las mediciones del Departamento de Estudio e Investigación del Sindicato de la Industria Cinematográfica Argentina, CABA representa casi el 24% y el GBA poco más del 33% de la concurrencia sobre el total país. Siguen Buenos Aires, Santa Fe y Córdoba –pero oscila entre el 7 y 9%–. Vale mencionar que la concurrencia al cine se mide en cantidad de espectadores y en términos de participación por provincia (DEISICA 2012).

[29] Según este mismo estudio, "El consumo cultural de la Ciudad de Buenos Aires en el marco de la crisis socioeconómica. Mediciones comparadas", al analizar las preferencias por distintos tipos de establecimientos según el nivel socioeconómico, se observa que los niveles medios y altos prefieren centros comerciales y complejos, pero entre los sectores de bajos recursos los cines tradicionales y las salas de barrio aún captan adhesiones significativas.

[30] El estudio del SNCC indica que el 10% de los argentinos concurría a espectáculos teatrales con cierta frecuencia en 2006. En esta categoría sobresalen los mayores de 50 años y los de nivel socioeconómico alto y medio. Respecto a la gran mayoría que no asiste, se destacaban los hombres, los adolescentes de 12 a 17 años y los de nivel socioconómico bajo. La misma fuente revela que el 13% de los que habitan el AMBA asistían al teatro por aquel entonces. (SNCC 2006).

con el 10,5% mientras a los varones mayores parece no convocarlos la propuesta (2%). Respecto de las exposiciones, se nota que no hay diferencias por edad en los varones (4,5%) y sí entre las mujeres: las mayores de 25 años (8%) prefieren esta salida cultural en mayor medida que las más jóvenes (3,5%). El museo y las galerías de arte como espacios culturales sólo son marcados por las mujeres menores (7%) –de las alternativas dadas, ésta es la más ceñida a un público minoritario–. De cualquier modo, todas las salidas que impliquen un paseo de tipo cultural presentan baja incidencia, y se correlacionan con el sexo, la edad y el nivel socioeconómico de la población.[31]

Por otra parte, asistir a recitales de música es un consumo cultural típicamente juvenil que progresivamente ha ido extendiéndose hacia la población infanto-juvenil.[32] En el propio estudio, después del cine, los jóvenes eligen presenciar conciertos de música (19%) si bien la brecha que separa a ambas salidas culturales es amplia –de 24 puntos porcentuales–. En esta elección toman protagonismo los varones (22%) respecto de las mujeres (18%), aunque si se observa por grupo etario, se halla alguna particularidad: las mujeres más jóvenes (21%) superan a las mayores (14%) y los varones mayores (24%) superan a los más jóvenes (21%).

Como conclusión cabe decir que mientras las mujeres son convocadas a variadas manifestaciones culturales como ferias artesanales y exposiciones –y en menor medida,

---

[31] Se cotejó con la ENHL 2011 cuando mide *frecuencia con que realiza otras actividades*. En este sentido, el 11% de los argentinos visita una feria y el 6% realiza alguna actividad cultural semanalmente. Por otra parte, el 3% de la población total visita un museo y el 6% asiste a una exposición cada tres meses –a medida que la práctica se hace más esporádica, aumenta la proporción–. Respecto de estas dos actividades, las mujeres superan en dos puntos porcentuales la incidencia masculina, los jóvenes presentan baja predisposición hacia estas salidas y la brecha entre el sector socioeconómico alto y el resto es amplia en estas categorías. (SInCA 2012).

[32] De acuerdo con la ENCCyED 2013, si se trata de escuchar música en vivo, la cantidad de argentinos que dice haber ido a un recital en el último año fue sólo el 34%. (SInCA 2014).

museos– los varones se concentran en el cine y en los recitales de música. En términos comparativos, se advierte que las proporciones de asistencia al cine y al teatro guardan coherencia con estudios previos, aunque la incidencia de los universitarios del propio relevamientos supera la incidencia de la población total.

Medios de comunicación

Mientras en los puntos anteriores se exponen los resultados de la medición de consumos culturales clásicos, aquí se analiza el consumo mass-mediático a partir de tres medios de comunicación: Internet, y de los tradicionales, la televisión y la prensa gráfica. En primer lugar, se midió el uso de la Red en función de las principales actividades que desarrollan los universitarios –hayan o no indicado que navegar es la actividad preferida de tiempo libre– y la cantidad de horas diarias que destinan a dicho hábito.

Algunas consideraciones previas a la lectura de los propios resultados darán un contexto respecto del estado de la conectividad: Argentina es uno de los países de la región sudamericana con mayor penetración de Internet. Según el relevamiento periódico de Internet World Stats, a diciembre de 2011, se registraba un 67% de penetración de la Red.[33] Por otra parte, los centros urbanos concentran la

---

[33] Esto es unos 28 millones de usuarios sobre la población total –le siguen Chile con el 59% y Colombia y Uruguay con el 56%–. (Internet World Stats. June 30, 2012. "Internet Users and in South America". http://goo.gl/0K9hn2). Asimismo, según el INDEC, el acceso residencial, durante 2011, creció un 53%. Las conexiones desde los hogares están mayormente concentradas en los grandes centros urbanos del país: la Ciudad y Provincia de Buenos Aires, Córdoba, Santa Fe y Mendoza, que aproximadamente acaparan el 80% de los accesos residenciales con banda ancha. (En este informe se presentan los datos de los accesos a Internet, que corresponden al período comprendido entre diciembre 2010 y diciembre 2011, y provienen de la Encuesta de Proveedores del Servicio de Acceso a Internet.) (INDEC. Marzo 13, 2012. "Accesos a Internet. Cuarto trimestre 2011." http://goo.gl/4l5KP0).

mayor participación en el acceso a Internet. En este sentido, el nivel socioeconómico es indudablemente una de las variables que más explica la incidencia de este consumo. También la edad está fuertemente vinculada con la práctica: en los relevamientos se hallan diferencias significativas en los diferentes grupos etarios, porque a medida que aumenta la edad de la población, disminuye la cantidad de usuarios de PC así como usuarios de Internet.[34]

En cuanto a los cambios recientes en la modalidad de acceso a la Red, se evidencia, empujado por las franjas de la población más joven y los adolescentes, un significativo

---

Por último, respecto de los proveedores en el Gran Buenos Aires, y según el último relevamiento de IDC Argentina, en el mercado hay tres grandes firmas que acaparan tres de cada cuatro conexiones: Telefónica (Speedy) que posee el 29,3% del mercado, Telecom (Arnet) con el 28,5%, Cablevisión (Fibertel) con el 24,2%, Telecentro con el 7,8%, y el 10,2% restante queda atomizado en pequeñas y medianas empresas. ("El mapa de Internet en hogares argentinos." 16-03-12. http://goo.gl/QKs30U).

[34] Según las mediciones de la ENHL 2011, accede a Internet el 56% de la población argentina. Es contundente la diferencia por nivel socioeconómico: el 87% del nivel alto, el 78% del nivel medio y el 29% del nivel bajo. De acuerdo con la región geográfica, en la Patagonia se registra la mayor proporción (64%) mientras que en el Noroeste la proporción más baja (46%) de usuarios; y el 56% de la población del Gran Buenos Aires. Si se observan los grupos etarios, las diferencias son notables: los principales usuarios digitales yacen en el grupo 12-17 años (89%) seguido por el grupo 18-25 años (75%), en tanto los que superan los 61 años acceden en un 11%. Respecto del sitio desde donde se accede, en el Gran Buenos Aires, el 42% lo hace desde su hogar, el 13% desde el sitio donde trabaja, el 9% desde cibercafés o locutorios, el 3% en donde estudia y el 1% desde su celular. Si bien por sexo no se hallan diferencias que merezcan destaque aunque, por edad surge notablemente que el grupo 18-25 años es el principal consumidor de Internet que se conecta mediante su celular (5%). (SInCA 2012).

En otro sentido, el 57% de la población total se considera usuaria de PC –los varones superan en cuatro puntos la proporción de usuarias–. Sin duda, los más jóvenes son los principales usuarios: el 92% del grupo en edad escolar y el 84% del grupo 18-25 años se consideran usuarios. Luego, el 75% del grupo 26-40 y el 49% del grupo 41-60, y por último apenas el 13% de los mayores de 61 años. Por nivel socioeconómico la brecha entre los segmentos también es notable: el 90% del nivel alto, el 80% del medio y el 29% del bajo se consideran a sí mismos usuarios. Por región geográfica, las distintas zonas tienen una porporción de usuarios semejante, aunque se destaca al NOA con la más baja participación (48%) y la Patagonia (64%) con la mayor cantidad de usuarios. (SInCA 2012).

aumento del uso de smartphones.[35] En relación con su apropiación, los teléfonos móviles son utilizados principalmente para escuchar música y radio, aunque un 24% los usa, además, como vía de acceso a Internet. (SInCA 2014).

En el propio relevamiento, se preguntó a los jóvenes acerca de la actividad preferida para realizar en Internet durante el tiempo libre y ofreció un sistema de categorías más amplio que el utilizado en la anterior. (Recuérdese que a quienes han señalado navegar en Internet como principal actividad de tiempo libre se pidió que especificaran la respuesta eligiendo entre consumo de redes sociales, diarios y revistas, sitios de interés y descarga de contenido audiovisual). En esta variable, que involucra a todos los jóvenes, se agregó leer blogs y sitios semejantes, acceder a fuentes de información específica, jugar videojuegos en plataformas de entretenimiento, experimentar música y videos online y acceder a bases de datos. Si bien se sumaron actividades, el sistema de categorías está acotado a las posibilidades de esparcimiento que da Internet –de hecho, como todas las preguntas de esta batería dicen 'tiempo libre'– dejando afuera prácticas vinculadas con el trabajo y los estudios.[36]

---

[35] Hacia marzo de 2012, un 24% de los dispositivos celulares eran smartphones, según estudios recientes realizados por Google. Por otra parte, al analizar el tráfico de no-computadoras, los teléfonos móviles registran un 70% de actividad, mientras que las tablets cuentan con un 25% (BID 2013). (Banco Interamericano de Desarrollo. Abril 2013. "Informe de la situación de conectividad de Internet y banda ancha en Argentina." http://goo.gl/azqr-J3).

[36] En tanto en la ENHL 2011, cuando se pregunta "para qué usa Internet", se ofrece un sistema de categorías bastante más amplio que incluye opciones vinculadas con prácticas de ocio y otras vinculadas con el deber. En este sentido, cabe recuperar algunos indicadores que no se han medido: el 33% de los argentinos indica que revisa el correo, el 30% que se conecta para utilizar las redes sociales y el chat, el 13% para estudiar, el 10% para trabajar y el 1% para leer libros. Mientras que por sexo no observamos diferencias muy marcadas, el comportamiento por grupos de edad merece algunas distinciones: a medida que aumenta la edad, los jóvenes tienden a utilizar Internet para leer y con fines vinculados con el trabajo, por el contrario, los menores de 26 años se conectan principalmente para entretenerse y por cuestiones

Se obtuvieron resultados parejos y de proporciones pequeñas para ambos sexos en varias de las opciones, aunque se destaca que principalmente leer blogs y afines es una práctica elegida por las mujeres mayores (4%) y poco menos por los varones del grupo 18-25 años (3%). Entre los jóvenes, las mujeres mayores prefieren Internet para jugar en una proporción importante respecto del resto. Una conclusión a la que se llega después de observar las respuestas de la Pregunta 2 y ésta, es que los varones se entretienen con videojuegos en consola –se infiere que es la computadora la que deja de vehiculizar el entretenimiento, considerando que podrían jugar en red pero con videoconsola–. Recuérdese que cuando se indaga en la actividad preferida de tiempo libre, la opción jugar videojuegos presenta mayor incidencia masculina. En tanto, al preguntar por actividad en Internet, en la misma opción son las mujeres quienes se destacan ampliamente. En suma, se cree que la incongruencia responde a que Internet se asociaría con 'computadora' y por ende, al indagar en los consumos online y ofrecer como opción videojuegos, los varones se apartan y las mujeres se acercan a esta categoría.[37] De cualquier modo, podría sugerirse que además de su clara función lúdica, los videojuegos satisfacen en los jóvenes una necesidad de ficción. Sobre todo considerando la sofisticación que han adquirido en la última década, que de ser ciclos reiterados de destrezas

---

vinculadas con los estudios. Además, los más jóvenes son usuarios de redes sociales e intercambios por mensajes instantáneos –chat– en una proporción superior a los mayores de 26 años. (SInCA 2012).

[37] Según la ENHL 2011, entre quienes acceden a Internet, el 6% lo hace para entretenerse con videojuegos. Cuando se mira los datos de la encuesta por nivel socioeconómico, aparece algo interesante: el nivel alto y bajo tienen la misma proporción (6%) y el nivel medio los supera en un punto. Por edad, el 10% del grupo 18-25 y el 4% del grupo 26-40 años juega videojuegos online; y por sexo, el 4% de las mujeres y el 9% de los varones. (Con estos datos se observa similitud con los propios resultados respecto de la edad: jugar videojuegos online es una práctica típicamente juvenil. En tanto, de acuerdo con el propio estudio: si el juego virtual es en Internet, las mujeres presentan más incidencia, pero si se trata de consola, la práctica es masculina). (SInCA 2012).

carentes de narrativa, se presentan con personajes elaborados y una trama narrativa que ocasionalmente los jóvenes contribuyen a crear.

Por otra parte, considerando bases de datos a las bibliotecas virtuales, repositorios institucionales y reservorios de revistas científicas, sólo accede a dichas fuentes de información el 4% de las mujeres mayores. Como es el único grupo que marca esta opción, estadísticamente genera una frecuencia del 2% para las mujeres –dato sesgado, y de allí la importancia de segmentar por edad–. Algo similar ocurre con la categoría escuchar música y ver videos, porque sólo es una elección del grupo 26-40 años. Es decir, el 2% de los universitarios de esa edad, tanto mujeres como varones, indica que ése es el principal uso que hace de Internet. Luego, la categoría descargar contenido online presenta frecuencias similares en mujeres y varones; pero si se observa cómo se comporta esta actividad por grupos de edad, se advierte algo curioso: las mujeres menores de 25 años (9%) más que doblan la incidencia de las mayores, y los varones mayores (11%) son los únicos que marcan esta opción.[38]

En términos generales, otras opciones tienen una incidencia mayor. Por ejemplo, busca información específica el 22% de las mujeres sin distinción de edad y una proporción levemente inferior de los varones mayores (20%). Sin embargo, según la ENHL 2011, apenas el 13% de los argentinos utiliza Internet para informarse. Tampoco allí aparecen diferencias significativas por sexo, aunque sí por edad: los mayores de 25 años superan en cinco puntos la media nacional (SInCA 2012). Entonces, queda evidenciado que el hecho de asociar Internet con la información está

---

[38] Consultando los resultados de la ENHL 2011, se observa que esta actividad en la población total presenta una incidencia bastante mayor: el 15% baja música y videos de Internet. Vale aclarar que en dicho relevamiento se utiliza dos categorías distintas: "oir y bajar música" y "oir y bajar videos", y que a los fines comparativos sumamos. Si bien se corrobora la tendencia en cuanto a que la descarga de contenidos audiovisuales tiene mayor predisposición masculina, se advierte que sobre sale el grupo 18-25 años. (SInCA 2012).

muy presente en los universitarios. Por otra parte, el 18% de las mujeres y notablemente el 30% de los varones más jóvenes indican navegar sitios o portales de interés; éstos son espacios virtuales a los que se accede en busca de información específica, actualización de conocimientos y lectura sobre temas diversos, pero también para entretenerse. El nivel de incidencia así como la variedad de contenidos posibles exigiría una indagación profunda en esta categoría.

Por otro lado, a nivel nacional, si bien es pequeña la proporción de la población que accede a Internet para leer los diarios, al cotejar los propios resultados con los de la ENHL 2011, se halla cierta similitud: la lectura de diarios on line es una práctica más bien masculina y cuya incidencia aumenta con la edad.[39] En el propio estudio, la diferencia entre varones y mujeres es notable en la lectura de diarios y revistas en Internet: mientras que el 4% de las mujeres lee actualidad on line, lo hace el 17% de los varones destacándose los mayores (20%).

Finalmente, un cuarto de los argentinos utiliza Internet por las redes sociales, cifra que aumenta entre los jóvenes, según la ENHL 2011.[40] En el propio relevamiento, el 36,5% de los universitarios utiliza las redes sociales. Este dato concuerda con los objetos que más valoran, porque precisamente con la computadora y el celular pueden desempeñar esa actividad –y por el contrario, los objetos menos valorados, el CD o la radio, se corresponden con actividades poco

---

[39] Según la ENHL 2011, sólo el 8% de los argentinos utiliza la Red para leer diarios, poco menos en el Gran Buenos Aires. Aparecen proporciones semejantes en mujeres, varones y menores de 25 años, aunque doblan la frecuencia los mayores. Pero cuando se pregunta por *lecturas frecuentes en PC*, la incidencia del hábito crece: lee diario y revistas, el 20% de las mujeres y el 28% de los varones, el 34% de los menores y el 39% de los mayores de 25 años. (SInCA 2012).

[40] Las mujeres (28%) superan en cinco puntos porcentuales a los varones, y el 48% de los menores y el 30% de los mayores de 25 años. En la encuesta, "redes sociales" reaparece cuando se pregunta acerca del "tipo de lectura en PC". Esta vez compartiendo la categoría con "blogs y chat", y alcanzando el 54% para los menores y el 32% para los mayores de 25 años; el 28% de las mujeres y el 27% de los varones. (SInCA 2012).

frecuentes como escuchar radio y ver videos–. El 42% de las mujeres cuando navega en Internet utiliza las redes sociales sobre todo las más jóvenes (45,5%), una cifra similar se observa entre los varones más jóvenes (40%). Acá se advierte que la similitud se da principalmente por grupo etario.

De acuerdo con la prueba de independencia, esta variable se relaciona con el sexo de los jóvenes.

Como conclusión parcial, después del uso de redes sociales –que en consonancia con fuentes secundarias podría considerarse el uso juvenil prototípico–, los universitarios acceden a Internet para consumir información y actualizarse sobre temas de interés, ya sea mediante la lectura de diarios y revistas, consultas en sitios web específicos o bases de datos. Esto corrobora la evidencia empírica del Punto 3.2 respecto del uso que dan a la Red quienes eligen navegar como principal actividad de tiempo libre. No obstante, en este indicador las redes sociales pierden peso específico y cobra aún más relevancia la búsqueda de información y la actualización sobre intereses: porque si se sumaran todas las categorías que implican lectura e indagación en fuentes cibernéticas, la función *para informarse* alcanzaría a la función *para comunicarse*. Y en este sentido, si bien la tendencia es compartida con los adolescentes (Morduchowicz 2012), aquí las proporciones entre funciones se asemejarían. Ello revela dos cuestiones: por un lado, que el perfil del universitario explicaría el mayor interés en el aporte que Internet pueda darles en términos de información y conocimiento; y por otro lado, que las redes sociales están tan incorporadas a las actividades productivas y el ajetreo cotidiano que los jóvenes no las vinculan sólo con el tiempo libre. Finalmente, también ocupa un lugar importante el uso de Internet con *función lúdica o pasatiempista*: jugar video-games, visitar algún sitio de interés, descargar material audiovisual, escuchar la radio on line e incluso la lectura de blogs. Si se regresa al Cuadro 3 y se compara con el reciente, se observa que los universitarios que no emplean su tiempo libre en Internet (97%) –que podría denominarse cibernautas constantes–, presentan una distribución más pareja en los usos dados a la Red. En tanto, entre quienes eligen navegar como principal actividad de ocio (3%), los cibernautas de tiempo libre, la mitad se conecta para participar en las redes sociales y la otra mitad se divide en cuartos entre la función informativa y la lúdica. Vale aclarar que los 'cibernautas constantes' son quienes no destinan su tiempo libre para navegar porque prefieren otras actividades, lo que no significa que realicen un uso moderado de la Red, porque podrían estar constantemente conectados, incluso interactuando en las redes sociales.

FUNCIÓN DADA A INTERNET, SEGÚN LA INTENSIDAD DEL ACCESO DURANTE EL TIEMPO LIBRE.

FUNCIÓN	Cibernautas	
	CONSTANTES	DE TIEMPO LIBRE
COMUNICATIVA	37	50
INFORMATIVA	30	25
LÚDICA	33	25

Elaboración propia.

Por otra parte, se preguntó a los jóvenes por el tiempo –medido en horas diarias– que pasan navegando en Internet cuando no están trabajando o estudiando y se midió este indicador en escala ordinal. A cada categoría la separan intervalos de dos horas; se consideró una última opción "no navego en Internet en mi tiempo libre" –dejándola reservada para quienes asocian Internet sólo con los deberes laborales y de estudio–.

Se supo que la mayor parte de los jóvenes se concentran en las dos horas diarias aunque debería destacarse a las mujeres más jóvenes (58%) y los varones mayores (66%). En el siguiente rango, la muestra desciende notablemente: un cuarto navega en Internet entre dos y cuatro horas diarias. Esta categoría es la más homogénea, porque si bien se notan diferencias, todos los grupos rodean esta proporción: tanto las mujeres como los varones mayores presentan la misma incidencia (26%); y entre los más jóvenes, los varones (29%) superan en seis puntos la incidencia femenina. En tercer lugar, y aumentando la exposición, el 8% de los jóvenes destina más de cuatro horas diarias a Internet. Podría inferirse que son quienes no están empleados o que aún trabajando dedican íntegramente el tiempo libre que resta de la jornada al uso de la Red; en esta categoría presentan una incidencia considerable las mujeres (9%) y varones (14%) de entre 18 y 25 años. Es decir, los más jóvenes dedican más horas a Internet –sobre todo los varones que, presentan mayor tasa de desempleo– (Véase Caracterización de la población, en el Apéndice). Respecto de la categoría "no navego en Internet", se observa que el 11% de los jóvenes no considera este espacio como sitio de recreación; particularmente se destacan las mujeres mayores (17%) y en el otro extremo, los varones menores (6%). Entonces, a medida que aumenta la cantidad de horas destinadas a Internet, disminuye la frecuencia relativa. Este dato es coherente con jóvenes que trabajan y estudian, y que en su tiempo libre prefieren actividades recreativas y de esparcimiento como se observó; no obstante, el descenso menos abrupto lo evidencian los varones menores.

Asimismo, se les preguntó por el tiempo –medido en horas– que pasan frente a la TV en sus momentos libres. Si bien el sistema de categorías es similar al utilizado para medir exposición en Internet, vale mencionar que en este caso la última opción es "no miro la TV en mi tiempo libre".

Se supo que el 58% de la muestra está concentrada en el primer intervalo: poco más de la mayoría de los universitarios destina unas dos horas diarias a la televisión. Si se observa el comportamiento de la variable en la misma categoría por sexo, se encuentra que las mujeres (60,5%) superan en cinco puntos la incidencia masculina; y si se observan los grupos etarios, resulta que el grupo de jóvenes-adultos concentra más televidentes (61%) respecto de los menores (54%). Luego, aumentando el tiempo de exposición, el 27% de los jóvenes se ubica en el intervalo "de 2 a 4 horas". Los varones superan en apenas un punto la frecuencia de las mujeres; además se advierte que los menores de ambos sexos presentan mayor exposición diaria frente al televisor −unos cinco puntos los separan de los mayores−. Sólo el 2% de los jóvenes pasa más de cuatro horas diarias frente al televisor. Al mirar las respuestas por sexo aparece un dato llamativo: mientras ningún varón mayor de 25 años mira TV más de cuatro horas por día, casi el 6% de los varones más jóvenes marca esta opción −podría deducirse que se trata de los estudiantes desempleados−. En las mujeres, la proporción es muy pequeña y similar en ambos grupos etarios.

Podría concluirse que pasan más tiempo frente al televisor los varones, porque si se considera el segundo y el tercer intervalo −es decir, de dos horas en adelante− representan el 30% mientras las mujeres el 28%. Sin embargo, aparece un dato curioso en la categoría "no miro la televisión" puesto que el 15% de los varones −casi sin diferencias por edades− elige esta alternativa, en tanto sólo la considera el 11% de las mujeres. Entre ellas, sí aparece una leve diferencia por grupo etario: las mayores de 25 años superan en poco más de un punto a las menores. Por otra parte, considerando que el 84% de los encuestados trabaja, no es llamativo que poco más de la mitad de los universitarios dedique dos horas diarias a ver TV durante su tiempo libre, porque es poco el tiempo libre que tienen para esta práctica diaria: podría deducirse que es en la franja horaria nocturna en la que miran TV, por ser la de mayor encendido.

Evidentemente el género ficción en sus formatos serie, película o telenovela congrega frente a la TV al 67% de los universitarios. Las series son el formato preferido entre todos, aunque principalmente son elegidas por las mujeres (42%). No obstante, si se mira por grupo etario en ambos sexos, se nota que son los menores quienes siguen este formato. Las series son contenidos típicos de la televisión satelital o por cable. Por otra parte, también las mujeres miran películas en mayor proporción que los varones, y es en el grupo de jóvenes-adultos de ambos sexos donde se halla la mayor frecuencia. Una conclusión posible es que los más jóvenes siguen series y los mayores, películas. Por otra parte, los varones eligen noticieros, documentales, programas políticos y deportivos. (Este dato es coherente cuando más adelante se vea que para leer también tienen un criterio más amplio: mientras las mujeres se concentran en la ficción y literatura, los varones eligen otros géneros). En el caso de las telenovelas, es esperable que las mujeres lideren la categoría así como los varones para los programas deportivos –cuestión también coherente con las actividades señaladas al comienzo–.

Como síntesis, y cotejando datos primarios con secundarios, se advierte que la cantidad de horas destinadas a mirar televisión está por debajo de los resultados de estudios previos, pero los contenidos que eligen se asemejan, con la salvedad que la ficción se impone de modo contundente entre los universitarios.[41]

---

[41] Un sondeo de opinión, impulsado por el Comité Federal de Radiodifusión en 2004, realizado entre los concurrentes a la 30° Feria del Libro de Buenos Aires, revela que este público –mayoritariamente compuesto por integrantes de los sectores medios– suele dedicar aproximadamente 3 horas diarias al consumo de televisión. La permanencia frente al televisor es un hábito típico de los niños y los adolescentes, pero también de los adultos de nivel educativo medio y bajo, quienes tienden a superar el límite de 4 horas diarias destinadas a dicha práctica. Por otra parte, el relevamiento afirma que los programas de las emisoras Canal 13 y Telefé registran índices de preferencia comparativamente más altos que el resto de las señales, tanto de aire como de cable. Además aportaba que quienes mayor prioridad le confieren a la programación de cable son las personas que diariamente ven pocas horas de televisión. Y concluye con que el 70% de los programas que el público prefiere entran en la categoría ficción. (COMFER 2004).
En tanto, la ETLPCC 2005, indica que nueve de cada diez entrevistados la mira todos los días, durante un promedio de 3 horas diarias, con porcentajes aún mayores para la franja más joven. Por otra parte, las telenovelas y los noticieros son los géneros que acaparan la mayor audiencia. Además señalaba que el principal público de televisión son los jóvenes, quienes a la vez son los que menor asociación poseen entre lectura y tiempo libre. A diferencia de los otros consumos culturales analizados, el hábito de consumo televisivo se torna menos intenso en la medida que aumenta el nivel de instrucción formal de las audiencias. Sin embargo, su audiencia se mantiene estable a través de todos los grupos socioeconómicos.
Un estudio más reciente de la Autoridad Federal de Servicios de Comunica-

A los fines comparativos, teniendo en cuenta que la prueba de independencia indica que el tipo de contenido televisivo se relaciona con el sexo de los jóvenes, se elaboró un gráfico comparativo. Para ello, se simplificó el sistema de categorías agrupando programas de contenido similar, y eliminaron documentales y deportivos –por su baja frecuencia y porque son programas elegidos únicamente por los varones–.

Contenido televisivo preferido, por sexo. Total Jóvenes.

Elaboración propia.

En tercer lugar, se indagó en la lectura de diarios. Ante todo es importante aclarar que se consideran a los diarios como parte de la prensa escrita así como publicaciones periódicas al diario propiamente dicho y el semanario, y se exceptuaron otros formatos como mensuarios, anuarios, boletines y revistas. Asimismo, se extiende el concepto hacia las publicaciones digitales. Es decir, para simplificar la medición se mencionó "diarios" porque su uso es cotidiano y los jóvenes sabrían rápidamente sobre qué se les preguntaba. De todos modos, con el análisis de las respuestas se tiene certeza si los jóvenes leen diarios o periódicos al constatar frecuencia de lectura, en qué soporte leen y cuáles eligen para informarse al preguntar por el medio que lo

---

ción Audiovisual indica que los principales programas consumidos son –por orden de incidencia– las variedades, los noticieros, las películas y la ficción. (AFSCA; SInCA 2012).

publica. Entonces, en este apartado, se mide la lectura de diarios como variable en sí misma –hasta el momento era una categoría que podrían asumir otras variables–. Además, a estas alturas se tiene una idea respecto de la lectura de diarios y revistas cuando al inicio se les preguntó acerca de actividades de tiempo libre y ofreció "leer" como alternativa sin dar precisiones, y luego cuando se analizó el uso de Internet y especificó la lectura de prensa al incluirla dentro de los valores que podrían asumir como principal actividad on line (Pregunta 2). Recuérdese que un cuarto de los jóvenes que navegan en Internet lee prensa escrita (Punto 3.2). Para medir la frecuencia con la que los jóvenes leen el diario se elaboró un sistema de categorías excluyente que contempla todas las posibilidades de lectura: diaria, ocasional –algún día entresemana y los fines de semana– y no lectura de diarios.

Según los resultados obtenidos, el 92% de los universitarios lee los diarios con cierta asiduidad. Realmente es alto el porcentaje de lectura entre los jóvenes. En términos generales, se observa que el 36% de la muestra lee los diarios salteado, algunos días durante la semana sin precisar cuáles; el 32% todos los días; el 24% los fines de semana y el 8% indicó que no lee diarios. Sin duda, los varones (45%) resultan los principales lectores de periódicos a diario destacándose los mayores (51%). Por su parte, las mujeres representan el 25% en esta categoría –también sobresalen las mayores (29%)–. Una conclusión parcial es que el grupo de jóvenes-adultos lee más el diario todos los días; y por sexo, la proporción de varones es bastante mayor con respecto a la incidencia femenina. En la siguiente categoría, algunos días entre semana, obviamente las proporciones entre mujeres y varones se invierte: aumenta la cantidad de mujeres (39%) y disminuyen los varones (31%); lo mismo sucede con el grupo de jóvenes-adultos (30%) respecto de los menores de 25 años que presentan mayor incidencia cuando la lectura se torna esporádica (39,5%). Luego, la cantidad de lectores de fin de semana resulta bastante pareja en todos los grupos; por ejemplo, la brecha que separa la incidencia entre mujeres y varones se acorta –unos tres puntos porcentuales–, y por grupos etarios, los más jóvenes superan en un punto a los mayores de 25 años (23%) que son los principales lectores asiduos. La última categoría permite ratificar las conclusiones: los varones son constantes con la lectura de diarios; de hecho en "no leo los diarios" apenas representan un 3% mientras las mujeres el 12%. Finalmente, según la prueba de independencia, la frecuencia con la que leen el diario está asociada al sexo de los jóvenes. El próximo gráfico compara respuestas:

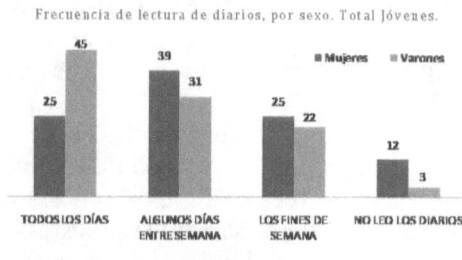

Frecuencia de lectura de diarios, por sexo. Total Jóvenes.

Elaboración propia.

Se corrobora que los jóvenes del propio relevamiento doblan ampliamente la incidencia de lectura que arroja los resultados de la ENHL 2011. Podría inferirse que la actividad académica, es decir, su condición de estudiantes universitarios, estaría fuertemente asociada a la importante intensidad de lectura de diarios.[42] Si bien aparece una tendencia

---

[42] Resulta interesante observar los datos que arrojó la ENHL 2011 para las categorías que están en los extremos: "no leo los diarios" –que sugieren como "no lee/nunca leyó"– y "todos los días" –que mencionan como "5-7 días por semana"–. El relevamiento señala que el 22% de los argentinos no lee los diarios; de esta proporción, el 20% son mujeres y el 24% son varones, y por grupos etarios, el 19% son menores de 26 años y el 17% son mayores de 25 años. En el otro extremo, el 27% de los argentinos lee todos los días: el 21% de las mujeres y el 34% de los varones; y por grupo etario, el 23% son menores de 25 años y el 30% son mayores de 25 años. (SInCA 2012).

común –los varones leen más que las mujeres y los jóvenes-adultos más que los jóvenes-plenos–, lo llamativo es el valor relativo que asume la incidencia de lectura de diarios en uno y otro relevamiento, puesto que el 78% del total país lee los diarios con alguna frecuencia (SInCA 2012) frente al 92% de los jóvenes encuestados.

Por otra parte, a quienes leen frecuentemente los diarios se les preguntó por el principal formato utilizado y ofrecieron tres opciones: edición online, edición impresa y ambas ediciones por igual. (Originalmente esta pregunta era dicotómica, pero después de la prueba piloto se notó la necesidad de incluir la tercera opción). Cabe destacar que existen diarios que se publican sólo digitalmente, y otros en papel con una edición específica para sus portales en Internet.

De acuerdo con los resultados obtenidos, el 66,5% de los universitarios refiere leer diarios online –aunque este dato podría ser mayor si se considera que el 6% indica leer en ambas ediciones–. Tanto en mujeres como varones la proporción de lectura online es pareja ya que apenas un punto porcentual los separa –de allí que el sistema no identifica que la edición de lectura esté relacionada con la variable sexo–. Sin embargo, si se observan los grupos etarios, se halla que el 62% de los jóvenes lee online y el 70% de los jóvenes-adultos –aquí sí el sistema encuentra asociación entre soporte y edad–. No obstante, los principales consumidores del formato digital resultan ser los varones mayores (73%); esto coincide cuando se evidenciaba que son quienes principalmente navegan en Internet para leer diarios. Respecto de la edición impresa, las proporciones tienden a invertirse con respecto a la categoría anterior: mientras el 35% del grupo 18-25 años lee en papel, el 22% del grupo 26-40 años tiene este hábito. Se concluye que el grupo de mayores es más proclive a leer el diario desde algún dispositivo digital.

Así como en la frecuencia de lectura, en el soporte también se encontraron diferencias importantes al comparar ambos relevamientos. En principio, el 20% de la población nacional indica "lo leo por Internet" –frente al 67% de los jóvenes encuestados– (SInCA 2012). Asimismo, pareciera no haber diferencias significativas por sexo y edad en el relevamiento nacional, y sí como se vio en el propio relevamiento, el grupo etario se torna significativo.[43] Por otro lado, se sabe que el aumento generalizado y paulatino de la lectura de diarios online está correlacionado con la disminución en las tiradas de ejemplares impresos. Principalmente, Clarín y La Nación han reducido la cantidad de diarios de circulación neta diaria durante los últimos cinco años.[44] Este fenómeno no se debería a una disminución en los lectores de Clarín o La Nación, sino de lectores de diario en papel. Aunque en un contexto de crisis económica, en el estudio "El consumo cultural de la Ciudad de Buenos Aires en el marco de la crisis socioeconómica", realizado en 2005 por OPSM (ex IBOPE), ya se advertía sobre la disminución del consumo de diarios al verificarse el incremento en algunos rubros que podrían considerarse como sustitutos menos onerosos.[45] Precisamente, después de preguntar por la frecuencia y el soporte de lectura de diarios, se pidió a los jóvenes que indicaran cuáles son los principales diarios leídos para conocer la incidencia de marca. Pero además se quiso distinguir la relevancia que tendría el tipo de diario

---

[43] Cabe señalar que en la ENHL 2011 se preguntó sobre el *modo en que se consigue el diario*. Una de las opciones, "lo leo por Internet", es la que se considera más se asemeja a la categoría propia "edición online", y sobre este indicador se compara con la propia encuesta.

[44] Cf. Instituto Verificador de Circulaciones 2012. http://www.ivc.org.ar/consulta.

[45] A modo de ejemplo, se observaba una caída en la frecuencia de lectura de diarios y revistas en forma diaria (72% para el año 2000 a 45% para el 2004), compensada de alguna manera por el aumento en el consumo televisivo de programas de no ficción o por medio de la lectura de diarios a través de Internet, cuyo consumo pasó del 36% en el 2000 al 62% en el 2004. (SNCC 2005).

según cómo se edite y/o publique sobre el total (así se distinguiría la lectura online de diarios que sólo se publican en ese formato, y que esto engrosaría el porcentaje de esa categoría, o bien leer los tradicionales con versión online).

Según los resultados obtenidos, el 21% de los jóvenes menciona sólo Clarín y el 20% sólo La Nación. Estas cifras se incrementan notablemente si se considera la tercera categoría que indica la combinación de ambos diarios (15%) e incluso la última en la que también se los menciona junto con otros de tirada menor.[46] Por otra parte, el 37,5% de los jóvenes sugiere otros diarios u otras combinaciones posibles. Dentro de ellos, un muy pequeño porcentaje indica diarios de edición únicamente digital, portales de economía y política, lo que permite suponer que consultan principalmente las versiones digitales de los diarios de mayor tirada. Finalmente, aunque con reservas, el sistema identifica que este indicador estaría relacionado con el sexo; de todos modos, cabría no especular con esta inferencia porque las frecuencias observadas están por debajo del mínimo esperado.

Fascículos coleccionables

Como cierre de los consumos culturales considerados, se indagó en la colección como práctica porque además de 'acumular' implica 'lectura'. Para ello, se les preguntó si compran material de lectura para coleccionar, qué tipo de fascículos y con qué propósito lo hacen. Antes de la presentación de los resultados, cabe señalar que se considera *fascículos coleccionables* a todo material escrito y distribuido en entregas periódicas, sea en formato libro y/o fascículo, y

---

[46] Si se compara este dato con la ENHL 2011, se nota que las proporciones son similares para Clarín y Página 12, y muy dispar para La Nación –dice leer este último diario el 8% del total país y el 5,5% del grupo etario que se analiza–. (SInCA 2012).

cuyo punto de venta es exclusivamente el kiosco de diarios. Se sabe que su consumidor es una pequeña minoría: según los registros de la CAL (2013), sólo el 1% de las publicaciones corresponden al rubro part-work, es decir, fascículos. Además de las entregas de literatura, se comercializan cursos de idiomas, cocina, decoración, jardinería, informática u oficios varios, cuyo contenido está digitalizado en CD-ROMs que reúnen texto, imagen y audio. Vale mencionar que en el cuestionario no se alude a algún tipo en particular porque el propósito era conocer la compra reiterada: la colección de material de lectura como consumo cultural.

Según los resultados obtenidos, el 56% de los universitarios adquiere ediciones coleccionables. Evidentemente, la incidencia de compra es bastante pareja entre los distintos grupos. No obstante, se advierte un leve destaque en las mujeres más jóvenes (61%) seguidas por los varones más jóvenes (60%). Esto permitiría deducir que una proporción importante del grupo etario 18-25 años compra material de colección.

Para conocer el tipo de material de lectura de colección entre los jóvenes que compran ediciones coleccionables se tomó una subpoblación conformada por quienes adquirieron alguna recientemente, y se les preguntó de qué tipo de colección se trata. Las opciones ofrecidas responden a un relevamiento de mercado entre los kioscos de la ciudad: una primera gran segmentación sugiere la edad –adultos, adolescentes y niños–, el sexo –mujeres y varones–, los intereses –saberes técnico-científicos u oficios– y las temáticas –cocina, deportes, manualidades, literatura, ciencia, etcétera–. Así como no se alude a un formato en particular –libro, fascículo, disco o combinados– se incluyó en el sistema de categorías varios contenidos posibles sin pensar en una segmentación en particular, asumiendo que un joven puede ser comprador y no consumidor –por ejemplo, si comprase algún material infantil para que lo experimente un niño allegado–.

De los resultados que arrojó la investigación, se desprende que el 33% de los universitarios ha comprado material de lectura por entregas de ficción y literatura; en esta proporción se destacan las mujeres (36%) que superan en ocho puntos la ocurrencia masculina. Si se mira el segmento de varones, aparece una diferencia notoria por grupo etario: mientras el 32% de los más jóvenes colecciona literatura –equiparable a la incidencia femenina–, un cuarto de los mayores de 25 años lo hace.

En proporciones considerablemente menores, aparecen otras temáticas. Por ejemplo, el 8,5% de los jóvenes ha comprado material de colección vinculado con el arte y el diseño –las mujeres concentran el 10,5% de esta categoría con mayor incidencia en las más jóvenes (12%)–; en tanto, en los varones existe una distancia de sólo dos puntos entre los menores de 25 años (6,5%) y los mayores de esa edad (4,5%). Y el 9% de los jóvenes encuestados indica que ha comprado material para realizar labores y manualidades; en esta categoría sobresalen las mujeres mayores (15%), y en menor proporción, los varones mayores (9%). Es decir, el grupo de jóvenes-adultos tiende a coleccionar este tipo de material en mayor medida que los menores. Luego, el 9,5% de los jóvenes ha adquirido recientemente material de tipo científico y tecnológico: mientras las mujeres compran esta temática en un 8% de los casos, los varones representa un 12%. La elección de esta temática se acentúa en el grupo 26-40 años (12%), y sobre todo en los varones mayores (14%). Los principales interesados en leer filosofía e historia son los varones más jóvenes (10%): una distancia importante los separa del grupo de mayores (2%) y las mujeres en general (3%). Mientras los varones no compran material infantil, casi un 1% de las mujeres mayores lo ha adquirido recientemente; aquí claramente se trata de una compra y no de un consumo. (Más adelante se verá que cuando compran libros infantiles también son las mayores de 25 años quienes presentan mayor incidencia.) Continuando con la tendencia, los principales compradores de material deportivo son los varones, sobre todo los más jóvenes –algo similar ocurre con el material musical–. Se constata que ambos datos son coherentes con los intereses masculinos: recuérdese que cuando salen, les gusta ir a recitales de música, que su principal actividad de tiempo libre es practicar algún deporte y que un contenido televisivo posible también son los programas deportivos.

Con respecto a los propósitos de la colección, luego se les preguntó por el motivo por el cual compran ediciones coleccionables. Sólo el 32% de quienes han comprado material de colección comenta el propósito de su compra. (Originalmente era una pregunta abierta que luego de la primera toma se cerró a partir de las reiteraciones; al categorizarla se contempló que más de una opción fuese posible.) Básicamente, los propósitos son el interés personal –que se asume, es una categoría demasiado general pero era la única que permitía englobar una cantidad infinita de frases dispersas pero afines–, la intención de formar un biblioteca propia en el hogar, el deber –en términos de obligaciones de tipo laboral y académicas– y "otros", que incluye propósitos también dispersos pero sin afinidad entre sí.

Según los resultados obtenidos, el 28% de los universitarios compra sistemáticamente material en los kioscos por interés personal. Este propósito se hace notorio en los varones más jóvenes (39%) cuya distancia con los mayores es superior a los veinte puntos. Mientras en las mujeres las proporciones para cada grupo etario son similares (29%).

Luego, la opción formar una biblioteca representa el 18% de los casos encuestados; en esta categoría, que pone de manifiesto cierta predisposición al atesoramiento, también se destacan los varones (21%) que superan en cinco puntos porcentuales a las mujeres, sobre todo los varones mayores (23%) –curiosamente las mujeres de este mismo grupo etario son las que presentan menor incidencia con el 14%–. Nótese cómo el acopio del saber sigue girando en torno de las bibliotecas, desde los monasterios medievales, hasta cuando se establece el mundo de las escuelas y la lectura se vuelve una práctica intelectual, el reservorio de libros continúa gozando de absoluta legitimidad en el imaginario de los universitarios.

Estrictamente por trabajo, compra y colecciona, el 8,5% de las mujeres mayores; que sólo presente ocurrencia el grupo de jóvenes-adultas genera que las mujeres representen el 4% del total. Por eso, es importante mirar cómo se comporta la variable por edad, porque así pueden advertirse ciertos sesgos estadísticos. En tanto, los varones presentan una ocurrencia por debajo del 3%. También por deber, y no por gusto o afición, compra material de colección vinculado con el estudio el 7% de las mujeres –dos puntos por encima de la incidencia masculina–. Al interior del segmento de mujeres, se nota que la tendencia se invierte con respecto a la categoría anterior –colecciona por trabajo–, ya que el 9% de las menores de 25 años compra por estudio mientras lo hace el 5% de las mayores. En los varones las proporciones se invierten respecto de las mujeres, porque los mayores (7%) superan en cuatro puntos la frecuencia de los menores de 25 años.

Si se toman los dos principales propósitos que surgen de la lectura del cuadro anterior, se nota que en ambos la incidencia masculina es mayor: coleccionan por interés –podría especularse, por afición o inquietud respecto de cierta temática– y con el objetivo de formar una biblioteca propia. En cualquier caso, la colección vinculada con el placer de la práctica, por gusto y no por deber laboral o académico, se asocia al colectivo masculino. El próximo gráfico simplifica la exposición de datos, según sexo:

Principales propósitos de la compra de material de colección, por sexo. Total Jóvenes.

Elaboración propia.

3

Apreciaciones sobre los nuevos modos de leer

De acuerdo con la Historia del Libro y de la Lectura, los cambios radicales en la cultura escrita se advierten en el pasaje de la lectura oral y colectiva a la lectura lineal que supone una práctica individual, y de esta forma de leer, a la lectura fragmentaria e interactiva que sugiere la digitalización de los contenidos y la hipertextualidad. Actualmente, las tecnologías de la información y comunicación no sólo remiten a la novedad de aparatos digitales con pantallas, sino a nuevos modos de percepción y de lenguaje, a nuevas sensibilidades y escrituras (Martín Barbero 2005). En este sentido, en la era digital, el análisis del comportamiento lector reviste un nivel de complejidad bastante mayor que hasta el momento, lo que implica todo un desafío intelectual y metodológico para las Ciencias Sociales, dado que los nuevos soportes de lectura modifican substancialmente la misma experiencia del acto de leer. También cambia esencialmente la naturaleza del diálogo y la forma de vincularse con los otros: la interacción es en simultáneo, a través de múltiples pantallas, en tiempo real y sin necesidad de presencia física. Entonces, ¿qué relación establecen los jóvenes con las pantallas? ¿Qué apreciaciones ofrecen los universitarios respecto de la lectura y los soportes digitales? ¿Cómo se apropian de los contenidos digitalizados y qué ventajas y desventajas consideran que tienen los nuevos modos de leer? Este capítulo propone explorar las imágenes mentales vinculadas con la lectura y los soportes digitales. Aquí no se piensa en un formato o contenido en particular: importa la cultura escrita en sentido amplio –libros, artículos de divulgación, blogs y blognovelas, contenido publicado en redes sociales, diarios y revistas, portales de actualidad. El análisis focaliza en cómo los universitarios perciben la palabra escrita digitalizada: en la lectura como ejercicio y en el dispositivo como soporte. Si en el Punto 3 se analizan las prácticas culturales mediante hábitos y pautas de consumo, en este capítulo se presta especial atención a los soportes de lectura que vehiculizan los contenidos digitales cualquiera sea su función: comunicativa, informativa o lúdica. Esta tesis plantea desde el inicio la importancia de considerar la relación fundamental entre la materialidad del texto y las prácticas de apropiación en el análisis de la cultura escrita (Chartier 1999b).

Posiblemente el uso de computadoras, tablets y smartphones modifiquen el modo de redacción de los textos, y en cierto sentido, el modo de pensar. En su artículo "El amargo encanto de la máquina de escribir" (1982), Cortázar mencionaba que la máquina determinaba el ritmo de su escritura. Si bien es posible que los nuevos dispositivos digitales transformen la organización textual, aún no hay estudios que permitan aseverarlo. No obstante, la experiencia cotidiana indica que el modo de leer, la forma en que se apropia de lo escrito, está alterado. Asimismo, si bien hasta el momento no hay trabajos que indiquen el impacto que la lectura fragmentaria e interactiva tiene sobre el rendimiento intelectual de los estudiantes, es un hecho que la forma de aprehensión de los contenidos somete a crisis la experiencia del acto de leer.

Existen varios discursos y argumentos ideológicos respecto de la Revolución digital, en general inspirados por un entusiasmo utópico sobre las posibilidades abiertas e infinitas que propician estos aparatos con acceso a Internet o, asimismo, por la nostalgia que lamenta una situación perdida. De un lado, se halla el discurso que surge desde el campo editorial, atemorizado ante la edición electrónica en contraposición con la actividad editorial clásica, pero que va perdiendo fuerza por las nuevas estategias de promoción cruzada y tendencias en la industria del entretenimiento que se esfuerzan por mantener los niveles de rentabilidad globales. De otro lado, se halla el discurso del campo educativo que tiende a asociar el descenso de las capacidades y niveles de lectura y su impacto negativo en el rendimiento escolar con una 'supuesta' disminución de los lectores frente a la competencia de los medios audiovisuales y las redes digitales. Finalmente, se halla el discurso del campo literario que siente socabado su espacio de autonomía creativa y derechos de autor frente a la profusa autogestión y participación del lector/cibernauta en los contenidos. Todos estos temores, incluídos los de los mismos consumidores, han dado lugar en los últimos años al cuestionamiento sobre el 'futuro del libro' manifiesto en la supuesta 'crisis del libro'. No obstante, esta tesis sostiene que 'en crisis' está la experiencia de leer (Benjamín 2007), de ningún modo el libro. Precisamente, uno de los mitos populares contemporáneos sugiere que la lectura en papel está siendo desplazada por la lectura en pantallas, sin embargo, no hay evidencias empíricas que permitan aseverarlo. De hecho, las estadísticas demuestran que los principales lectores de libros en papel consumen libros electrónicos (SInCA 20112); asimismo los registros de la CAL (2013) demuestran una evolución creciente en la tirada de ejemplares impresos y también de libros digitales. La lectura digital más que desplazar los formatos de lectura tradicionales tiende a combinarse con ellos, reforzándose mutuamente. Al observar los resultados de la ENHL 2011 se advierte que la mayoría de los lectores digitales son también lectores de libros, diarios y revistas, y que tienden a leer sustantivamente más estos contenidos que los lectores no digitales. Por otro lado, lo que sí existe, curiosamente, son datos que sugieren que hay un reemplazo entre pantallas, no entre soportes de lo escrito. De acuerdo con un estudio de la Universidad Austral (2011), entre los individuos afines a la tecnología, progresivamente Internet va desplazando a la TV como pantalla favorita. En tanto, la atracción hacia los celulares es muy alta y semejante entre los distintos segmentos de consumidores de tecnología. Para corroborarlo basta recordar que los universitarios del propio relevamiento eligieron la computadora (44%) y luego el celular (26%) como objetos preferidos (Punto 3.1) y que mirar televisión (10%) está muy por debajo de otras actividades de interés (Punto 3.2). Además de un reemplazo de pantallas, esta tesis sugiere que hay un desplazamiento y reforzamiento del zapping televisivo hacia el espacio virtual. Este 'zapping extremo' está dado por el hipertexto que trastoca no sólo los canales clásicos de circulación de los contenidos sino también las formas de percepción y consumo. Este formato sobre estimula al lector y lo tienta a desplazarse de una aplicación a otra y/o de un sitio a otro en fracción de segundos, es decir, atender varias circunstancias simultáneamente. A propósito, estudios recientes sobre *multitasking* indican que si bien el ser humano está preparado para realizar más de una tarea al mismo tiempo el rendimiento de cada una de esas tareas es deficiente (Cole, et.al 2006; Stanford University 2011; Bachrach 2012). Un mito difundido dice que ciertas personas –sobre todo el colectivo femenino– pueden prestar atención a varias cosas simultáneamente, pero esto no es cierto, puesto que el cerebro se focaliza naturalmente en un concepto por vez y secuencialmente. Es decir, no es posible prestar atención a dos o más actividades de manera eficiente sin que alguna de ellas sufra un impacto negativo en comprensión, eficiencia o realización (Bachrach 2012:233). Entonces, cuando los alumnos en el aula colocan sus celulares sobre los bancos y miran hacia abajo y revisan mensajes mientras el docente diserta, ¿cómo pretender que incorporen aquello que se les está impartiendo? ¿Cómo pueden involucrarse con la clase si están atendiendo al mismo tiempo a un doble estímulo: el que proviene desde la pantalla y la exposición del docente? Alguna de las actividades, seguramente aquella que más interés les despierte –ya que está comprobada la relación entre el interés y la atención (Raz y Buhle 2006)– sea la que obtenga ventaja y acapare la eficacia del joven estudiante. De allí que el rendimiento académico pueda estar siendo obstaculizado por el constante bombardeo de información proveniente del exterior. Se sabe que cuanto mejor es la atención, mejor resulta el aprendizaje; y también se sabe que se presta atención a una cosa por vez. Así como el rendimiento escolar está asociado con los hábitos de lectura, el aprendizaje depende de los niveles de atención del alumno.

MATERIALES Y MÉTODOS. Este capítulo aborda los objetivos a) explorar las imágenes mentales de los jóvenes vinculadas con la lectura digital; y b) establecer relaciones entre estos imaginarios y la incidencia de lectura y el tipo de lectura por placer. Para cumplirlos, se mide por un lado, el *uso de soportes digitales*, propios o ajenos, en cuanto a los usos concretos de los equipos y a las valoraciones que los jóvenes tienen sobre ellos; y por otro lado, se mide la *lectura en pantalla como práctica cultural*. Ambas variables consideran a la base total y se las relaciona con la incidencia de lectura en el tiempo libre. El material de análisis surge de las respuestas de los universitarios a las preguntas 9 a 11 del cuestionario. Medir los atributos de los dispositivos digitales y las imágenes/apreciaciones de los jóvenes acerca de la lectura digital supuso un trabajo artesanal de reconstrucción de preguntas abiertas que implicó un razonamiento de tipo inductivo.

Uso de soportes digitales de lectura

El ejercicio de leer en soportes digitales comenzó a incidir en las prácticas tradicionales en los últimos diez años. Se sabe que de ser un fenómeno menor en 2001, con sólo un 21% de usuarios argentinos, llega en 2011 al 48%. Otro dato sugerente, que coincide con los hallazgos de esta investigación, es que entre los jóvenes menores de 25 años el uso de soportes digitales para leer es bastante mayor que en el resto de los grupos etarios redondeando el 75% (SInCA 2012).

Según la CAL (2013), el libro electrónico experimentó un gran crecimiento después de 2010, pero luego encontró una meseta estancándose en el 16% de participación en la producción editorial nacional. Lo cierto es que la lectura digital gana espacio paulatinamente sin que descienda la lectura en los formatos tradicionales. Para corroborarlo, cabe decir que en el país la lectura de un libro al año creció alrededor de siete puntos, el diario se mantuvo estable y la lectura de revistas sólo cayó alrededor de cinco puntos, durante la década que media entre ambos relevamientos nacionales. Curiosamente, el segmentos de lectores que sólo usa la computadora, que no lee libros ni diarios en papel, apenas llega al 2% (SInCA 2012). De este dato se desprende que la pantalla podría atentar contra el soporte en papel, pero difícilmente contra la práctica lectora: "la imagen de los lectores digitales como gente que solo mira Facebook no se condice con los resultados" aseguró el Director de la Encuesta (en la entrevista concedida, mayo 2013).

En el propio relevamiento, en primer lugar, se averiguó sobre la frecuencia de lectura en soportes digitales. Presumiendo que los jóvenes los utilizan en los ámbitos de trabajo y también en los gabinetes de las instituciones de educación, se quiso conocer su uso en instancias ociosas. Se les preguntó por la frecuencia con la que emplean soportes digitales fuera del ámbito de trabajo o estudio, y ofreció un sistema de categorías de tipo ordinal en el que el uso máximo está en la categoría siempre y el mínimo en nunca.[47]

---

[47] Para medir *frecuencia de lectura* y *tipo de lectura en PC*, en la ENHL 2011 no se distingue el tipo de soporte, simplemente se menciona PC, y se ofrece un sistema de categorías en el que la máxima frecuencia es "10 minutos o más" y la mínima "menos de un día por semana". Habiendo hecha esta aclaración metodológica, cabe mencionar algunos resultados a modo de contexto. El 48% de los argentinos lee en PC durante 10 minutos o más por día –seguidos por el 22% que lee todos o casi todos los días–. Los lectores más frecuentes pertenecen al nivel socioeconómico alto (79%) –precisamente, la brecha entre el nivel alto y medio es de 11 puntos en tanto, entre alto y bajo la brecha es de 55 puntos–, y residen en la Patagonia (56%). Curiosamente, el

En los resultados obtenidos, se evidencia la baja proporción de jóvenes que siempre utiliza pantallas durante los momentos de ocio (29%); esto concuerda con que las actividades de tiempo libre no están necesariamente vinculadas con dispositivos digitales. Recuérdese que los principales intereses de los jóvenes son pasear y practicar deportes (Punto 3.2). Si se mira al interior de los grupos, se nota que los varones superan en diez puntos porcentuales al "siempre" y "frecuentemente" femeninos. En tanto las últimas dos categorías, aquellas que implican menor exposición, las concentran las mujeres. Como conclusión, los varones son quienes se vinculan más asiduamente con las pantallas –congruente con la incidencia que presentaron las actividades jugar videojuegos y leer diarios online–. Precisamente, la prueba de independencia indica que la frecuencia de lectura digital y el sexo de los jóvenes están relacionados. El próximo gráfico compara respuestas:

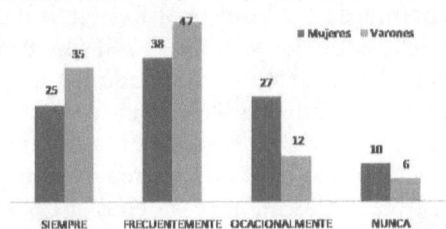

Frecuencia de lectura en soportes digitales, por sexo. Total jóvenes.

Elaboración propia.

Es importante señalar que durante el procesamiento de datos se cuestionó si existe relación entre la lectura en soportes digitales fuera del ámbito laboral o académico –en función de la frecuencia– y el hecho de que los jóvenes lean

---

Gran Buenos Aires (44%), es una de las regiones donde menos se lee en pantalla –por su parte, Centro (54%), Cuyo (52%), NEA (52%) y NOA (42%)–. (SInCA 2012).

o no por placer con cierta regularidad. Se aplicó la prueba de independencia y encontró asociación entre ambas variables. Es decir, la frecuencia con que leen en soportes digitales en el tiempo libre se relaciona con la predisposición hacia la lectura en esos momentos.

En segundo lugar, se indagó por el tipo de soporte de uso más frecuente. En este sentido, se preguntó a quienes leen en pantallas regularmente cuál es la de uso más frecuente, y ofrecieron tres opciones según sean los dispositivos digitales más populares: pantalla o monitor de computadora personal –notebook o netbook–, tablet o smartphone y e-reader.

Según lo evidencia el propio relevamiento, el 92% de los universitarios utiliza la computadora; dentro de esta gran proporción, son las mujeres (95%) y sobre todo las más jóvenes (98%) las principales usuarias. Si se miran las respuestas por edad, se advierte que los jóvenes-plenos de ambos sexos presentan mayor predisposición hacia el uso de computadoras personales –unos cinco puntos porcentuales por encima de los adultos–. Respecto del uso de la tablet y/o smartphone, los varones (12%) superan tres veces la incidencia de las mujeres –sobre todo los mayores de 25 años, que compensarían estadísticamente la categoría anterior–. La diferencia por edad se hace notable en el segmento de mujeres, puesto que el 7% de las mayores utilizan estos dispositivos, en tanto las menores apenas el 1%. Finalmente, sólo el 1% de los jóvenes marca la opción e-reader, proporción que llega al 3% en los varones mayores de 25 años. Los pocos casos registrados en este dispositivo de lectura podrían relacionarse, precisamente, con la baja incidencia de lectura –respecto de otras actividades– durante el tiempo libre. Recuérdese que el 9% de los jóvenes encuestados, elige la lectura como principal pasatiempo. Cabría suponer que los aficionados a la lectura son los consumidores de literatura en e-book, un nicho muy reducido del mercado de consumo literario; sólo quienes disfrutan realmente de la lectura y son proclives a las nuevas tecnologías, comprarían un soporte de este tipo. En términos generales, se advierte que los varones son más propensos a utilizar otros dispositivos distintos de la PC; como se ha venido señalando, existe cierta afinidad entre la tecnología y los intereses masculinos. De hecho, la prueba de independencia indica que el tipo de soporte se relaciona con el sexo de los universitarios. Por otra parte, se cree que si se hiciese la misma pregunta ahora, se obtendría mayor incidencia puesto que 2013 fue el año en que se masificó la venta de tablets. Cuando se llevó a cabo el relevamiento aún era una novedad, no estaba tan extendido su consumo, y pocos tenían un dispositivo similar.[48]

En tercer lugar, se indagó en los contenidos leídos en pantalla. A quienes indicaron leer en soportes digitales con alguna frecuencia se les preguntó por el contenido que leen. Se intentó nuclear las infinitas alternativas de lectura que circulan en el ciberespacio en cuatro categorías: blogs y sitios de interés general, libros de texto y literatura –algunos de acceso y descarga gratuita parcial o total–, diarios y revistas –que se han incluido en el cuestionario implícita o explícitamente–, material técnico-profesional y artículos de divulgación a los que se puede acceder mediante revistas científicas digitales e indexadas.[49]

---

[48] Según destaca la consultora Carrier y Asociados, una tendencia que surge ese año es el progresivo desplazamiento de la PC como dispositivo central para la conexión a Internet por smartphones, tablets y smart TV –como prueba, en 2013 se vendieron más del doble de tablets que en el año anterior–. Asimismo, en las ventas del segmento de los últimos años incidieron las compras estatales en el marco de programas educativos como "Conectar Igualdad". Sin embargo, Carrier prevé un estancamiento hacia la baja de las tradicionales computadoras. Respecto de los teléfonos móviles, el rubro vendió 12,5 millones de unidades a lo largo del año, lo que representa una disminución del 7% respecto de 2012. Además, del total de teléfonos vendidos más de la mitad son smartphones. ("Smartphones y tablets, estrellas del mercado informático en la Argentina". 23-12-13. *Infobae.com* http://goo.gl/Wq57Lt).

[49] En la ENHL 2011, cuando se mide *tipo de lectura en PC*, el sistema de categorías es bastante más amplio ya que incluye desde redes sociales hasta textos vinculados con lo laboral. A modo de contexto, cabe mencionar que el 33% lee mails, el 27% lee blogs, chats y redes sociales –el 54% de los menores de

Con una incidencia enorme en comparación con el resto de las opciones, el 43% de los universitarios refiere leer blogs y contenido publicado en sitios de interés; en esta proporción se destacan las mujeres, pero más aún, el grupo 18-25 años en ambos sexos. Se entiende que la lectura de blogs difiere de la consulta de sitios web, además puede involucrar a la literatura misma a partir de un relato ficcionalizado como la blognovela. Pero el hecho de utilizar una categoría que diferenciase los libros y la literatura, de los blogs y sitios en general, intentaba medir la incidencia de modo más prudente: lectores en sentido tradicional y cibernautas aficionados.

Los libros de texto y literatura digitalizados parecen no tener adeptos, con casi un 5%. De todos modos, vale mencionar a los varones mayores (7%) que únicamente eligen esta opción –entre las mujeres la elección es pareja en ambos grupos etarios–. En este sentido, se observa con claridad cómo la literatura continúa asociada con el papel. Por su parte, el 37% de los varones utiliza los dispositivos para leer diarios y revistas, más aún los menores (41%). Ya se ha demostrado la mayor predisposición masculina hacia la lectura de diarios, sobre todo, en soporte digital. (Recuérdese que al medir *soporte para la lectura de diarios* en el Punto 3.4, se destacó el 73% de los varones mayores de 25 años que consulta la edición online). Por otro lado, el 11% de la muestra lee textos técnico-profesionales o artículos de divulgación científica; dentro de esta proporción se destacan las mujeres, sobre todo las mayores (13%).

---

25 y el 32% de los mayores de 25 años–, el 19% lee el diario, el 16% noticias y primicias –total país–. Por otra parte, textos de divulgación el 15%, comentarios sobre libros, series o películas el 10%, textos del trabajo el 10%, libros 6% y revistas 5%. (SInCA 2012).

Es evidente la gran predisposición de los universitarios a visitar sitios de interés así como leer blogs, manteniéndose constante esa proporción de la muestra que lee los diarios online.[50] Por último, el contenido leído en dispositivos digitales está relacionado con el sexo de los jóvenes.

El siguiente gráfico compara las respuestas por sexo:

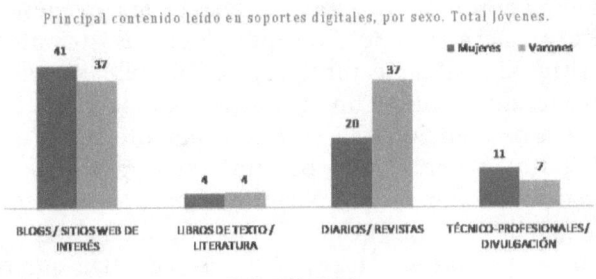

Principal contenido leído en soportes digitales, por sexo. Total jóvenes.

Elaboración propia.

Percepciones sobre la lectura y los soportes digitales

En este apartado se cuestiona el tipo de uso y la estimación respecto de los propios dispositivos digitales de lectura; es decir, el análisis se centra en las valoraciones que los jóvenes hacen sobre el propio objeto –si es que disponen de uno, se preguntó por su experiencia personal–. En principio,

---

50 Se hallaron diferencias por sexo y edad en algunas categorías, en la ENHL 2011 y en el propio relevamiento que merecen mención. En principio, el 16% de las mujeres y el 23% de los varones, así como el 27% de los menores de 25 años y 32% de los mayores de 25 años lee el diario, según la Encuesta. (Una vez más queda evidenciado que los jóvenes del propio relevamiento superan la proporción de lectura de diarios online por sexo y por edad respecto de la media nacional). En segundo lugar, de acuerdo con la ENHL, el 13% de las mujeres y el 16% de los varones consulta textos de divulgación –según el cuadro de resultados, las mujeres leen más este tipo de material que los varones–. Y por último, en la categoría lectura de libros, de acuerdo con la ENHL, el 8% de los menores de 25 y el 10% de los mayores de 25 años lee literatura online –la proporción de jóvenes en el propio relevamiento es bastante menor–. (SInCA 2012).

cabe decir que treinta de cada cien jóvenes dice tener un dispositivo digital de lectura. El grupo más relevante es el de los varones mayores de 25 años (39%) seguido por el de las mujeres menores de 25 años (28%). (Véase Cuadro 69 en Anexo). Después de varias evidencias, este dato permite ratificar con solidez la mayor inclinación masculina hacia la tecnología. Precisamente, la prueba de independencia indica relación entre esta variable y el sexo de los jóvenes.

En primera instancia, se indagó en los atributos del dispositivo digital de lectura propio. Para ello, se solicitó a los jóvenes que tuviesen un dispositivo para leer contenidos digitales que mencionaran espontáneamente sus principales atributos. Se cerró esta pregunta abierta y elaboró un sistema de categorías que permitiese agruparlos según la incidencia de cada respuesta –se consideró que más de una opción sea posible–. Curiosamente, se advierte que todos los universitarios, sin excepción, piensan en atributo como cualidad o característica positiva; y en rigor, un atributo remite a una particularidad, característica o propiedad del objeto en cuestión, pudiéndose admitir un aspecto negativo. También en esta variable se encontró una error interpretativo, así como cuando se pidió "valorar obra de autor preferido" y comentaron una sensación respecto de un libro o la capacidad del autor para, o cuando se pidió "valorar el último libro leído" y lo calificaron o puntuaron.

Según los resultados obtenidos, el primero de los atributos que aparece es almacenamiento que refiere a la gran capacidad de guardado que tienen los dispositivos de lectura. Casi el 4% de los universitarios menciona esta propiedad, destacando los diversos contenidos que pueden guardar en su equipo: *"En el e-book puedo almacenar varios libros de mi interés"*. Vinculado con el atributo anterior, el 31,5% comenta lo fácil que es trasladar los contenidos al estar digitalizados, almacenados en un mismo lugar, y la liviandad del objeto mismo, es decir, valoran la portabilidad: *"Lo tengo siempre encima. Puedo leer en el transporte público"*. Con un sentido similar, recurrentemente aparecen –aún formando parte de respuestas que engloban otras propiedades– las valoraciones 'fácil y cómodo', ubicadas en el atributo practicidad. El 40% de los jóvenes remarca esta característica que se constituye como la principal apreciación respecto del dispositivo digital propio: *"Es práctico y lo uso en la cama, en cualquier lado. Es fácil y cómodo".*

En otro sentido, el 29% de los universitarios valora la accesibilidad como fuente inmediata de consulta. Es interesante destacar que el acceso lo vinculan con la información: una particularidad positiva del dispositivo digital es que les permite acceder a la información. Es decir, los universitarios no piensan en la posibilidad de conectarse (conexión/acceso), sino en la posibilidad de vincularse con las redes de información o comunicación (vinculación/acceso). *"Facilita el acceso a la información."*

Por otra parte, se hallaron decenas de veces la palabra 'rápido' y otras tantas 'veloz'. Los universitarios destacan con énfasis la velocidad en la transmisión de los contenidos. Al valorar la agilidad en la búsqueda y hallazgo de datos –siempre refiriéndose a diarios y en menor medida revistas– menosprecian implícitamente aquello que consideran una pérdida de tiempo; entonces, se ubicó al 20% de los jóvenes en el atributo rapidez. *"Valoro la rapidez en el acceso a la información."* Nótese que la velocidad es apreciada para acceder a la información.

Las cuestiones vinculadas con la economía de costos son sugeridas sólo por el 2% de los universitarios. En este sentido, aluden a la conexión inalámbrica gratuita de los diferentes espacios por los que circulan cotidianamente como centros educativos y bares. Curiosamente no hablan de la asequibilidad del dispositivo en sí, sino que valoran lo módico que resulta la conexión a Internet. *"Fácil acceso a cualquier tipo de información con costo cero de wi-fi".* Nótese que la facilidad y la economización son estimadas porque pueden acceder a la Red y obtener información.

El 13,5% de los universitarios menciona como un valor positivo el tipo de lectura y experiencia alternada que posibilita el dispositivo al conectarse a Internet. Aquí están aludiendo a la hipertextualidad e intertextualidad. Aprecian la simultaneidad y el dinamismo, es decir, desarrollar más de una tarea o mantener la atención en más de un estímulo al mismo tiempo. Relacionado con ello, cuando en los cuestionarios aparece la frase *todo en uno*, seguramente estén pensando más bien a las particularidades del dispositivo en tanto multifuncionalidad y variedad de aplicaciones móviles, pero de cualquier manera están aludiendo a la posibilidad de realizar varias actividades simultáneamente: *"Valoro poder realizar diferentes tareas al mismo tiempo."* A propósito del multitasking, una investigación de la Universidad de Stanford (2011) sostiene que los sujetos multitarea disminuyen sus capacidades de rendimiento. Si bien se reconoce que están mejor entrenados para cambiar de foco rápidamente, el estudio alerta que cuando este tipo de personas tiene toda la información delante de sus ojos, no puede separarlas en su cerebro y se equivoca.[51] Si bien la industria del entretenimiento y el software estimulan el multitasking mediante las pantallas, el cerebro no puede actuar en consecuencia: quien lo intenta se equivoca y tarda más en responder a cada tarea. Justamente, aunque con reservas porque las frecuencias están por debajo del mínimo esperado, el sistema identifica que el atributo simultaneidad estaría relacionado con la edad.

---

[51] Se cree que se puede hacer varias cosas diferentes simultáneamente, pero en realidad lo que ocurre en el cerebro es que rota la atención rápidamente de un objetivo al otro. Y en este proceder automático es cuando se suele cometer errores o promover ciertas disfunciones o trastornos. Stanford University. Center on longevity. "Electronic multitasking is a brain drain". 16-06-2011. *Proceedings of the National Academy of Sciences.* http://goo.gl/MRGmR7

Finalmente, en ciertas ocasiones, los jóvenes mencionan los atributos durabilidad porque *no se deteriora* y preservación del medio ambiente porque *no consume papel*, pero con una incidencia tan pequeña que no califica como proporción y se torna estadísticamente poco relevante.

Según se estuvo observando, en las respuestas espontáneas de los universitarios aparece de modo recurrente la palabra 'información' como un valor en sí mismo. La posibilidad de estar notificado constantemente si se dispone de un dispositivo digital de lectura con acceso a Internet es realmente un beneficio para los estudiantes: *"Utilizo el celular para leer el diario. Lo bueno es que se puede estar informado en cualquier momento." "Si quiero informarme de todo un poco, tengo todo en un mismo lugar."* En este sentido, se nota que la información propiamente dicha –concretamente la actualidad y las noticias– vehiculizada por los medios de comunicación, principalmente los diarios, aparece como una necesidad que canalizan con el dispositivo digital. Los universitarios necesitan estar informados constantemente, por ello, valoran la rapidez en informarse, el acceso a la información, la posibilidad de informarse en cualquier momento, la comodidad de informarse mientras están haciendo otra cosa, etcétera. Si se observa la selección de respuestas que acompaña a cada lectura de datos, se nota que los atributos se yuxtaponen en las transcripciones. Por ejemplo, una misma frase denota la valoración respecto de la practicidad y rapidez. Metodológicamente fue una tarea compleja cerrar esta pregunta abierta, y conformar un sistema de categorías coherente, exhaustivo y excluyente.

En términos estadísticos, la practicidad y la rapidez son atributos principalmente destacados por las mujeres, en tanto la portabilidad es apreciada por los varones. Si bien la accesibilidad se reparte en proporciones semejantes entre ambos sexos, se nota que son las mujeres menores de 25 años las que destacan este atributo en gran medida –el doble que los varones de la misma edad–.

La segunda variable de esta exposición remite a las imágenes de los jóvenes acerca de la lectura digital. A priori se suponía que podrían valorarla independientemente de los dispositivos de lectura. Sin embargo, al procesar las respuestas se encontró que el modo en que describen a la lectura como práctica y al dispositivo como soporte no difiere. Incluso, en ocasiones tergiversan los términos 'lectura' y 'contenido', que sumado a las desventajas que manifiestan respecto de la lectura en pantallas habla de cierto desconocimiento sobre las nuevas tecnologías.

En primer instancia, se indagó acerca de las ventajas de la lectura digital. La mayoría de los jóvenes, precisamente el 68% de la muestra, responde espontáneamente cuáles considera son las ventajas que proporciona la lectura digital en contraposición con la analógica. Así como 'atributo' es siempre una cualidad positiva, según la interpretación de los jóvenes, por momentos da la impresión que el dispositivo –como soporte– y la lectura no se diferencian, y por ende califican sin distinción. Al procesar las respuestas espontáneas, surgieron una serie de palabras claves: cómodo, rápido, fácil, práctico –en efecto, las mismas que en la variable anterior–. A partir de ellas, se elaboró un sistema de categorías de opción múltiple y se agrupó la muestra según la incidencia de cada respuesta –también aquí se consideró que más de una opción sea posible–.

Según los resultados obtenidos, el 46,5% de los jóvenes valora a la lectura digital en función de las cualidades accesibilidad, agilidad y rapidez. Leer en pantallas les resulta fácil, veloz y ligero: *"Fácil acceso a toda la información, resuelves muy fácil dudas que surgen sobre la lectura"*. *"La información se puede obtener rápidamente y a la mano"*. *"Rápido acceso a la información, en caso de diarios, actualización continua de noticias"*. Nótese, nuevamente, cómo aparece la información como un valor en sí mismo del que se apropian debido a las características intrínsecas del objeto mismo.

En tanto, el 39,5% de los universitarios destaca portabilidad, practicidad y espacialidad. Se nota que se refieren al soporte y no a la práctica en sí, porque son cualidades de una cosa y no de una acción. El objeto en cuestión es liviano y por ello, les resulta fácil de transportar: *"Puedo leer en el colectivo"* o *"Me molesta llevar tantas hojas".*

Por su parte, el 7% de los jóvenes subraya las cuestiones vinculadas con la ecología, en términos de sustentabilidad y cuidado del medio ambiente; en este sentido, estarían asociando la lectura en papel con cierto daño al ecosistema. Posiblemente emerge la imagen de la tala de los árboles: *"Se ahorra papel"* o *"Lo digital es sustentable".*

Una proporción semejante de universitarios destaca la interactividad, simultaneidad y dinamismo. La ventaja radica, entonces, en la posibilidad de leer varios contenidos al mismo tiempo, o incluso desempeñar varias tareas simultáneamente: *"Es más fácil porque tengo todo en uno, interactivo"* o *"Accedo a más textos en menos tiempo".*

Por otra parte, la posibilidad de actualizarse inmediatamente es mencionada por el 13% de los jóvenes. Una vez más, el valor está en la información, en la posibilidad de estar al corriente de las últimas novedades: *"Permite tener acceso instantáneo a las últimas noticias y da mayor comodidad a la hora de leer en un transporte público."*

Una proporción semejante de jóvenes señala aspectos vinculados con la economía de costos que encierra la lectura digital, es decir, la gratuidad de la práctica. Leer resulta barato porque descargan contenidos, leen portales o diarios y revistas, visitan sitios de interés y utilizan redes sociales sin cargo, aunque lo que tiene costo sea el abono de Internet móvil o la conexión inalámbrica. En cualquier caso, curiosamente, la imagen que los jóvenes tienen en mente es Internet como espacio gratuito: *"Es económico, está al alcance para quien trabaja todo el día con la PC"* o *"Gasto menos plata en libros".*

Finalmente, un 10% hace alusión al almacenamiento, al caudal de información y la capacidad de guardado. Nuevamente se evidencia que confunden lectura con soporte, porque éstas son cualidades de un objeto: es el dispositivo el que posee espacio para guardar mucho contenido. *"El volumen de información es mucho mayor. La velocidad y la cantidad de enlaces posibles entre componentes textuales puede ser interminable."*

Como conclusión cabe decir que, como cuando se mide atributos del dispositivo digital, también se advierte la forma en que los universitarios asocian lectura digital con información. Es notable cómo actualizarse es un valor en sí mismo. Prácticamente todas las categorías sugeridas pueden ser pensadas como facilitadoras del acceso a la red de información: la rapidez, el almacenamiento o la portabnilidad están al servicio de una necesidad fuerte de estar al corriente de las novedades. Queda por indagar en la naturaleza de estos contenidos que reclaman con énfasis. No obstante, además aparece el ahorro de recursos económicos y naturales como valor en sí mismo: *"No se gasta plata, no se utiliza papel y se puede llevar a todos lados"*. Podría interpretarse que lo que los jóvenes están apreciando es la economización de todo tipo de recursos, incluso la conservación de la propia energía y del tiempo consumido cuando destacan la facilidad en el traslado o la rapidez en el acceso, por ejemplo.

Como en la variable anterior, en las frases se yuxtaponen ventajas. Por eso, después de cerrar las preguntas abiertas, se elaboró un sistema de categorías de opción múltiple. Se tomaron aquellas con mayor frecuencia y distribuyó la muestra por sexo y grupo etario. Según el próximo cuadro, los varones –sobre todo los mayores de 25 años– valoran en mayor medida la accesibilidad, agilidad, y rapidez que encierra la lectura digital. En tanto, las cuestiones asociadas con la portabilidad, practicidad y espacialidad son valoradas por mujeres y varones; aunque si se mira por grupo etario, se nota que los más jóvenes acentuaron estas ventajas.

En segunda instancia, se indagó en las desventajas de la lectura digital. En comparación con la pregunta anterior, la tasa de respuesta es considerablemente menor: el 47,5% de los jóvenes responde espontáneamente sobre las desventajas que proporciona la lectura digital en contraposición con la analógica.

Dentro de las respuestas, hay desventajas directamente vinculadas con la práctica en sí –leer desde dispositivos digitales–, pero hay otras ligadas con el aparato y los contenidos. Esto no hace más que evidenciar que, del mismo modo que en la variable anterior, los textos, el objeto que los vehiculiza y la práctica de leer resultan lo mismo para los universitarios, y califican cada uno sin distinción.

En primer lugar, las desventajas asociadas con la lectura digital. El 36% menciona alguna frase vinculada con el deterioro de la vista y el cansancio visual que experimentan por causa del uso de pantallas. Ciertamente se encontraron decenas de frases reiteradas: *"No me resulta cómodo para la vista"* o *"Desgasta la visión."* Pese a ello, se cuestiona cuántos de los que han afirmado esta desventaja leen con frecuencia en pantallas, y en ese caso, a cuáles se refieren.[52]

---

[52] Si bien no hay trabajos científicos sobre el deterioro de la vista en las pantallas, se cuenta con la publicación de los ingenieros italianos, Zambarbieri y Carniglia, quienes han comparado los movimientos de los ojos cuando se lee con un ordenador, un iPad, un e-book y un libro convencional. De acuerdo con los resultados, no habría diferencias claras entre las formas de leer en dichos dispositivos. (Zambarbieri, Daniela y Carniglia, E. "Eye movement analysis of reading from computer displays, eReaders and printed books." 09-2012. MedLine, *PubMed*. US National Library of Medicine, national Institutes of Health. http://goo.gl/UV1L5S). La razón por la que cansa leer de una pantalla no es el hecho de que tenga una fuente de iluminación trasera, sino que al leer en un ordenador la pantalla no está a la distancia correcta, la tipografía serif –de bordes no redondeados– no es tan legible, se usa en la web y se parpadea con menor frecuencia. Al leer un libro el pase de página funciona como un "reset" ocular. La fatiga ocular en usuarios de pantallas convencionales de ordenador se llama CVS (*Computer Vision Syndrome*). Los dispositivos electrónicos de lectura pueden de por sí participar en el CVS; sus causas son variadas, desde la pobre iluminación hasta la borrosidad en la pantalla, distancias inadecuadas de lectura, mala posición sin olvidar los problemas de graduación no corregidos. La diferencia fundamental entre

El 24% de las respuestas señalan cuestiones vinculadas con la tradición y ciertos aspectos sensoriales que se pierden al leer en pantallas: *"La conexión sujeto-libro, el marcado y doblado de las hojas, la relación que uno establece con el objeto."* Otros jóvenes hablan de los cambios en la organización del texto y el modo en que se apropian de los contenidos: *"Lo digital deteriora el lenguaje y la escritura." "Para leer algo yo necesito marcar, subrayar y escribir el libro. Es parte de mi proceso de aprender. En la lectura digital todas esas cosas son imposibles."* Esta última aseveración da cuenta del desconocimiento sobre las posibilidades reales de los dispositivos de lectura. Con un sentido afín, el 16% de los universitarios habla de cierta pérdida sensorial con la lectura en pantallas. Mencionan con desdén la falta de contacto físico con el objeto editorial: *"Hay un valor simbólico en el tradicional ritual de sentir, tocar y oler un libro antes de leerlo que se pierde"* o *"No posee la calidez de las hojas, el olor. Son particularidades que hacen placentera la lectura".* En estas respuestas, los universitarios aprecian la agradable sensación del contacto con el papel en detrimento de la sensación artificial que les provoca leer desde las pantallas.

Por otro lado, el 12% de los jóvenes comenta algo vinculado con la dispersión de la atención. Se hallaron expresiones que indican la falta de concentración o la distracción que implica la lectura digital: *"No logro concentrarme tanto*

---

ellos es que unos usan tinta electrónica, e-books, y otros llevan iluminación propia, tablets. Los ordenadores, las tablets y los smartphones son similares entre sí, porque todos cuentan con pantallas LCD o similares que se retroiluminan, lo que de por sí puede producir algo de fatiga ya que mantener la mirada fija en una fuente de luz directa provoca cansancio visual. Por el contrario, los e-book utilizan tinta electrónica, lo que significa que sus pantallas no están iluminadas, sino que ofrecen una imagen que debe ser iluminada desde fuera, como ocurre con el papel. El papel puede ofrecer una mayor satisfacción visual que una pantalla, pero los libros de tapa blanda y papel barato pueden proporcionar una calidad de lectura inferior a la de los medios electrónicos. (Dr. Fernando Soler; Grupo Innova Ocular. "¿Es bueno leer con iPad, e-books o tablets?" 08-11-2012. *Blog de ojos*, Clínica Soler. http://goo.gl/0CIknG; Dr. Rubén Pascual. "Fatiga visual: síndrome de las pantallas de visualización". 14-10-2006. *Ocularis*. http://goo.gl/FfglNl).

porque me distrae más." Estas ideas podrían remitir a la hipertextualidad que leer en pantallas presupone: *"No se retiene bien la información"* o *"Dificulta la lectura y la comprensión."* Nótese cómo los estudiantes admiten la desconcentración que experimentan leyendo en pantallas.

Aunque con otro sentido, la misma proporción de universitarios asegura que la lectura digital es incómoda en sí misma. Aquí el tedio no estaría en el traslado, sino más bien en el ejercicio de la práctica: *"Culturalmente estamos acostumbrados a leer en papel, la lectura en la pantalla es más molesta."* Tal vez esta categoría podría vincularse con el cansancio visual, lo que engrosaría aún más aquella proporción, aunque al carecer de expresiones más concretas es preferible mantener ambas categorías independientes.

Otra cuestión importante a señalar es que en una misma frase los jóvenes mencionan más de una desventaja, es decir, se encontraron respuestas con varias categorías. Por ejemplo: *"La lectura en los dispositivos es más incómoda y restringe la libertad para subrayar o marcar contenidos que ayudan a la compresión."* En la mayoría de los casos, es el cansancio en la vista y la pérdida de alguna costumbre –principales desventajas– aquellas que conviven con otros comentarios negativos.

En segundo lugar, las desventajas asociadas con el dispositivo digital. Poco más del 2% señala cuestiones económicas, por ejemplo, el gasto inicial que implica comprar el dispositivo o el abono de conexión. Una proporción similar destaca que los hechos delictivos en la vía pública no les permiten trasladar el dispositivo ante la amenaza de robos o hurtos fuera del hogar: *"No se puede llevar a todos lados por los robos."*

En tanto, el 10% de los jóvenes destaca aspectos vinculados con *lo tecnológico* como la escasa durabilidad de la batería, la imposibilidad de conexión en algunos lugares, demoras en la descarga de los contenidos o las dificultades técnicas de ciertos sistemas operativos: *"Si entra un virus o se daña un archivo se puede perder la información." "Si no hay electricidad, no hay lectura."*

Sólo el 3% de los jóvenes menciona la dificultad en el traslado y la portabilidad. Sin dar precisiones destacan cierto fastidio en el acarreo del dispositivo –considerando lo livianos que son, podrían referirse a las notebooks–: *"Pocas veces se puede trasladar."*

En tercer lugar, las desventajas asociadas con los contenidos digitales. El 3,5% subraya que Internet es un sitio inseguro por la fugacidad de los contenidos. Utilizaron expresiones que aluden a la inestabilidad y no recuperación de los contenidos: *"Prefiero comprarme un libro que dura toda la vida que algo digital que se descompone y pierdo información"* o *"Un texto te queda para que lo vuelvas a leer, si es digital quizá después ya no esté."*

Casi el 5% de los jóvenes señala la desconfianza respecto de los contenidos que circulan en Internet, es decir, la inconsistencia de las fuentes. En varias respuestas se encontraron manifestaciones respecto de la fragilidad o la desconfianza respecto de algunos sitios, así como la posibilidad de hallar información distorsionada: *"No puedo confiar en algunas fuentes porque a veces no son seguras o no se abarcan los temas exhaustivamente."* Con frecuencias por debajo del 1% yacen quienes mencionan el profuso caudal de información, incluidos los avisos publicitarios: *"No enfoca la concentración al 100% por la saturación de información y la publicidad invasiva en algunos sitios."*

Si se agruparan las categorías que aluden a los contenidos –exceso de información, fugacidad de los contenidos y desconfianza respecto de las fuentes– resultaría bastante significativa la proporción de universitarios que encuentra que la lectura digital trae aparejadas una serie de desventajas asociadas con la entidad e inestabilidad de lo escrito. En este sentido, la lectura digital está relacionada a textos de dudosa procedencia, como si la práctica condicionase el origen y la calidad de los contenidos.

Finalmente se tomaron las desventajas con mayor incidencia. Observando las respuestas por sexo en deterioro y cansancio visual, se encontró que las mujeres superan en cuatro puntos porcentuales a los varones al indicar que éste es un perjuicio que trae aparejado la lectura digital. Al interior de los grupos etarios, se advierten diferencias significativas entre las mujeres –puesto que las mayores (47,5%) superan la incidencia de las menores en unos quince puntos–, pero más notoria aún es entre los varones. Los menores de 25 años son quienes manifiestan este perjuicio en una proporción importante respecto del resto (52%). Precisamente, de acuerdo con la prueba de independencia, esta variable se relaciona con la edad de los jóvenes. Respecto de cuestiones culturales, no se hallaron diferencias por sexo aunque sí por edad: las mujeres menores (28%) y los varones mayores (30%) de 25 años reclaman aspectos vinculados con la tradición de la lectura en papel y la pena que sienten si se perdiese ese ritual literario. De todos modos, las diferencias entre los dos grupos generacionales no es marcada: los jóvenes manifiestan las mismas inquietudes que los advenedizos a la era digital.

4

Lectura y consumo de libros

Este capítulo propone explorar las condiciones que definen el ejercicio de la lectura por placer a través de la medición de hábitos, propósitos, motivadores y percepciones en torno a la lectura; y conocer cómo los universitarios se autoperciben en tanto lectores. ¿Cómo se vinculan los jóvenes con la cultura escrita? ¿Con qué propósito leen y de qué modo lo hacen? ¿Consideran a la lectura una opción para las instancias de ocio? ¿Qué tipo de relación se establece entre ciertas actividades de tiempo libre y ocio tecnológico con la lectura por placer?, ¿se complementan o se anulan mutuamente? ¿Qué sitio en el imaginario de los jóvenes ocupa la lectura como práctica cultural y qué función le asignan? ¿Cómo conciben al libro en tanto soporte?

Considerando que en el análisis de la cultura escrita se manifiesta la triple intersección entre el texto, el objeto –manuscrito, impreso o digital– y los modos de apropiación, este capítulo presta atención a las prácticas culturales, a las intenciones de lectura y el uso que los universitarios hacen de los libros. Si en el Puntos primero se revisa el consumo cultural en el marco del tiempo libre, y en el Punto segundo se presta especial atención a los soportes de lectura, este punto focaliza en el consumo del libro y los hábitos de lectura de los universitarios. Se presta especial atención al objeto, como bien simbólico y soporte del texto –aunque se reconozca que la cultura escrita abarca desde el manuscrito, el libro impreso y la prensa gráfica hasta la más cotidiana de las producciones escritas–.

Además de cuestionarse el modo en que los jóvenes administran su tiempo libre y mirar con desaire el profuso uso que hacen de las redes digitales y el consumo mediático, el sentido común insinúa que las generaciones juveniles progresivamente han disminuido el hábito de leer, el cual estaría socavado por otras actividades e intereses. Lo cierto es que no hay estadísticas que evidencien una disminución en los niveles de lectura, por lo menos no se dispone de estudios longitudinales que permitan comparar décadas y oleadas generacionales y aseverar tales conjeturas. No obstante, respecto del nivel de lectura poblacional, se advierte un aumento en las categorías positivas al confrontar las Encuestas Nacionales de Lectura 2001 y 2011. Por otro lado, existen indicadores de rendimiento académico que evidencian una involución en el desempeño escolar de los adolescentes (PISA 2013; Proyecto Educar 2013; UNESCO 1998), y si bien se carece de mediciones oficiales en el Sistema de Educación Superior, es pertinente considerar las importantes –y ya 'clásicas'– tasas de desaprobados en los exámenes anuales de ingreso universitario y aún la propia experiencia docente que indica el deficiente rendimiento de los estudiantes –hecho que efectivamente ha ido degradándose con el tiempo–. Si se acepta que la lectura está directamente vinculada con el rendimiento intelectual del colectivo estudiantil, aunque no haya datos que indiquen una disminución en la intensidad de lectura, cabe considerar que hay una deficiencia en aquello que es leído. Esta tesis sostiene que no se trata de intensidad, sino de nuevos modos de leer que alteran los hábitos tradicionales e impactan en la apropiación de los contenidos.

Se sabe que los niveles educativo y socioeconómico son determinantes básicos de las prácticas culturales, que la intensidad de lectura de libros se correlaciona con el sexo y la edad, y también con la actividad y la zona geográfica de la población de estudio (CERLALC 2012a, 2013a; SInCA 2012) y que el ejercicio de leer impacta positivamente en el rendimiento escolar (Gobierno de España 2002). Pero ¿estás asociaciones se mantienen si la lectura es considerada una actividad pasatiempista, y si la población en cuestión son universitarios que trabajan? Asimismo, se sabe que tanto el placer y la actualización de conocimientos son las principales razones que manifiestan los lectores, si bien la lectura por exigencia académica también tiene un peso relativo alto en las poblaciones estudiantiles; y que al momento de excusarse por la falta de lectura, la falta de tiempo es el denominador común (CERLALC 2012a, 2013a). Pensando estrictamente en la población estudiantil, se sabe que el grueso de los jóvenes lee porque es condición para eximirse en el centro educativo, es decir, la lectura es básicamente escolar (Gobierno de España 2001; Gilardoni 2006; y otros). Se evidencia cierta pérdida de interés en la literatura pasada la infancia (Pindado 2003; 2004) que lleva a que los estudiantes no la asocien con instancias de ocio, sino más bien a "algo impuesto" por los docentes (Marchesi 2005). Entonces, a partir de lo dicho, la intención de este apartado es comprobar estas regularidades empíricas y supuestos teóricos en la población de universitarios. Se prevén diferencias asociadas a las particularidades intrínsecas de este colectivo, pero considerando que se carece de estudios microsociológicos que aborden el vínculo entre los alumnos de nivel superior y la cultura escrita, y reconociendo las limitaciones estadísticas de la muestra, sólo se plantean semejanzas, diferencias y trazan tendencias.

MATERIALES Y MÉTODOS. Este capítulo aborda los objetivos a) identificar los motivos de lectura de libros en general y las razones de no lectura de libros por placer en particular; b) explorar las imágenes mentales de los jóvenes vinculadas con el libro y su condición de lector; y c) caracterizar a los jóvenes que leen regularmente por placer mediante sus hábitos y motivadores de lectura. Para cumplirlos, se miden los *propósitos de la lectura de libros*, cuyo material de análisis surge de las respuestas de los universitarios a las preguntas 13 y 14 del cuestionario; y las *percepciones acerca del libro y su autopercepción como lectores*, cuyo material de análisis surge de las respuestas a las preguntas 16 a 18 del cuestionario. En ambas dimensiones se trabaja con la base total de jóvenes. Por otro lado, se miden los *hábitos y motivadores de lectura,* cuyo material de análisis surge de las respuestas de los universitarios a las preguntas 15.1 a 15.9 del cuestionario. Precisamente para medir los comportamientos de lectura y las pautas de consumo de libros, se tomó una subpoblación conformada sólo por lectores: los jóvenes que comentaron haber leído al menos un libro en el último año –utilizando el mismo criterio de segmentación sugerido por el CERLALC–. Mientras la base total estuvo conformada por 360 casos, ésta se redujo a 223 casos. Finalmente, se abordan las *prácticas vinculadas con el consumo de libros* que responde a los objetivos a) dar cuenta de la incidencia de prácticas específicas como la compra de libros y la asistencia a la Feria del Libro; y b) conocer los propósitos con los que justifican dichas prácticas. Aquí se considera a la población total de universitarios, porque se estima que pueden desarrollar hábitos vinculados con el consumo de libros aún sin ser lectores. El material que aquí se analiza surge de las respuestas de los universitarios a las preguntas 19 a la 21 del cuestionario.

Para todas las variables, se dividió la muestra según las hipótesis de trabajo que prevén diferencias por sexo y grupo de edad; y para aquellas variables que plantean posibles diferencias en las percepciones y en el comportamiento y patrones de consumo según los universitarios se asuman o no lectores, se filtraron los casos segmentándose la muestra total en 'lectores' y 'no lectores'. Además, se establecieron cruces con las variables medidas en el Punto 3; en este sentido, la intención fue comprobar si existe asociación estadística entre las actividades de ocio y las prácticas de lectura. Si bien la prueba de Chi-cuadrado no determina el grado de asociación y menos explica cómo se comportan las variables, ofrece una aproximación válida con la que puede refutarse o aceptarse esa conjetura instalada socialmente respecto de que el ocio tecnológico, por ejemplo, jaquea los hábitos de lectura en los jóvenes.

Propósitos de la lectura de libros

En primer lugar se preguntó a los jóvenes cuál es el principal motivo de lectura de los libros que lee y dieron tres opciones: leo por deber, leo por placer y por ambos motivos en igual proporción. Dos de las categorías son fundamentales: la primera, lectura por deber que involucra al material que se lee por cuestiones laborales o demandadas por la actividad estudiantil. (Vale decir que en las encuestas nacionales ambos motivos están disociados –estudio y trabajo– y no son categorías excluyentes.) En este caso, como se trata de jóvenes que estudian y trabajan, se prefirió unirlas en una misma categoría que involucrara un 'deber hacer' bien separado del 'placer' –querer hacer algo–. La segunda opción, leo por placer, remite a la lectura de entretenimiento, aquella que satisface la intención de leer por el placer mismo que la actividad provoca. Quienes hayan elegido esta opción forman parte de la subpoblación lectores que se analiza detenidamente en lo que sigue del trabajo. (Originalmente esta pregunta era dicotómica, pero después de la prueba piloto se notó la necesidad de incluir la tercera opción.) En suma, el sistema de categorías elaborado intentaba polarizar las respuestas al ofrecer pocos valores mutuamente excluyentes. La intención era evitar cualquier tipo de ambigüedad y definir subpoblaciones.

Según los resultados obtenidos, el 56% de los universitarios manifiesta que lee principalmente por deber –lo que se denomina 'lectura obligatoria', material vinculado con los estudios y/o con la actividad laboral–; el 27% comenta que lee principalmente por placer; mientras el resto refiere leer por ambos motivos. Si se observa cada categoría por sexo, se nota que los varones (58,5%) leen por deber más que las mujeres (54%); y al interior de los grupos etarios, las mujeres menores (57%) y los varones mayores (60%) leen obligadamente más que el resto de los grupos. Por el contrario, en la categoría leo por placer las proporciones pareciera invertirse con respecto a la anterior: las mujeres mayores (27%) y los varones menores (33%) leen más por placer que el resto de los grupos. Y en la tercera opción, el 17% que manifiesta leer tanto por deber como por placer; el grupo 26-40 años en ambos sexos toma relevancia. Cabe señalar que un ejercicio de lectura posible es sumar o distribuir la categoría tercera, lo que aumentaría las proporciones de las dos opciones anteriores. De todos modos, se observa la mayor predisposición hacia la lectura no funcional en las mujeres mayores (27%) y los varones menores (33%).

Como síntesis, y en cierta forma previsiblemente, la lectura por placer no es el principal motivo que lleva a los jóvenes a consumir un libro. Este dato dista notablemente de los resultados observados en los relevamientos nacionales e internacionales, en los cuales la lectura por placer es siempre la que mayor incidencia presenta entre los motivos posibles.[53] Por otra parte, se mencionó en Antecedentes que

---

[53] Esta generalización se cumple en Argentina y toda la región de Iberoamérica –excepto Brasil que en su última publicación menciona un aumento de la lectura vinculada con la actualización cultural superando a la lectura por placer–. (Instituto Pró-Livro 2011; CERLALC 2012b).
Según el BHLyCL 2012, el 41% de los españoles lee sólo en su tiempo libre, el 4% únicamente por deber, el 18% lee por estudio, trabajo y placer, y el 37% no lee libros. Si tenemos en cuenta a la población mayor de 14 años que lee durante el tiempo libre, observamos un crecimiento de 1,2 puntos porcentuales respecto de la medición anterior. El incremento de lectores en tiempo libre se produce en casi todos los tramos de edad, excepto entre 35 y 44 años que se mantiene igual. Los españoles entre 14 y 24 años siguen siendo el grupo con mayor inidencia lectora –conforme aumenta la edad se observa un descenso en todos los tramos, aunque conviene destacar la tendencia ascendente en los últimos años en los grupos de mayor edad–. Por sexo, las mujeres (64%) leen más en su tiempo libre que los hombres, con una diferencia de diez puntos –que se acentúa entre los 25 y los 54 años–. A partir de los 55 años, la distancia entre los lectores de distinto sexo se reduce. (FGEE 2012).

en Argentina, al observar la evolución de la lectura durante una década, la lectura por placer y trabajo ha ido aumentado considerablemente, sobre todo aquella vinculada con el estudio.[54] Como regularidades empíricas esta investigación comprueba la mayor incidencia femenina en la lectura de libros y que la intensidad de la práctica aumenta a medida que aumenta la edad de la población.[55]

Por otro lado, para indagar en la lectura por placer se les preguntó de forma bien directa si leen por entretenimiento con cierta regularidad. Se considera a esta variable fundamental para la investigación porque traza de forma tajante la línea que divide a los jóvenes que asocian *lectura* con *placer* y la incluyen como actividad de tiempo libre, de aquellos jóvenes que sólo la asocian con el deber. La pregunta anterior indaga en el motivo principal de lectura, mientras que ésta es dicotómica, consulta directamente si leen para entretenerse. Entonces, con este filtro se generó una subpoblación: jóvenes que leen con cierta regularidad en su tiempo libre.

---

[54] De acuerdo con la ENHL 2011, el 78% de los lectores lee por placer, el 68% para aprender cosas nuevas, el 45% por estudio, el 42% por costumbre y el 17% por trabajo. (Cabe señalar que en términos comparativos, en 2001, leía por placer el 69% de la población). Previsiblemente, la lectura por estudio disminuye con la edad (45%), en tanto aumenta la lectura por costumbre (42%). Los individuos de entre 26 y 60 años son quienes leen por trabajo (26%). En el relevamiento reciente se agrega la categoría "para aprender cosas nuevas" (68%). Como el sistema de categorías no es mutuamente excluyente, no es posible precisar cuántos individuos leen sólo por placer. Por otra parte, el nivel socioeconómico medio es el que más baja incidencia presenta. (Sin embargo, se advierte que en el mismo relevamiento este mismo segmento se destaca al considerar a la lectura como actividad de tiempo libre). Por región geográfica, los principales lectores se encuentran en Gran Buenos Aires y el Noreste (83%). (SInCA 2012).

[55] En la ENHL 2011 al medir la variable *interés en la lectura*, las mujeres presentan más al sumar las categorías "mucho" y "bastante" (62%) en tanto los varones (51%). Asimismo, los datos revelan que el interés en la lectura aumenta con la edad hasta los 60 años cuando empieza a decrecer considerablemente. (SInCA 2001;2012).

De los resultados obtenidos se desprende que el 63% de los jóvenes lee por placer con cierta regularidad. Se desconoce la intensidad y más aún, qué entienden por 'regularidad'. En principio, se trata de una lectura más bien de tipo esporádica u ocasional, pero que difícilmente pueda asumirse como un hábito. En dicha proporción se nota que son las mujeres (67%), y sobre todo las mayores quienes presentan una incidencia superior (70%). Los varones se encuentran unos once puntos por debajo –aunque también los mayores asuman leer por placer más que los menores (58%)–. En síntesis, el grupo de jóvenes-adultos lee para entretenerse en mayor proporción que los más jóvenes –los mayores los superan en aproximadamente cinco puntos porcentuales–. Este dato se aproxima a los resultados de la reciente encuesta nacional que asegura que la lectura por placer tiene más incidencia en las mujeres y aumenta con la edad de los individuos. No obstante, esta regularidad presenta una larga trayectoria: ya en la ETLPCC de 2005, se mencionaba que seis de cada diez mujeres relacionan lectura con tiempo libre, una diferencia importante respecto de los varones.

Cabe destacar que se observa una leve incoherencia al regresar al punto anterior puesto que cuando se mide *principal motivo de lectura,* los varones menores presentan mayor incidencia en la lectura por placer –mientras que acá son quienes menos leen por placer regularmente–. Posiblemente, la interpretación adecuada de resultados sea que éstos leen poco por deber, que la lectura dirigida no constituye la principal razón de la práctica, en vez de sugerir que sean los que más leen por placer. (Una lectura por la negativa, tal vez explique esta paradoja). Por otra parte, la prueba de independencia evidencia que la lectura por placer y el sexo son variables que se relacionan. El siguiente gráfico expone con claridad las proporciones de mujeres y varones:

Lectura de libros por placer, por sexo. Total Jóvenes.

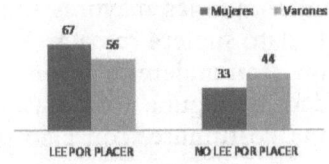

Elaboración propia.

Con respecto a las razones que justifican la no lectura, más tarde se indagó en los motivos que alejan a los jóvenes de la lectura en los espacios de ocio. A partir del estado del conocimiento se elaboró un sistema de categorías propio, al que se agregaron otros motivos como carecer del hábito de la lectura, considerar que los libros son caros y el hecho de preferir realizar otras actividades durante el tiempo libre. Asimismo se quitó "problemas en la vista" porque se asumió que no sería un argumento válido para la población de estudio (éste es un argumento utilizado en las encuestas nacionales).

Revisando los resultados obtenidos, no disponer de tiempo es la principal excusa que manifiestan los universitarios para no leer (51%); en las mujeres esta opción es más contundente (60%), sobre todo en las mayores que lideran la categoría con el 73%. Aunque con una diferencia no tan marcada, también los varones mayores (42,5%) parecen tener menos tiempo para leer que los menores (31%). En cualquier caso, quienes hayan elegido esta categoría no indicarían que "no quieren" sino que "no pueden" leer.

El segundo motivo de no lectura con mayor frecuencia es carecer de la costumbre. En este sentido, un cuarto de los jóvenes estudiantes señala no tener el hábito de leer. Los varones (30%) superan en ocho puntos la incidencia de las mujeres. En ambos sexos, el grupo 18-25 años presenta mayor suceso: los varones con el 38% y las mujeres con el 31%. Si se miran sólo las respuestas de ellas, se nota algo curioso puesto que la distancia entre los grupos etarios es enorme: las menores dicen no tener el hábito en el 31% de los casos mientras que las mayores sólo en el 11%. Se considera que este dato sugiere rescatar que quienes hayan elegido esta opción, sean mujeres o varones e independientemente de la edad, de alguna forma asocian la práctica de lectura con una costumbre, con algo que se adquiere por repetición.

La tercera razón resulta "no me interesa la lectura". Ésta es una categoría sumamente contundente e interesante para analizar. Principalmente, porque admite el desinterés en una práctica con un tradicional prestigio social. En este sentido, ninguna de las mujeres considera el desinterés como motivo de no lectura, y sí el 6% de los varones –con una diferencia de dos puntos por encima los menores de 25 años–.

Por otra parte, el 18% de los jóvenes señala que prefiere otras actividades: el 22,5% de los varones –sobre todo, los mayores (25%)– y el 15% de las mujeres –sobre todo las menores (17%)–. En esta categoría están concentrados los jóvenes que genuinamente prefieren otros consumos culturales en su tiempo libre. Una interpretación posible indica que "no me interesa la lectura" y "prefiero otras actividades" son, en cierto sentido, similares sólo que una de las alternativas deja más expuesto al joven. De hecho, si se las suma, sería la tercera respuesta con mayor incidencia. Como conclusión, según lo refieren, los jóvenes no leen más porque no tienen tiempo suficiente y en segundo lugar porque no tienen el hábito de la lectura. Por último, "los libros son caros", en términos generales, no es una opción considerada: sólo el 3% de los jóvenes la menciona. No obstante, podría destacarse a las mujeres menores (4%) quienes doblan la incidencia de las mayores de 25 años. El gráfico que sigue simplifica la exposición de datos al presentar sólo los motivos de no lectura más frecuentes por sexo, teniendo en cuenta que el sistema identifica que dichos motivos y el sexo de los jóvenes están relacionados.

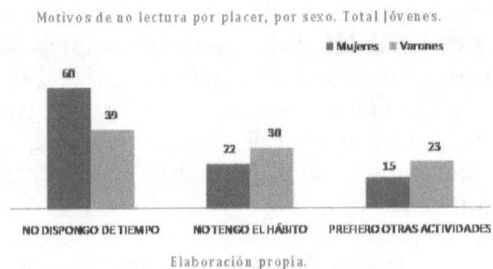

Motivos de no lectura por placer, por sexo. Total Jóvenes.

Elaboración propia.

Según el estado del conocimiento, generalmente, la falta de tiempo y el desinterés por la lectura son las razones más frecuentes que justifican el comportamiento no lector.[56] Sin embargo, los universitarios encuestados no asumen desinterés en la lectura explícitamente. Seguramente, no destinar tiempo para leer o preferir otras actividades indica de algún modo apatía respecto de la práctica. Con el 'tiempo' siempre se justifica abiertamente porque si no se dispone de tiempo libre es porque probablemente se esté ocupado en algo más importante o urgente. Pero el 'desinterés' remite a algo negativo, entonces ¿cómo manifestar desgano respecto de la lectura? Podría deducirse que se ponen en juego cuestiones culturalmente arraigadas vinculadas con el prestigio que dentro de los consumos culturales

---

[56] Se destaca Colombia porque presenta la mayor tasa de la región respecto del desinterés por la lectura (64%). Otros motivos son la falta de tiempo (37%) y la preferencia de lectura de diarios y revistas (18%). Por su parte, en Chile, el 32% de la población lectora comenta desinterés en la lectura y sólo el 5% de los mexicanos expresaron la falta de interés. (CERLALC 2012).
Según el BHLyC 2012, la falta de tiempo sigue siendo la principal razón de los no lectores españoles para explicar su falta de hábito (49%), especialmente entre la población con edades comprendidos entre 25 y 54 años. El 30% argumenta que no lee porque no le gusta o no le interesa, razón para no leer para el 47% de los jóvenes no lectores con edades entre 14 y 24 años. Entre los mayores de 65 años, los motivos de salud o los problemas de vista es la principal razón para no leer en el 29% de los casos. Hay que señalar, además, que un 21% de la población no lectora apuntó que prefiere dedicar su tiempo a otro tipo de entretenimiento. (FGEE 2012).

goza históricamente la lectura. Finalmente, al observar los resultados de la ENHL 2011, aparecen algunas semejanzas con el propio estudio: manifestar desinterés es un rasgo masculino y la falta de tiempo una respuesta típica de las mujeres que superan los 25 años. Sin embargo, entre los jóvenes argentinos la falta de tiempo para leer no aparece como argumento.[57]

Percepciones acerca del libro y el lector

Con la intención de medir las valoraciones acerca del libro como objeto, se ofreció una serie de frases que lo describen según sea un objeto mediador del conocimiento o del entretenimiento, un dador de prestigio, un soporte de lectura o un objeto obsoleto. Cada opción comenzaba con la frase "un libro es…" para que completasen con las definiciones sugeridas. Se trabaja con la población total segmentada según sean lectores regulares por placer o no. Cabe señalar que las valoraciones que los lectores o no lectores hacen del libro en sí mismo, no son exploradas en ninguno de los estudios vistos.

Según los propios resultados, el 72% de los jóvenes lectores y el 80% de los no lectores vinculan al libro con un medio de conocimiento –en los varones esta imagen se acentúa bastante más, sobre todo en los mayores de 25 años–. En segundo lugar, aunque con una distancia enorme respecto de la categoría anterior, cerca del 17% de los lectores y del 12% de los no lectores cree que el libro es un medio de entretenimiento; esto es previsible considerando que son

---

[57] La ENHL 2011 indaga *los motivos por los cuales los lectores han disminuido la lectura*. El 58% asume falta de tiempo –las mujeres presentan una incidencia de tres puntos más que los varones–, el 33% indica cuestiones económicas y el 26% problemas en la vista –en esta categoría se acentúa la incidencia de los mayores de 61 años y de las mujeres–, el 20% dice que perdió interés –los varones se destacan en esta respuesta– y el 19% que ya no estudia. (SInCA 2012).

precisamente los lectores quienes leen por placer –de allí que lo vinculen con el entretenimiento–. Asimismo, para las mujeres el libro es un medio de entretenimiento en mayor proporción (18%) que para los varones (12%), destacándose las menores de 25 años (23%). (Coherente con lo señalando hasta el momento: se reitera la evidencia sobre la mayor predisposición de las mujeres hacia la lectura por placer.) En tanto, un libro es un soporte del texto a penas para el 1% de los lectores y el 3% de los no lectores –las mujeres más jóvenes y los varones mayores son los únicos grupos que eligieron esta frase en la misma proporción (3%)–. Por otra parte, el 10% de los lectores y el 4% de los no lectores asume que un libro es un bien que confiere prestigio. Mientras que las proporciones son parejas por sexo, parece que a los varones mayores esta frase no los convence –unos dos puntos porcentuales por debajo del resto–. Y por último, un libro es un objeto obsoleto sólo para el 1% de los no lectores, siendo los varones menores los únicos en elegir esta frase. Probablemente lo hayan vinculado con el aspecto tecnológico, y en este sentido, el libro en papel resultaría para este grupo de jóvenes 'antiguo'.

En síntesis, aproximadamente tres cuartas partes de la muestra asocia al libro con el conocimiento. Cuando se establece el mundo académico, la lectura deja de tener sólo una función de conservación o repositorio y deviene una práctica intelectual: el texto escrito es el objeto mismo del trabajo intelectual (Chartier 1999:51). Evidentemente, esta idea está tan arraigada que no permite otorgársele otra función al libro más que la de vehiculizar el conocimiento. Aunque con una distancia enorme entre ésta y la siguiente categoría con mayor incidencia, para los jóvenes el libro es un vehículo del entretenimiento. Ya se ha visto que las mujeres se entretienen más con un libro que los varones, quienes lo asocian casi exclusivamente con el saber. A propósito, el siguiente gráfico permite apreciar con nitidez el modo en que los jóvenes, según su condición de lectores, valoran al libro en tanto mediador:

Principales valoraciones acerca del libro-objeto, según sea "mediador del conocimiento o entretenimiento". Lectores y No Lectores.

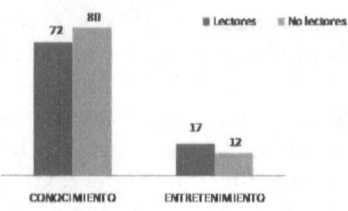

Elaboración propia.

Con el propósito de obtener la percepción que los jóvenes tienen de sí mismos en tanto lectores, se les pidió que indicaran cuál de las frases lo describía mejor. Cada una de las alternativas estuvo encabezada por "soy un lector..." y denotaba una valoración personal positiva o negativa. Además, se estudió si la forma en que se autoperciben como lectores y el hecho de que lean o no por placer son variables asociadas. En este sentido, se aplicó la prueba de independencia y constató que efectivamente ambas se asocian; es decir, la imagen que los jóvenes tienen de sí mismos en tanto lectores presenta relación con la incidencia de la práctica.

Según los resultados obtenidos, el 51% de los lectores se percibe como un lector curioso, una diferencia importante los separa de lo no lectores (19%); no se observan diferencias significativas en los distintos grupos de la población total. Se considera un lector inconstante el 24% de los lectores y el casi 39% de los no lectores; los varones parecen percibirse más inconstantes que las mujeres, sobre todo el grupo de jóvenes-adultos. Como era previsible, sólo un 2% de los lectores se percibe como un lector que debe leer por trabajo/estudio, y un salto enorme se advierte en los no lectores con el casi 34%. Continuando con la tendencia que indica que son las mujeres las principales lectoras por placer, aquí se evidencia que los varones se consideran lectores por deber en una proporción mayor, sobre todo los menores de 25 años (18%). Por el contrario, el 13% de los jóvenes lectores se asume un lector constante, el doble que los no lectores; las mujeres, sobre todo las mayores, se perciben poco más constantes que los varones. También previsiblemente, el 6% de los lectores se autopercibe como un lector ávido, en tanto los no lectores apenas un 1%. Si se mira por sexo, se nota que las mujeres superan en tres puntos porcentuales a los varones, y por edad se advierte una diferencia importante en el grupo de mujeres mayores de 25 años (8%). Finalmente, en la categoría lector formado no se observan diferencias significativas: el 3% de los lectores y el 2% de los no lectores; sólo podría destacarse el 5% de las mujeres menores que sobresale del resto de las proporciones semejantes.

En síntesis, si se considera sólo a la subpoblación que admite leer regularmente por placer, se advierte que tienden a considerarse más curiosos, ávidos y constantes respecto del total –evidentemente lideran las cualidades positivas vinculadas con la lectura–; mientras que no lectores utilizan las frases que connotan valoraciones más bien negativas. Por otra parte, se destaca la constancia y avidez como cualidades femeninas, y la inconstancia y curiosidad, masculinas. Precisamente, con esta variable que remite al tipo de lectura por deber o placer, se confirma la inclinación de las mujeres hacia la lectura por placer. Entonces, la 'curiosidad' y la 'inconstancia' son las cualidades a modo de autovaloración más frecuentes en el total de jóvenes, verlas graficadas permite comparar proporciones, según sean lectores o no lectores:

Principales valoraciones personales acerca de su condición de "lector". Lectores y No Lectores.

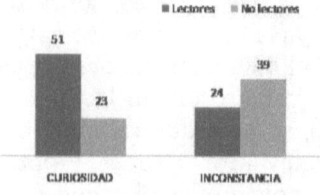

Elaboración propia.

Por último, se procuró medir aquello que miran primero en un libro. Pensando en el primer encuentro entre los universitarios y un libro, se les preguntó qué les atrae de éste, y elaboró un sistema de categorías que contempla todos los elementos que están expuestos en el objeto: el título y el nombre del autor en la tapa, la sinopsis en la contratapa o la cantidad de títulos vendidos o premios ganados en una sinalefa. En este sentido, se apeló a las estrategias de comunicación de los sellos editoriales, según cómo estén posicionados los escritores en el mercado del libro.

Aunque con reservas por insuficiencia de casos en algunas categorías, la prueba de independencia evidencia diferencias significativas por sexo y edad.

Estudiando los datos obtenidos, se nota que al 10% de los lectores les atrae el arte de tapa, y poco menos a los no lectores; dentro de esta categoría, los varones doblan la proporción femenina –sobre todo se destacan los mayores (16%)–. Precisamente, en los múltiples lanzamientos de títulos, progresivamente ha cobrado relevancia el diseño de tapa, considerando que los libros son *objetos reflexivos*, bienes pensados para atraer con su aspecto estético porque contribuyen con una economía de signos (Lash y Urry 1998). Por otro lado, a la mitad de los no lectores parece importar el título de la obra, mientras que a los lectores casi un 38%; en esta categoría, con el 45%, las mujeres están diez puntos por encima de los varones y sobre salen las más jóvenes (56%). Indudablemente, ésta es la categoría con mayor incidencia: el título es lo primero que les atrae a los jóvenes del libro.

En términos generales, en el nombre del autor los jóvenes se detienen menos que en el arte y el título, aunque hay una diferencia considerable entre segmentos: a los jóvenes que leen regularmente el autor los detiene el doble (20%) que a quienes no leen. Si bien mujeres y varones mantienen la misma proporción, cabe destacar a los varones menores de 25 años (27%). Por otro lado, "una indicación sobre premios obtenidos" importa al 7% de los no lectores y sólo al 2% de los lectores; cabe señalar que por sexo se mantiene la misma proporción: varones 7% –sobre todo los menores– y mujeres 2%. Por su parte, a los lectores una indicación sobre ejemplares vendidos importa tanto como los premios que el libro haya obtenido, pero a los no lectores les afecta bastante menos la cantidad de galardones (3%); en esta categoría los varones también doblan el interés de las mujeres (2%), aunque curiosamente sólo eligieron esta opción los mayores de 25 años. Luego, la contratapa y sinopsis abre una brecha importante entre segmentos: el 28% de los lectores lee la contratapa y 19,5% de los no lectores. Acá las mujeres prestan más atención (27%) que los varones (23%) y se destacan notablemente las mayores que alcanzan el 33%. Cabe señalar que leer un resumen del texto implica detenerse unos minutos en el punto de venta, mientras que leer la tapa es ciertamente más veloz.

Ciertamente sentirse atraído por el autor supone conocerlo, saber quién es –por referencia de otros, por popularidad o por lecturas previas–. Sin embargo, ser convocado por un título es más posible en términos de estrategia de mercado: un título impactante genera ventas aunque se trate de un autor ignoto. También es cierto que personajes mediáticos lanzan un libro por primera vez, y precisamente, el hecho de ser populares asegura al sello editorial el volumen de ventas estimado. Podría inferirse entonces, que el joven lector es menos permeable a los títulos y más convocado por la figura del autor, mientras que en los no lectores ocurre lo contrario. (En esta variable, aquello en lo que se detienen los lectores, se asemeja a los intereses femeninos, sean o no lectoras.) Si se toman las tres principales categorías y se las considera en términos de impacto y detención en el punto de venta, en el encuentro entre el libro y el joven, se nota que para los lectores reconocer al autor y dedicar unos minutos a leer el argumento del libro en la contratapa es más frecuente que en los no lectores, quienes son más influenciados por el título del libro. El siguiente gráfico sirve para simplificar aún más la exposición de los datos y señalar que, según la prueba de independencia, existe asociación entre las valoraciones y la condición de lector.

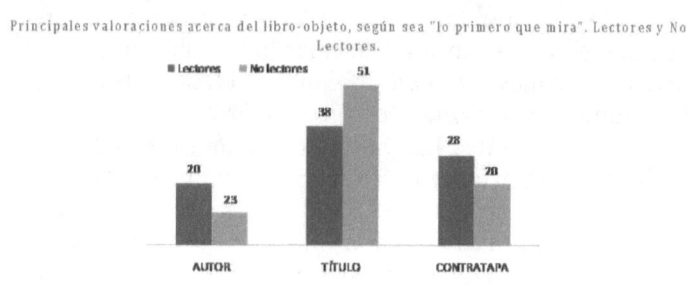

Principales valoraciones acerca del libro-objeto, según sea "lo primero que mira". Lectores y No Lectores.

Elaboración propia.

Por último, cabe preguntarse sólo en la Población Lectores, si se relacionan las imágenes vinculadas al libro y la lectura con la práctica en sí, y con el tipo de lectura que prefieren para el tiempo libre. En este sentido, se aplicó la prueba de independencia y encontró relación entre las variables "aquello que mira primero de un libro" y el "tipo de lectura que lee", así como también se halló relación con el hecho de que lean por placer.

La relación entre la lectura de libros y otras prácticas culturales

Este apartado establece relaciones entre las variables del Punto Usos del tiempo y libre y la incidencia de la lectura por placer. Para el procesamiento de datos se formaron subpoblaciones –el sistema opera con la función "selección de casos"– y a partir de ellas se asociaron las variables de análisis. Según uno de los objetivos de investigación, "establecer relaciones entre consumos culturales en general y las prácticas de lectura", a continuación se presentan las asociaciones estadísticas que surgen después de los cruces entre variables. En rigor, la intención es conocer si los consumos culturales compiten o potencian la lectura.

En primer lugar, se asociaron los bienes preciados y la lectura por placer, para lo cual se tomaron los tres principales bienes que los jóvenes comentaron preferir. Recuérdese que el 15% de los jóvenes valora el libro, el 26% destaca el celular y 44% menciona que la computadora es su objeto más preciado. Con estos datos presentes, se observa una obviedad: quienes prefieren el libro entre el resto de los objetos presentan mayor predisposición hacia la lectura por placer.

En segundo lugar se observó la relación entre las actividades de tiempo libre y la lectura por placer: cuántos de los jóvenes que eligen otras actividades distintas de la lectura, como mirar la televisión o navegar en Internet, leen con cierta regularidad y qué razones dan para la no lectura. En este sentido, se halló que las proporciones son similares para varias actividades. No obstante, a la hora de ver cómo justifican la no lectura se encontraron algunas curiosidades. Por ejemplo, todos los jóvenes que eligen navegar en Internet en su tiempo libre manifiestan "no dispongo de tiempo" para leer. Para quienes eligen mirar TV, las razones se distribuyen; y entre quienes comentaron leer, el 96% dio la misma respuesta.

Asimismo se cuestionó la relación entre estas actividades de tiempo libre y los motivos que dieron los jóvenes cuando se les preguntó por qué no leen. Para quienes indican que leer es su actividad favorita, los motivos de no lectura se distribuyen en dos cuartos y una mitad. Es decir, un 25% comenta que no tiene el hábito de leer así como otro 25% indica que los libros son caros, en tanto un 50% refiere que no cuenta con tiempo suficiente para leer. Se advierte cierta incoherencia en las respuestas, sobre todo en "no tengo el hábito". Tal vez se deba más a una expresión de deseo que al desarrollo real de la práctica. Por su parte, aquellos que eligen pasear en su tiempo libre indican que no tienen el hábito de leer (24%), que no tienen tiempo (57%) y que prefieren otras actividades (19%). Entre quienes mencionan prácticas vinculadas con la televisión y el cine en el hogar, los motivos están más repartidos: el 29% no tienen el hábito de leer, para el 14% los libros son caros, el 43% no dispone de tiempo y el 14% prefiere otras actividades. En tanto, quienes destacan escuchar música y radio presentan proporciones similares en la mayoría de las opciones a la subpoblación anterior, aunque notamos un cruce entre los valores "los libros son caros" y "no me interesa la lectura". Por otra parte, el 60% de los jóvenes que se identifican como jugadores de videojuegos indican que no disponen de tiempo para leer, y el resto se distribuye en partes iguales entre "no me interesa la lectura" y "prefiero otras actividades". La mitad de los jóvenes aficionados al deporte indica no tener tiempo para la lectura, siguiendo la tendencia de la media aritmética del total de la muestra. Luego, el 21% indica no tener el hábito y preferir otras actividades en vez de leer; para el 4% los libros son caros y el 2% restante dice no interesarle la lectura. Notablemente, los que pasean, los jugadores de videojuegos y los "deportistas" constituyen una masa importante de jóvenes que se manifiesta contundentemente ajenos a la lectura y lo expresa sin reparos. Finalmente, quienes realizan tareas domésticas en su tiempo libre, están divididos en mitades en torno a los valores "no tengo el hábito" y "no dispongo de tiempo". Y todos los jóvenes que mencionan estudiar y navegar en Internet como actividades favoritas indican que carecen de tiempo para leer.

En tercer lugar se analizó la relación entre las salidas a espacios culturales y la lectura por placer. Cuando se evidenciaron las salidas de los jóvenes, se vio y cotejó con datos oficiales que el cine es el principal espacio cultural al que asisten en su tiempo libre. Recuérdese que el 43% de los jóvenes concurre, y que se aproximaba a la mitad de la muestra en los jóvenes adultos. Ahora, cabe preguntarse si ésta y todas las salidas ofrecidas se relacionan con la lectura de libros por placer. Si bien la prueba de independencia indica que no existe tal relación, puede concluirse que superan el valor modal quienes eligen cine, teatro, recitales de música –y todos los que señalaron el museo y las galerías de arte–. Es decir, la esfera audiovisual y artes plásticas de las industrias culturales.

Del mismo modo que con las variables anteriores, se estudió la relación entre las salidas y esparcimiento de tiempo libre y los motivos que dieron los jóvenes cuando se les preguntó por qué no leen. De acuerdo con aquel cuadro de resultados, el 29% de los jóvenes que concurre al cine indica que no tiene el hábito de la lectura, el 9% hace referencia al costo de los libros, el 40% –debajo de la media aritmética– dice no tener tiempo para leer y el 23% indica preferir otras actividades para desarrollar en el tiempo libre. Por otro lado, el 85% de los jóvenes que prefieren el teatro como salida cultural mencionan no tener tiempo para la lectura. En tanto, para quienes eligen recorrer ferias artesanales, esa proporción baja al 67% –aunque igual esté bastante por encima de la media–, el resto se distribuye en partes iguales entre "los libros son caros" y "prefiero otras actividades". La mitad de los jóvenes que optan por visitar exposiciones dice no tener el hábito de leer, en tanto el resto de este grupo se reparte en proporciones iguales entre no tener tiempo, no interesarle la lectura y preferir otras actividades. En tanto, la totalidad de los jóvenes que eligen visitar museos en su tiempo libre se manifiesta carente del hábito de la lectura. En tanto, el grupo que disfruta de los recitales y conciertos de música indica que no tiene el hábito de leer (20%), que no dispone de tiempo (60%), que no le interesa la lectura (7%) y que prefiere realizar otras prácticas (13%). Finalmente, entre quienes los eventos culturales no son una alternativa de esparcimiento, aparece el 40% que dice no tener el hábito, el 20% no tiene tiempo y un llamativo 40% indica preferir otras actividades.

En cuarto lugar se analizó la relación entre la lectura de diarios y la lectura por placer. Se sugiere una asociación positiva entre ambos consumos culturales puesto que a mayor lectura de diarios, mayor predisposición a leer libros por placer durante el tiempo libre. En este sentido, ambas lecturas no competirían sino más bien se combinarían. De hecho, quienes leen todos los días prensa escrita (70%) superan el valor modal del total de jóvenes lectores de libros (63%). No obstante, la prueba de independencia no evidencia asociación entre la frecuencia de lectura de diarios y la lectura de libros por placer.

Independientemente de la frecuencia con la que se lea el diario, todas las respuestas están próximas a la media aritmética en la categoría "no dispongo de tiempo" –aunque sube levemente en los no lectores de diarios–. Para quienes leen el diario todos los días –independientemente del soporte o formato que utilicen– las respuestas están próximas a las de la muestra total de jóvenes. Mientras que quienes leen el diario algunos días durante la semana, manifiestan no tener el hábito en un 29% de los casos, que los libros son caros en un 6,5%, preferir otras actividades en un 14,5%, y la mitad restante dice no disponer de tiempo. Los lectores de diarios de fin de semana, comentan que no tienen el hábito (19%), no disponen de tiempo (49%), no les interesa la lectura (5%) y prefieren otras actividades (28%). Por último, para los no lectores de diarios las respuestas se hallan por encima de la media muestral excepto para la última categoría (11%) y en "los libros son caros" que no presenta elección alguna.

En quinto lugar se analizó la relación entre el hecho de comprar material de colección y la lectura por placer. Del mismo modo que con la lectura de diarios, es evidente que comprar y leer material de colección potencian la lectura de libros por placer. Incluso, más aún que con la prensa gráfica, porque el 72% de los jóvenes que colecciona lee por placer con cierta regularidad. El 25% de los jóvenes que compra material de lectura y lo colecciona no tienen el hábito de leer –posiblemente hayan asociado mentalmente la lectura con algún material específico, acaso el libro– en tanto la proporción sube un punto porcentual para quienes no compran fascículos coleccionables. En ambos casos, están próximos a la media aritmética del total de jóvenes. Luego, "los libros son caros" no es una opción para los no compradores y sí para los compradores (6%) quienes posiblemente encuentran en las ediciones de libros comercializadas en kioscos de diarios una alternativa menos onerosa. En tanto, apenas el 1% de los compradores y el 4% de los no compradores eligen el motivo "no me interesa la lectura". Por último, el 13,5% de los compradores y un importante 25% de los no compradores indican preferir otras actividades.

Hábitos de lectura

En lo que sigue se considera la subpoblación conformada por los jóvenes que manifestaron leer por placer con cierta regularidad –segmento lectores– para medir indicadores de hábitos de lectura en quienes realmente los mantienen. (Recuérdese que en el cuestionario se pidió que respondieran quienes hubieran leído al menos un libro por placer el último año. Entonces, este indicador converge con los universitarios que respondieron afirmativamente en la

Pregunta 14). Con los primeros dos indicadores –cantidad de libros leídos al año y frecuencia de lectura– se midió "intensidad de lectura". En las encuestas nacionales suele incluirse el nivel de interés como otro indicador de intensidad, pero aquí se midió *interés* de modo implícito al preguntar en varias ocasiones qué lugar ocupa la lectura en el tiempo libre.[58]

El primero de los indicadores de esta variable es la cantidad de libros leídos al año. En este sentido, se preguntó a quienes leen por placer cuántos libros consumen a lo largo de un año aproximadamente y sugirió tres opciones en intervalos cuya amplitud estuvo dada por cinco libros.

Se advierte que el 73% de los jóvenes lectores consume en promedio unos tres libros al año, el 19% consume en promedio ocho libros y el resto más de diez libros anualmente. Así pues, casi las tres cuartas partes de la muestra de lectores se concentra en la categoría de uno a cinco libros al año. Desde luego se trata de un sistema de categorías inversamente proporcional a las respuestas, porque a medida que aumenta la cantidad de libros, disminuye la cantidad de lectores. No obstante, la brecha entre el primer intervalo y el siguiente es enorme, de unos 54 puntos porcentuales y no es tan amplia entre el segundo y el tercer intervalo.[59]

---

[58] Conviene comentar los resultados de la ENHL 2011 respecto de esta variable. En términos generales, en *intensidad de lectura* –medida con los indicadores interés, frecuencia y cantidad de libros– los niveles socioeconómicos alto y medio no se diferencian, en las categorías máximas. El 27% de la población argentina manifiesta mucho interés en la lectura, el 30% bastante, y el resto se distribuye entre poco y nada. El interés por la lectura de libros es mayor en las mujeres (30%) que en los varones (24%) y en los mayores de 25 años –hasta los 61 donde cae–. (SInCA 2012).

[59] Respecto de la *cantidad de libros* que lee la población, según la ENHL 2011, cuatro de diez argentinos lee un libro o más al mes; el 22% un libro o más al año; y el 26% no lee desde hace dos años. Sin embargo, cuando se pregunta por el último año, baja la proporción de lectores: el 5% leyó más de diez libros, el 16% entre cinco y diez libros, el 18% entre tres y cuatro libros, el 23% entre uno y dos, y el 38% ninguno –es decir el porcentaje aumenta a medida que disminuye la cantidad de libros–. (SInCA 2012). (Si bien se toman estos datos, es importante considerar que remiten a la población de lectores en general; no se distingue a los lectores por placer –es decir, miden

Si se mira cómo se comporta la variable por sexo, se halla que el 76% de las mujeres está concentrada en el intervalo "de uno a cinco", llegando al 77% las mayores. De seis a diez libros lee el 19% de las mujeres mayores y el 16% de las menores; y en "más de diez libros", las menores (9%) superan bastante la incidencia de las jóvenes-adultas (4%). Mientras la caída del primer intervalo al siguiente es muy abrupta en las mujeres, en los varones se modera –del 65% pasan al 22%–. Por edad, el 59% de los menores de 25 años se concentra en "de uno a cinco" y el 70% de los mayores. Ocurre lo mismo en el último intervalo, el 12,5% de los varones supera los diez libros al año, en tanto las mujeres la mitad de esa proporción. Algo bien curioso sobresale en el grupo de varones menores de 25 años para la última de las opciones: el 21% supera los diez libros anuales –constituyen el principal grupo en cantidad de libros leídos al año–.

Como conclusión podría decirse en primer lugar, que los varones que leen consumen más libros que las mujeres al cabo de un año; y en segundo lugar, que para ambos sexos la cantidad de libros aumenta con la edad hasta los diez libros, porque después los menores superan la incidencia del grupo de jóvenes-adultos.

El segundo de los indicadores de esta variable es la frecuencia de lectura que indica la periodicidad con la que se lee. Con éste puede determinarse si la población lectora es frecuente u ocasional en función de los días que destine a la semana, al mes o al año para leer.[60] Para medirlo se preguntó a los lectores qué tiempo destinan a la lectura y sugirieron cuatro categorías. En un extremo de asiduidad

---

la cantidad de libros y la frecuencia de lectura por cualquier motivo no sólo por entretenimiento–.) No obstante, al cotejar datos se advierte que la tendencia decreciente en el sistema de categorías es similar, pero las proporciones son bastante superiores en los jóvenes encuestados al considerar sólo a lectores por placer.

[60] Acerca de la *frecuencia de lectura*, el 14% de la población lee todos o casi todos los días –el 17% de las mujeres y el 10% de los varones–. Un dato relevante: el grupo 26-40 años es el de lectores más frecuentes y que más interés en la lectura manifiesta. (SInCA 2012). (Si bien se toman estos datos, es importan-

"todos los días" y en el otro "alguna vez al año" (ésta permitía considerar a los más rezagados pero que aún así, pudiesen responder y quedar dentro de quienes han leído al menos un libro en el último año).

Según los resultados obtenidos, el 26% de los jóvenes lee todos los días. Podría suponerse que en esta proporción están quienes destinan un momento de cada uno de los días a leer algo por placer. En las mujeres la incidencia es mayor (28%) y más aún en las menores que concentran el 35% del segmento –los varones de la misma edad están bastante por debajo con el 14%–. Con una frecuencia ya no diaria, el 51% de los jóvenes indica leer entre uno y dos días a la semana. También en esta categoría se destacan las mujeres con el 54%, aunque ahora sean las mayores con el 62% (en términos estadísticos es esperable porque compensan la categoría anterior). En los varones la frecuencia es de unos diez puntos menos (44%) respecto de las mujeres. Sin embargo, la diferencia es notable por edad: la mitad de los jóvenes-adultos lee entre uno o dos días a la semana mientras mantienen esta misma frecuencia el 29% de los menores.

Si se considera el indicador anterior –cantidad de libros leídos al año– y éste, se está en condiciones de afirmar que las mujeres leen con mayor frecuencia pero menos libros al año que los varones. De hecho, el 82,5% de ellas se concentra en las primeras categorías, las de mayor frecuencia –destacándose las mujeres mayores en uno o dos días (62%) y las menores en todos los días (35%)–. Luego, a medida que disminuye la frecuencia de lectura, se reduce la cantidad de lectoras.

Las últimas dos categorías remiten a lectores ocasionales. El 16% de los lectores mantiene la práctica alguna vez al mes. Coherente con lo señalando hasta el momento, las proporciones se invierten: los varones (24%) doblan la

---

te considerar que remiten a la población de lectores en general; no se distingue a los lectores por placer –es decir, miden la cantidad de libros y la frecuencia de lectura por cualquier motivo no sólo por entretenimiento–).

incidencia femenina, sobre todo los menores de 25 años cuyo porcentaje llega al 29%. Finalmente, el 7% de los jóvenes lee alguna vez al año. Como era de suponer, si se trata de lectores que consumen libros regularmente es previsible que esta categoría, la de menor frecuencia, tuviese la menor incidencia. Si la lectura es realmente considerada una práctica cultural que los entretiene debieran desarrollarla con asiduidad. Mientras las mujeres representan el 5% en esta categoría, los varones el 12%. Entre los lectores, el grupo de varones menores es el que se comporta de modo particular, puesto que después de "todos los días" se reparte en proporciones semejantes en las siguientes categorías. Por último cabe señalar que según la prueba de independencia, la frecuencia de lectura y la incidencia de leer por placer son variables que están relacionadas: se infiere que conforme aumenta la frecuencia de lectura, la incidencia de la práctica es mayor.

El tercero de los indicadores de esta variable es el momento del día preferido para leer libros. Entonces, además de la cantidad y la frecuencia de lectura, se preguntó a los jóvenes qué momento del día prefieren para leer. Este interrogante no está contemplado en la encuesta nacional y tampoco es una pregunta que aparezca en los estudios que miden consumo cultural. Motivados por indagar en un indicador sin parámetros previos, se pensó en un sistema de categorías que tomara tres momentos bien definidos del día –mañana, tarde, noche– y "en cualquier momento del día" que aglutinara a quienes no pudiesen precisar cuándo prefieren leer.

El 56% de los jóvenes prefiere leer antes de dormir. Si se observa por sexo, los varones (67%) superan la incidencia de las mujeres (51%) destacándose los menores (71%). También en las mujeres son las más jóvenes las que leen por la noche (56,5%). En suma, los jóvenes cuando lee por placer prefieren hacerlo antes de dormir. Luego, el 30% de los jóvenes lee en cualquier momento del día. Esta categoría remite a quienes leen cuando disponen de tiempo libre o quienes no tienen preferencias al respecto. Se destacan las mujeres mayores con el 44%. Este dato parece coherente con lo dicho al medir "motivos de no lectura", pues indicaban carecer de tiempo. Si bien hasta el momento se dispone de indicios sobre cierta asociación entre la falta de tiempo y las mujeres mayores, en los varones aparece una tendencia similar: la proporción de jóvenes-adultos es mayor (29%) respecto de los menores (14%). Es decir, la "falta de tiempo" parece acompañar a los mayores de 25 años. Por otra parte, son las mujeres (10,5%) quienes consideran únicamente leer temprano en la mañana, destacándose las menores con el 17%; en tanto, para los varones ésta no es una alternativa siquiera válida. Finalmente, la categoría "durante la tarde" resulta pareja si se observan las respuestas de mujeres (7%) y varones (8%), aunque la diferencia notoria es nuevamente por grupo etario: el grupo 18-25 años lee en este momento del día en mayor proporción que los jóvenes-adultos –en ambos sexos superan el 13% de los casos–.

Una conclusión es que mientras los más jóvenes leen en períodos definidos del día, los mayores lo hacen en cualquier momento o antes de dormir. Tanto la mañana como la tarde no son opciones: quizás no son espacios libres y posiblemente esto se relacione con las ocupaciones y deberes diarios. Además "en cualquier momento del día" podría entenderse como "cuando tengo tiempo", entonces es previsible que sean las mujeres mayores quienes principalmente eligen esta opción. Justamente, la prueba de independencia confirma que la variable momento del día preferido de lectura se relaciona con el grupo etario en la población de lectores. El próximo gráfico compara las respuestas por edad:

Momento de lectura de libros por placer, por grupo etario. Jóvenes Lectores.

Elaboración propia.

El cuarto de los indicadores de esta variable es el soporte utilizado para leer libros. Se les preguntó acerca del principal soporte de lectura de libros. Si bien se conocía a priori que la lectura digital es una modalidad que lentamente gana espacio, y contaba con algunas cifras que apoyaban este dato, la intención ha sido constatar con los jóvenes. (En un principio, este indicador también fue pensado dicotómico: soporte digital o analógico, pero después de la prueba piloto se notó la necesidad de incluir la tercera opción. Asimismo, se advirtió la necesidad de reemplazar el término 'analógico' por 'papel' y se especificó entonces 'libro en papel'.) Antes de la lectura de resultados, cabe señalar que la cantidad de títulos publicados en formato digital ha ido aumentando considerablemente, aunque aún constituya una proporción ínfima de las publicaciones totales del mercado del libro nacional.[61] Por otra parte, la creciente oferta de títulos digitalizados se corresponde con una mayor demanda: es decir, más e-books para más lectores digitales. Sin embargo, si

---

61 Según el registro de la CAL (2013), hasta 2010 se publicaba en soporte digital el 4% de los títulos; pero esta tendencia ha ido aumentando: en 2011 esa cifra llegaba al 13% y al 17% en 2012. Desde 2013, los valores para soporte de producción se mantienen estables –libro papel, libro digital y fascículo– mostrando un crecimiento lento del formato electrónico. Progresivamente el mercado de los e-books gana participación encontrando un nicho de mercado, principalmente, en los sectores jurídico y técnico.

se compara la realidad local con el mercado español las diferencias son notables tratándose de un mercado bastante más maduro.[62]

Según los resultados obtenidos, el 84% de los jóvenes indica que el principal soporte de lectura es el libro convencional. Si se observan las diferencias por sexo, las mujeres son las principales lectoras de libros en papel (86,5%) sobre todo las menores (91%) quienes parecieran estar poco influenciadas por las nuevas tecnologías. En los varones, las proporciones en cada grupo de edad bajan a razón de unos diez puntos porcentuales. Precisamente, ellos utilizan en mayor medida los dispositivos digitales (13%). La distancia entre los mayores (17%) y los menores (7%) de 25 años es notable. En la tercera categoría, las proporciones son bastante parejas, excepto para el grupo de jóvenes varones que presentan la más baja incidencia (3%). Esta opción es residual, pensada para quienes no pueden identificar un soporte de lectura como el principal. Resta mencionar que la prueba de independencia señala asociación entre el soporte utilizado para leer libros y la edad de los jóvenes en la población de lectores regulares.

---

[62] Según el BHLyCLE 2012, el número de lectores en soporte digital supera la mitad de la población mayor de 14 años (58%). Este porcentaje se ha incrementado en 5,3 puntos con respecto a 2011. (Cabe aclarar que el Gremio de Editores define al lector en soporte digital como aquel que lee con una frecuencia trimestral en un ordenador, teléfono móvil, agenda electrónica o e-reader). Si se consideran los lectores de libros en este formato, desde 2010, el porcentaje ha aumentado en 6,4 puntos llegando al 12% de la población. Los españoles continuan empleando principalmente los dispositivos digitales para consultar sitios, foros y blogs (47%) y la lectura de periódicos (38%). El ordenador sigue siendo el soporte más utilizado para la lectura digital (56%). No obstante, la lectura en el e-reader se ha multiplicado por cinco desde 2010, 6,6% frente al 1,3%. Debe destacarse que el porcentaje de entrevistados que poseen un e-reader llega al 10% –4% en 2011–. Respecto del dispositivo que utilizan, si bien se ha incrementado en todos ellos, el aumento ha sido mayor en aquellos soportes que no están únicamente pensados para la lectura –tablets y smartphones– mientras los e-readers, excepto el Kindle, disminuyen su participación. (FGEE 2012).

El quinto de los indicadores de esta variable es la procedencia de los libros leídos. Para medirlo se les preguntó cuál es el origen de la mayoría de los libros que leen en el tiempo libre y se ofrecieron cuatro categorías de única opción. Se elaboró el sistema de categorías según compren ellos mismos los libros que leen, los reciban como regalos, los retiren de bibliotecas, circulen en una comunidad de lectores o descarguen de Internet –sin precisar si la descarga es gratuita o paga–. (Si bien se entiende que el préstamo puede ser online, y en ese caso dos opciones se solaparían, se prefirió colocarlas como alternativas distintas para concentrar y distinguir los casos.) Existen dos regularidades empíricas para todos los países de la región en torno a la procedencia de los libros leídos: el acceso al libro se da mediante la compra y está determinado por el nivel adquisitivo de la población.[63]

De acuerdo con los resultados obtenidos, el 76% de los jóvenes refiere comprar los libros que lee –destacándose el grupo de mujeres mayores, principales compradoras (90%)–. En los varones si bien la incidencia es alta, la proporción cae al 66% observándose que los menores (69%) superan en siete puntos porcentuales a los mayores de 25 años. Por su parte, los obsequios aparecen como una opción de procedencia muy poco frecuente (7%), aunque podrían rescatarse a las mujeres (11%) y los varones (8%) menores de 25 años. En tanto, la lectura mediante el préstamo de libros es notablemente recurrente en los varones (21%) –sobre todo los mayores (22%)– respecto de la incidencia femenina, puesto que lee mediante un préstamo el 11% de las menores

---

[63] Por su parte, la ENHL 2011, en vez del término *procedencia* utiliza *acceso* y ofrece un sistema de categorías más amplio y de opción múltiple. Los resultados indican que el 71% de los argentinos compra los libros que lee. Por otra parte, en el nivel socioeconómico bajo la población de no compradores ronda el 70%. Sin embargo, el interés por la lectura incentiva a los lectores a establecer mecanismos de acceso al libro alternativos: el préstamo entre conocidos es la segunda forma más frecuente de acceso (49%); luego, los regalos (24%) y el préstamo bibliotecario (13%).

y el 5,5% de las mayores de 25 años. Finalmente, la menor frecuencia se observa en las descargas virtuales, aunque son los varones mayores quienes impulsan esta categoría: casi el 10% de ellos señala la descarga virtual como la procedencia de los libros que lee. Esto es coherente con la inclinación masculina hacia la actividad online: evidenciada a lo largo del trabajo, pero particularmente con el indicador "soporte de lectura" donde se constata que los varones mayores leen digitalmente en mayor proporción que el resto de los grupos. Por su parte, en las mujeres la ocurrencia es realmente baja (3%) aunque cabe mencionar a las menores de 26 años que impulsan este dato (5%). Si se compara este dato primario sobre la incidencia de la descarga virtual de libros con la ENHL 2011, los resultados son bastante parejos; aunque si se toma al mercado español como referente, la diferencia es enorme –precisamente debido al gran desarrollo de este modo de leer–.[64]

Por otro lado, se observa una brecha importante en las categorías "préstamo" y "compras" según el sexo de los jóvenes. Comprar libros es un hábito típico de las mujeres, en tanto los varones tienden a leer los libros que toman prestados en mayor proporción que ellas. Precisamente,

---

[64] Según la ENHL 2011, "los baja de internet", el 6% de la población: el 4% de las mujeres y el 8% de los varones. Este dato confirma el vínculo de los varones, e incluso, los más jóvenes con la tecnología –el grupo 18-25 es el que sostiene esta práctica en gran medida (14%)–. (SInCA 2012). (Si bien se toman estos datos a modo referencial, es importante considerar que remiten a la población de compradores de libros –frecuentes o eventuales– y no a lectores. Recuérdese que en este relevamiento se toman lectores que dedican tiempo libre a la lectura.)
En España, entre los lectores de libros electrónicos las formas de acceso son diversas. El 64% de los lectores entrevistados descarga libros de Internet gratuitamente. Un 38% afirma que consigue ebooks a través de familiares o amigos. Sólo un 32% se descarga libros de Internet pagando. Este porcentaje se ha reducido en 5 puntos con respecto a 2011. Los lectores entrevistados que adquirieron libros digitales señalaron que sólo pagan 4,5 libros de cada 10 que leen, el resto lo consiguen gratuitamente. (FGEE 2012).

considerando que la prueba de independencia indica asociación entre la procedencia de los libros y el sexo, el próximo gráfico compara las respuestas:

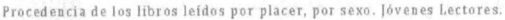

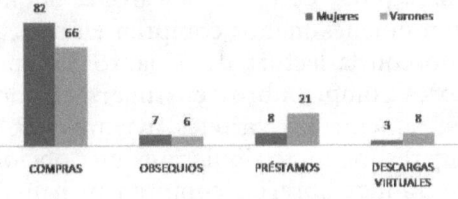

Elaboración propia.

Por último, de acuerdo con la prueba de independencia, la *procedencia de libros leídos* y la *incidencia de lectura por placer* son variables relacionadas. Podría inferirse que la práctica está directamente asociada con la compra de los libros: en la medida que el gusto por la lectura en instancias de ocio aumenta, lo hace la adquisición de libros.

Como último indicador de los hábitos que mantienen los jóvenes que leen con cierta regularidad, se indagó en el lugar de compra de libros. Se preguntó sobre el sitio donde adquieren los ejemplares que leen. En algún sentido, se recuperó de la variable anterior la categoría compra y elaboró un sistema excluyente que considera como puntos de venta posibles a las librerías, los grandes supermercados como nuevos espacios de comercialización de libros, las cadenas de librerías –aquellas cuya marca pregnante constituyen emblemas del rubro como Yenny y las tiendas virtuales que recientemente se incorporaron al circuito de comercialización de libros–[65] y los tradicionales espacios públicos como paseos de compra a cielo abierto, plazas y ferias.

---

65 Como modelo de tiendas virtuales puede destacarse a una de las pioneras: amazon.com. En 1995, Amazon comienza a vender libros a través de Internet, y en 2007 lanza su propio dispositivo portátil "Amazon Kindle" que per-

El 73% de los jóvenes compra la mayoría de sus libros en las librerías. Dentro de esta categoría se imponen las mujeres (76%), y entre ellas, las mayores de 25 años (78%): quienes parecen ser convencionales a la hora de adquirir libros. Vale mencionar que mientras las mujeres mayores impulsan este tipo de compra, los varones del mismo grupo etario son quienes menos compran en ese canal (63%). Continuando con la lectura del Cuadro 35, apenas el 1% de los lectores compra libros en supermercados; aquí se destacan únicamente los varones mayores (2%), en tanto para las mujeres menores siquiera es una opción de compra. En las grandes librerías compran principalmente los varones mayores (29%) que se despegan bastante de los menores (14%), aunque menos de las mujeres, para quienes la proporción es semejante en ambos grupos (17,5%). Como la compra en supermercados, la compra en tiendas virtuales es muy baja: cerca del 2% considera este canal. Es importante ratificar esta tendencia constante respecto de la asociación entre los varones mayores y la tecnología: el 5% de este grupo adquiere sus libros online. Por otro lado, el 5% de los universitarios elige los espacios públicos constituyéndose el tercer canal de compra –aunque se encuentre muy por debajo de las librerías tradicionales y grandes–. Por su parte, los varones menores se destacan por comprar en espacios públicos (10%) seguidos por las mujeres más jóvenes (8%). Podría concluirse que son los más jóvenes quienes impulsan esta categoría y comprarían libros usados. En rigor, la tradición librera que tiene Buenos Aires se aprecia en toda la ciudad. Los lectores o coleccionistas ávidos de ejemplares únicos pueden hurgar en los puestos de Parque Rivadavia y Parque Centenario, en Plaza Italia y en las librerías 'de viejo' diseminadas en la calle Corrientes y sus alrededores. Pueden conseguir libros usados y antiguos,

---

mite comprar, almacenar y leer libros digitalizados mediante su tienda virtual. Otros casos reconocidos bajalibros.com, casadellibro.com y temátika.com de Yenny.

ejemplares únicos, ediciones discontinuadas y todo tipo de rarezas; en largas mesas de saldos es posible comprar colecciones a precios insólitos.[66]

Si bien la compra en supermercados resulta proporcionalmente insignificante, los jóvenes-adultos de ambos sexos sugieren comprar libros allí. Podría suponerse que van al supermercado por las compras cotidianas y adquieren títulos que llaman su atención al pasar por los exhibidores: este tipo de compra no es planificada sino impulsiva. En síntesis, el 92% de los lectores vincula la librería con la compra de libros desestimando canales de compra alternativos; este resultado se comprueba otra de las regularidades empíricas: la librería es el sitio donde los lectores compran libros.[67]

Por último, con el propósito de conocer las ventajas de la compra en tiendas virtuales, a quienes compran con cierta regularidad en este canal se les pidió que comentaran cuáles ventajas consideran que tienen la modalidad. (Cabe señalar que no se distinguió el tipo de compra online, puede tratarse de una compra para descargar contenido y leer con

---

[66] El escritor y semiólogo italiano, Umberto Eco, comenta sobre esta tradición de la Ciudad en el prefacio de *El nombre de la rosa* [1980]:
Si nada nuevo hubiese sucedido, todavía seguiría preguntándome por el origen de la historia de Adso de Melk; pero en 1970 en Buenos Aires, curioseando en las mesas de una pequeña librería de viejo de Corrientes, cerca del famoso Patio del Tango de esa gran arteria, tropecé con la versión castellana de un librito de Milo Temesvar (Eco 2006:11).

[67] Si se observan los resultados de la ENHL 2011, se advierte que el orden de preferencia en que aparecen los lugares de compra es similar, pero las proporciones son significativamente distintas. No obstante, cabe señalar que la comparación es dificultosa porque el sistema de categorías que se emplea en el relevamiento nacional es diferente. (Podría suponerse que cuando se refiere a 'shoppings' son las grandes librerías y que la 'compra de libros usados' y 'ferias' son 'los espacios abiertos'.) Haciendo el ejercicio de asociar categorías en uno y otro relevamiento, se rescata que el 61% de la población total compra en librerías de nuevos a la calle –el 65% de los jóvenes-plenos y el 70% de los jóvenes-adultos–. Por otro lado, el 25% compra libros usados, el 7% compra por Internet, el 15% en ferias, el 13% en shoppings y el 5% en supermercados. Por otra parte, la encuesta indaga *la última visita a la librería*. Al observar los resultados, se encontró que la mitad de la población ha ido a una librería durante los últimos dos años. Respecto del costo de los libros, el 45% de la población manifiesta que "los libros son caros". (SInCA 2012).

un procesador específico o bien un encargo virtual para recibir el libro en papel en el domicilio.) Durante el procesamiento de datos se obtuvieron cuatro palabras claves que remiten a cada categoría de análisis: costo, comodidad, rapidez y contenidos.

El 30% de quienes compran online señala que el precio de venta de los libros en ese canal de comercialización es menor, es decir, destaca que el medio abarata los costos de consumo. El 45% comenta sobre la comodidad de comprar virtualmente porque evita el desplazamiento, trasladarse hacia algún punto de venta físico en busca del título deseado. Otro 45% alude a la rapidez destacando que este tipo de adquisición disminuye el tiempo que implicaría una compra usual (indirectamente acá también se señala la comodidad pero no en términos de distancia sino de duración). Y por último, el 25% menciona algo vinculado con los contenidos, a cierta especificidad y/o la variedad de títulos a los que se tiene acceso. Considerando que son los varones mayores de 25 años los que manifiestan comprar bajo esta modalidad, podría suponerse que estas son respuestas representativas de la población masculina.

Motivadores de lectura

Este punto está conformado por dos variables: por un lado, los referentes de los jóvenes lectores –recomendadores, quienes les sugieren lecturas específicas– y por otro lado, se pensó en un impulsor propio para el desarrollo de la práctica.[68] Con ambas preguntas se procuró conocer cuáles

---

[68] Cabe señalar que en la ENHL 2011 aparecen estos indicadores en un mismo interrogante: aquel que indaga en las *formas de elección de los libros* –por iniciativa propia, recomendación de amigos y familiares, recomendación de profesores, recomendación de colegas o porque me gusta el autor, entre otras alternativas.– Según los resultados, entre quienes son considerados

son los motivos reales que acercan a los universitarios a la lectura, en qué circunstancias y si está mediado por algún referente en particular.

En primer lugar, para indagar en los referentes de lectura se preguntó a los jóvenes lectores quiénes son sus principales referentes cuando leen por recomendación. Con la introducción "cuando lee por recomendación" se los quiso ubicar en una situación hipotética en la que la iniciativa para leer esté mediada por la recomendación de otros. Se ofrecieron varias categorías que van desde los círculos más íntimos como amigos, colegas y familiares –personas de trato frecuente y fluido– hasta otros de trato esporádico como una comunidad virtual –no se precisó si vinculada con la lectura–, asesores de librería y el mismo mercado mediante avisos publicitarios. Si bien no se colocó a personajes mediáticos, podrían haber formado parte del sistema considerando que su opinión influye en el éxito de un libro, al legitimar lecturas por la autoridad que les confiere el mundo del espectáculo. (Aunque observando las respuestas tan concentradas de los jóvenes, es posible que aquella opción no fuera significativa).

El entorno íntimo ejerce una influencia notoria en los jóvenes. Ello se aprecia, por ejemplo, en el hecho de que el mayor porcentaje de los libros que leen sea por recomendación de amigos y familiares (66%). Según el cuadro anterior, es entre las mujeres más jóvenes donde el grupo de pares y la familia más protagonismo adquiere (77%), similar en los varones más jóvenes (58%) –es decir, en esta categoría el grupo de jóvenes-plenos adquiere mayor relevancia–. Un contraste claro se observa en "colegas": mientras el 19% de los varones atiende a sus sugerencias –destacándose los mayores (22%)–, sólo lo hace el 6% de las mujeres. En el caso de la publicidad, no se observan diferencias significativas

---

"lectores actuales", el 45% elige los libros por iniciativa propia, el 41% por recomendación de otros –de profesores el 33%– y el 21% elige el libro que lee porque le gusta el autor. (SInCA 2012).

entre los grupos, de hecho podría sugerirse que, según lo han manifestado, los universitarios son poco permeables a los avisos del mercado del libro. Sin embargo, debería mencionarse que ninguno de los varones menores eligió esta opción en tanto los mayores de ambos sexos casi alcanzan el 3% –podría sugerirse una semejanza por edad–. Por otro lado, el 3% de los jóvenes presta atención a la recomendación de la crítica cultural y del círculo de lectores. Si bien se notan pequeñas diferencias al interior de los grupos, puede advertirse la mayor inclinación de las mujeres mayores hacia la crítica (4%) y la importante consideración de los varones menores hacia el círculo de lectores (11,5%) al que posiblemente pertenezcan. Curiosamente, en la comunidad virtual no se reconocen recomendadores de libros, puesto que un 2% de los lectores la elige como alternativa. Solamente podría señalarse que los jóvenes-adultos de ambos sexos la marca como opción (3%). Del mismo modo, el asesoramiento en la librería no es un modo de llegar al libro, aunque podría destacarse que los varones menores la consideran una alternativa (4%). Por último, no compran libros por recomendación el 12% de los jóvenes lectores. Los varones son los menos permeables a ello, sobre todo los mayores (22%).

La prueba de independencia indica asociación entre recomendadores de lectura y el sexo de los jóvenes lectores. El próximo gráfico compara las respuestas de mujeres y varones, sólo para las categorías con mayor frecuencia:

Referentes de lectura por placer, por sexo. Jóvenes Lectores.

Elaboración propia.

En segundo lugar se indagó en los incentivos propios de lectura. Se sabe que la motivación resulta indispensable para el buen desempeño de cualquier actividad. En este sentido, se quiso conocer cuál es la principal fuente de motivación que tienen los jóvenes a la hora de leer en el tiempo libre, en términos de iniciativa, dejando de lado el consejo de otros. El sistema de categorías construido recupera alguna alternativa de la encuesta nacional y agrega otras: por ejemplo, leer los clásicos –sugiriendo una asignatura cultural pendiente o incluso, recuperar residuos de la literatura dirigida del secundario– y leer un best seller. Ambas categorías podrían no ser excluyentes, aunque el imaginario las ubique en algún punto opuestas, pero se decidió darles categorías mutuamente excluyentes porque se considera que no perjudicaba la elección permitiendo discriminar con precisión los jóvenes que leen Clásicos de aquellos que leen novedades convertidas en best sellers –apelando, precisamente a esa idea que los posiciona como los títulos de moda o 'más leídos'.– En este sentido, el concepto de *best seller* –o "libro o disco de gran éxito y mucha venta", según el DRAE–[69] remite a una categoría neutra que, sin embargo, terminó designando realidades heterogéneas. En sus orígenes, se refería simplemente a lo que la expresión

---

[69] Real Academia Española. Diccionario de la lengua española (DRAE). 23ª edición. 2014. "Best seller". http://goo.gl/IwCzID

denota: los libros más vendidos, pero pronto apareció la confusión porque los títulos que se vendían mejor coincidían con los más populares que no siempre se adecuaban a los estándares estéticos de la 'alta' cultura. Entonces, el adjetivo-sustantivo pasó a calificar asimismo a libros que, precisamente por venderse bien, eran sospechosos de insuficiencias literarias. Por otra parte, también es cierto que grandes clásicos de la literatura universal como *El Quijote*, incluso de la historia como *La Biblia*, han vendido miles de ejemplares en el mundo y podrían considerarse best sellers en sentido estrictamente comercial. Igualmente, existen libros como *Cien años de soledad* o *Rayuela* –inclusive, la obra completa del boom latinoamericano– que tuvieron su momento y supieron prolongarlo resurgiendo después de "purgatorios críticos" y olvidos generacionales.[70] Este tipo de libros resultan *long sellers*, que la pátina del tiempo ha dotado de un estatuto más prestigioso. También hay títulos de éxito fulminante que no consiguen superar la prueba de su primer cuarto de siglo porque su popularidad evidencia el inmediato y efímero clima de época en que aparecieron: *fast sellers*, meteoros que irrumpen con estrépito porque de algún modo son esperados y se hacen cómplices de la sensibilidad o de ciertas ansiedades del momento. Claro que la historia de la literatura demuestra que hubo fast sellers que supieron convertirse en long sellers, como *Cándido* de Voltaire o *Tristram Shandy* de Sterne (1759) o *Lolita* de Nabokov (1955).

Según los resultados propios, el 18,5% de los jóvenes lee Clásicos: las mujeres se destacan porque son las que impulsan esta categoría (22%) doblando la frecuencia masculina. Si se mira por edad, las mujeres menores optan particularmente por esta alternativa (26%) así como los varones del mismo grupo etario se despegan del resto (16%). Entonces,

---

[70] Sobre el boom latinoamericano y a propósito de Julio Cortázar, se recomienda una entrevista donde el autor comenta respecto de citado fenómeno literario. http://goo.gl/lnBDMO

si bien son las mujeres las principales lectoras de Clásicos, también los jóvenes-plenos de ambos sexos los eligen en mayor medida que los mayores. En tanto los best sellers como motivador de lectura (14%) aparecen en proporciones más o menos similares en todos los grupos, aunque cabe destacar a las mujeres menores de 25 años (16%).

Por su parte, el 28% de los jóvenes lectores indica que el hecho de buscar curiosidades es un incentivo propio para leer; esta categoría se acentúa en las mujeres (33%) que doblan la proporción masculina y sobre todo en las mayores de 25 años (38%). En otro sentido, el 30% de los jóvenes comenta que adquirir conocimiento es el principal motivador de lectura, constituyéndose como la categoría de mayor frecuencia. Así como el disparador de lectura en las mujeres son las curiosidades, en los varones es el conocimiento (44%) –acá las proporciones se invierten notablemente respecto de la categoría anterior, según el sexo de los jóvenes– destacándose los mayores (47%). Podría afirmarse que casi la mitad de los jóvenes mayores de 25 años cuando lee lo hace motivado por la adquisición de conocimiento.

Como categorías más esnob, seguir al autor de moda (1%) y leer el guión de cine o teatro (2%), que se pierden en términos relativos en el sistema de valores. Únicamente podría destacarse al grupo de varones mayores que impulsa la categoría leer guiones (6%). Precisamente, sobre el vínculo entre literatura y cine, cabe mencionar ciertos éxitos de la pantalla grande que posteriormente se convirtieron en best sellers editoriales. Casos paradigmáticos son los primeros libros de *Harry Potter*, y los ya cásicos, la hepatología *Las crónicas de Narnia* –escritas por Lewis entre 1950 y 1954– y *El hobbit* y su secuela *El señor de los anillos* –escritas por Tolkien a durante las primeras décadas del siglo XX–. Se trata de una tendencia de filmar sagas literarias que incrementan notablemente las ventas de sus libros bastante después de cuando fueron publicadas originalmente.

Admitiendo la influencia de los recomendadores, alrededor del 3% de los universitarios indica que no compra libros por iniciativa propia; sobresalen marcadamente los varones (7%) y más aún los menores (12%). Recuérdese que ya en la variable anterior los varones menores se separaban de los mayores quienes manifestaban no leer por recomendación. Se ratifica la tendencia: los varones jóvenes están más atentos a la influencia de otros, mientras los mayores tienden a leer por propia iniciativa.

Por otro lado, la iniciativa de leer el libro recomendado del mes refiere a los recientes lanzamientos del mercado que podrían transformarse en best seller a nivel nacional –muchos títulos ingresan al mercado local siendo los más vendidos en otras regiones–. Una proporción pequeña elige esta alternativa. En la variable anterior se observaba que la recomendación publicitaria o de las comunidades virtuales es muy poco frecuente, y justamente los lanzamientos se difunden de ese modo. A partir de lo expresado por los jóvenes, se corrobora lo poco permeables que resultan a los mensajes publicitarios del mercado del libro. Sin embargo, más adelante se verá que los títulos que dicen haber leído en el último año son claros ejemplos de libros estimulados por la industria del entretenimiento. No obstante, los varones –sobre todo los mayores– parecen leer lanzamientos en mayor proporción que el resto.

Finalmente, la prueba de independencia indica asociación entre la motivación de lectura y el sexo de los jóvenes. Precisamente, se elaboró un gráfico tomando los incentivos de lectura con mayor incidencia para comparar respuestas:

Motivación de lectura por placer, por sexo. Jóvenes lectores.

Elaboración propia.

Por último, resulta importante mencionar que de acuerdo con la prueba de independencia, las variables incentivos de lectura e incidencia de leer por placer están relacionadas. Es decir, el gusto por la lectura se vincula con aquello que los motiva o con lo que buscan en un libro. Además, se encuentra relación entre el incentivo de lectura y el tipo de lectura que lee; lo que significa que las temáticas y los géneros que leen están directamente asociados con su gusto por la práctica.

Otras prácticas vinculadas con el consumo de libros

En este punto se muestran los resultados de la medición de tres variables vinculadas con el consumo de libros –pero no con el ejercicio de leer– en la población total de jóvenes: lectores y no lectores; y luego, se las relaciona con la incidencia de lectura.

En primer lugar, se les preguntó si compran libros para regalar con alguna frecuencia y ofreció la misma escala ordinal según la asiduidad de la práctica. Se entiende a priori la diferencia entre consumidor –lector– y comprador de libros.[71]

Si se observa la categoría siempre, se nota que los varones (1,5%) superan en un punto porcentual a las mujeres, y que para ambos grupos, los más jóvenes presentan mayor incidencia. Para los segmentos de lector y no lector, se advierte casi una obviedad: poco más del 1% de los lectores siempre regala libros mientras los no lectores no califican en esta categoría. Luego, aproximadamente el 19% del total regala libros frecuentemente: el 22,5% de los lectores y el 12% de los no lectores. En esta categoría toman protagonismo las mujeres, más aún las mayores de 25 años (27%). Vale mencionar que mientras en las mujeres la brecha por grupo etario es muy marcada –unos ocho puntos–, en los varones la distancia baja a la mitad –unos cuatro puntos–. Luego, la mitad de los jóvenes regala libros ocasionalmente: el 54% de los lectores y el 45% de los no lectores. Al mirar cómo se comportan de acuerdo con el sexo, notamos que la proporción de varones es mayor –más de la mitad– (pero al bajar la frecuencia, aumenta la cantidad de varones). Finalmente, el 30% de los jóvenes nunca regala libros: como era de esperar, en esta categoría, la proporción de no lectores supera a los lectores ampliamente, así como los varones a las mujeres. Esta inversión respecto de las primeras categorías resulta estadísticamente previsible.

---

[71] De hecho, en la ENHL 2011 se pregunta a la población si ha comprado libros durante el último año sin mencionar si es para la propia lectura. (En *acceso al libro* la compra aparece como una de las opciones posibles, pero también se mide *compra* como variable en sí misma). En este sentido, el 46% de los argentinos ha comprado libros, en un promedio de 2,3 –el 50% de las mujeres y el 41% de los varones–. El grupo 26-40 años es el que más compra con un promedio de 3,3 libros anuales. Otra pregunta también vinculada con la compra de libros mide comparativamente si se compra más, igual o menos respecto de años anteriores. Al respecto el 14% de los argentinos dice comprar más libros que antes, igual el 48% y menos el 36%. (SInCA 2012).

Por otro lado, los lectores tienden a regalar libros asiduamente: casi el 80% está concentrado en las primeras tres categorías. Se llega a la conclusión que tener el hábito de leer predispone a regalar libros y que las mujeres compran libros para regalar en mayor proporción que los varones (72%). En este sentido, y acerca de la posible relación entre la compra de libros para regalar y la lectura por placer, se observa que a medida aumenta la frecuencia de compra de libros para regalar, la incidencia de lectura es mayor. Asimismo, la prueba de independencia corrobora la asociación entre ambas variables.

Con respecto a los propósitos de la compra de libros para regalar, a quienes regalan libros se les preguntó por qué lo hacen, y dejó un espacio libre en el cuestionario para que respondieran espontáneamente. La intención era armar categorías de análisis después de procesar las respuestas. Sin embargo, durante el trabajo de poscampo, no se advirtieron diferencias significativas en el tipo de respuesta obtenida (la única diferencia es que las mujeres mayores completaron esta pregunta en mayor medida que el resto). Las respuestas se reiteran bastante, aunque vale transcribir algunas de las menciones más recurrentes: *"La persona a la que obsequio tienen el hábito de la lectura"; "A mi entorno le gusta leer"*. En todos los casos, las respuestas espontáneas involucraban al 'otro' y su gusto por la lectura. Sólo un par de jóvenes hizo mención al libro como objeto en sí –por su originalidad o rasgo interesante–: *"Es un regalo original"*. Cuando se pensó esta pregunta se esperaba contestaciones más sustanciosas, que permitieran hacer un análisis más extenso del significado que le otorgan a su acción. No obstante, se encontraron respuestas cortas –pocas palabras desarticuladas– livianas, reiteradas y con poco sentido. Las respuestas de los universitarios indican cierta incapacidad para articular frases que expresen las intenciones verdaderas que subyacen a la elección del libro como obsequio.

En segundo lugar, se preguntó a los jóvenes si tenían por costumbre regalar libros infantiles. A priori se supuso que se trataría de chicos en la familia –hijos, hermanos o sobrinos–, y que la práctica podría esconder la intención de fomentar la lectura en los niños próximos. Se utilizó la misma escala ordinal para medir la asiduidad de la práctica. Por otra parte, la prueba de independencia evidencia diferencias significativas por sexo y edad en la población total, por sexo en la población de lectores y por edad en la población de no lectores. Es decir, el género y el ciclo vital se relacionan de algún modo con la práctica de comprar libros infantiles.

Repasando los resultados obtenidos a lo largo del sistema de categorías, se observa que a medida disminuye la frecuencia de la práctica, aumenta el porcentaje de respuestas. Es decir, a mayor asiduidad, menor incidencia. En primer lugar, apenas el 2% del total de jóvenes regala libros infantiles siempre: se destacan las mujeres mayores de 25 años con casi el 3% y notablemente los no lectores (2,5%). Pareciera que en los mayores de 25 años la práctica presenta mayor asiduidad. A partir de la siguiente categoría, se advierte un incremento en el total y en todos los grupos. Por ejemplo, el 9% de los jóvenes compra libros infantiles frecuentemente; también se destacan las mujeres mayores de 26 años (15%) y los no lectores (12%). Por otra parte, el 21% de los jóvenes regala libros infantiles ocasionalmente. Si se observan los segmentos, se nota que los lectores (22%) regalan en mayor proporción que los no lectores. Según la variable sexo, las mujeres (25%) superan ampliamente la incidencia masculina (13,5%). Y por edad, se nota que los mayores de 25 años regalan más libros infantiles que los menores. Por último, el 68% de los jóvenes nunca compra libros infantiles. En esta categoría las respuestas de lectores y no lectores tienen a aproximarse. No obstante la brecha que separa a varones de mujeres se mantiene, haciéndose evidente que son ellos quienes menos obsequian libros –sobre todo lo menores de 25 años (87,5%)–.

Mientras el 38% de las mujeres, principalmente las mayores, compra libros infantiles con cierta asiduidad, lo hace el 21% de los varones. (Esta tendencia concuerda cuando al inicio se expuso que son ellas quienes compran material de colección para los chicos en los kioscos de diarios). En suma, la edad y el sexo están directamente asociados con la práctica: ser mujer y tener más de 25 años son aspectos constantes que explicarían el comportamiento de la variable.[72] En este sentido, la prueba de independencia indica asociación entre el hábito de comprar libros infantiles para regalar con el sexo y la edad de los jóvenes en la población total. Con los lectores y no lectores ocurre algo curioso, porque si bien las proporciones cambian levemente en las primeras categorías, no hay una diferencia sustancial en "nunca", lo que permitiría inferir que no compran más o menos libros para chicos. Es decir, la práctica de ningún modo parece estar vinculada con su condición de lector. Sin embargo, ser lector predispone a regalar libros, como se observó en la variable anterior. Una interpretación posible es que los universitarios propician la lectura en los más chicos de la familia sean o no lectores.

Con respecto a la posible relación entre la compra de libros infantiles y la lectura por placer, se comprueba que a medida aumenta la frecuencia de compra de libros para regalar, la incidencia de lectura es mayor. No obstante, la prueba de independencia indica que no hay asociación entre ambas variables. De hecho, quienes más libros infantiles compran parecen ser quienes menos leen.

Acerca de los propósitos de la compra de libros infantiles, como en la variable "compra de libros para regalar", además de ser las principales compradoras de libros infantiles,

---

[72] En la ENHL 2011 se pregunta en los hogares con niños de 6 años y más si se les lee a los chicos con alguna frecuencia. El 78% respondió afirmativamente. Luego se les preguntó quién suele leerles, en este sentido, las madres en el 86% de los casos, los padres en el 31% y los hermanos en el 15% de los casos. (SInCA 2012). De cierta forma, estos indicadores coinciden con la proximidad fenemina respecto de la compra de libros infantiles.

son las mujeres mayores las que dan los motivos de su acción en mayor proporción que el resto. Además, en ellas se advierte claramente el tipo de respuestas: *"fomentar la lectura", "para leerle a mi...", "estimular a mi...", "fomentar el hábito desde niño", "inculcar la lectura en los niños".* En el resto, las respuestas no mencionan la importancia del hábito, sino que simplemente justifican la compra con palabras sueltas y sin demasiado sentido: *"cumpleaños", "tengo un hijo" o "para regalar a mis sobrinos".* Una vez más se aprecia la escasez de palabras, la incapacidad de formular una frase sólida que justifique la práctica. Del mismo modo que en la variable anterior, se preveían respuestas más sustanciosas que permitiesen elaborar categorías de análisis. No obstante, leerlas con detenimiento sirve para ratificar la conclusión a la que se llegó: ser lector no condiciona la compra de literatura infantil en los jóvenes encuestados, y el propósito en las mujeres descansa en el reconocimiento del beneficio que leer implica y en cierta virtud que encierra la lectura en sí misma.

En tercer lugar, se indagó en la asistencia a la Feria del libro. Según los registros de la Feria Internacional del Libro en Buenos Aires, el público se ha incrementado considerablemente. De hecho, desde hace años se agrega espacio físico a la exposición e incrementa la cantidad de visitantes, que supera el millón. Como particularidad, es una de las ferias más prolongadas del mundo ya que dura casi veinte días. En ocasiones, aumentan los visitantes pero disminuye el nivel de facturación. (Por ejemplo, en 2011 hubo unos 25 mil visitantes más que en 2010 aunque las ventas hayan descendido.)[73]

Según el relevamiento del Gobierno de la Ciudad y la Fundación El Libro (2014), se sabe que prevalece el público joven con estudios universitarios. Precisamente, predomina el rango etario 18-29 años, que representa el 32% del

---

[73] Al respecto se recomienda consultar "Historia de la Feria" en http://goo.gl/bw7btI.

total de visitas. En tanto, el grupo 30-44 años representa el 26%; el grupo 45-64 años, el 30% de las visitas; y el de más de 65 años, el 13%. En lo que respecta al máximo nivel de estudios alcanzado, los resultados de aquella encuesta confirman que el perfil del visitante frecuente es el del profesional universitario o con título terciario, que representan el 46% de los concurrentes. Entre los universitarios, el 26% posee tiene título de grado, el 5% de posgrado y el 15% cuenta con una titulación terciaria, segmento compuesto principalmente por docentes.[74]

En síntesis, la edad y el capital escolar se correlacionan con la asistencia; mientras el sexo no tiene incidencia puesto que las mujeres presentan una predisposición levemente mayor a visitar la Feria (53%). (DGEYC-GCBA y Fundación El Libro 2014). Los datos que marcan el alto nivel educativo de los asistentes a la Feria del Libro conviene leerlos junto con los que arrojan las encuestas de hábitos de lectura en la región, que indican una correlación positiva entre el nivel socioeconómico y cultural y los hábitos lectores. En cuanto a la fidelización de los asistentes, según la cantidad de visitas realizadas en ediciones pasadas, una amplia mayoría de los encuestados declaró haber concurrido por lo menos una vez en años anteriores (83%), destacándose que casi el 42% de los concurrentes la visitaron al menos 6 veces. Lo anterior confirma que, para una amplia

---

[74] Dentro del subconjunto que aún asiste a establecimientos de educación formal –59% del total de concurrentes a la Feria–, más del 91% realiza estudios superiores: el 54% asiste a la universidad, el 26,5% a institutos terciarios y el 11% a posgrados. En el otro grupo, el de quienes actualmente no estudian –porque completaron el último nivel al que asistieron o por abandono–, el 72% posee títulos superiores: 40% de grado, 8% de posgrado y 24,5% terciarios. Otro 14% alcanzó como nivel máximo la escuela media. Otros datos sobre el perfil de los asistentes: el 46% vive en la ciudad de Buenos Aires, mientras que sólo el 3% viene de otros países. En el medio, el 34% llega desde el conurbano bonaerense y el 16,5%, del interior del país. También se sabe que cerca del 62% accedió gratis –por alguna promoción o con entradas de cortesía–, es decir, cuatro de cada diez compró su ticket. Y que del total los visitantes, el 9% fueron estudiantes de los niveles primario y secundario. (DGEYC-GCBA y Fundación El Libro 2014)

mayoría de sus seguidores, la Feria es un evento cultural ineludible. La cantidad de visitas previas a la Feria del Libro tiene una relación positiva con el ingreso per cápita del hogar: a mayor ingreso, superior cantidad de visitas previas (DGEYC-GCBA y Fundación El Libro 2014).

En lo que respecta a la propia investigación, la última de las preguntas del cuestionario apunta a medir la incidencia y los motivos de la asistencia a la Feria. La intención era conocer si los jóvenes frecuentan el evento y con qué continuidad. Para ello se ideó un sistema ordinal conformado por tres categorías: la primera remite a la visita anual, la segunda a una visita esporádica y la tercera a la no visita.[75]

De acuerdo con los resultados obtenidos, el 12% de los lectores y el 5% de los no lectores asiste a la Feria del Libro cada año. Se manifiesta una obviedad: quienes leen por placer visitan la feria con mayor intensidad: mientras que el 36% de los lectores indica no asistir, la cifra sube al 62% en los no lectores. En el total de jóvenes se destacan las mujeres con el 10% –sobre todo las mayores quienes parecen ser las principales asistentes–. Esto guarda coherencia cuando al inicio se vio que en salidas de tipo culturales, eligen ferias y exposiciones como alternativa –y también es coherente con el relevamiento recién mencionado–. En tanto, el 51% de los lectores y el 33% de los no lectores visita

---

[75] En la ENHL 2011 se mide concurrencia y reconocimiento de la Feria con una misma pregunta "¿Concurrió o escuchó hablar de Ferias del Libro?". En este sentido, el 32% de los encuestados concurrió a la Feria, el 42% escuchó hablar de ella, el 19% no escuchó ni concurrió y el 7% ns/nc. (Se trata de la celebrada ese mismo año considerando que el trabajo de campo tuvo lugar en octubre y el evento en mayo). Las mujeres concurren y escuchan hablar de la Feria poco más que los varones. En términos de edad, el grupo 26-40 años son los principales asistentes (38%). Respecto de la región geográfica, en el Gran Buenos Aires se registra la mayor proporción de concurrencia (80%) y reconocimiento (39%). Los niveles alto (51%) y medio (39%) concurren en mayor proporción que los sectores populares (20%). Sin embargo, el nivel de reconocimiento en los sectores alto y medio es similar, superior al 80% –y en el nivel bajo 66%–. Si se comparan las encuestas, se advierte que en 2001 se escuchó bastante más sobre la Feria que en 2011, aunque la visita haya sido pareja en ambos eventos. (SInCA 2012).

la feria algún año –también acá se nota la mayor incidencia femenina–. Finalmente, en la categoría extremo se observa que el 36% de los lectores y el 62% de los no lectores no considera a la Feria. Siguiendo con la lectura del cuadro, en esta categoría las proporciones se invierten: menos mujeres y lectores visitantes. Como síntesis, cabe decir que la mitad de los jóvenes que leen por placer visitan ocasionalmente la Feria; pero quizá lo más curioso sea que cuatro de cada diez no lectores asiste aún no practicando la lectura como alternativa de ocio –puede tratarse de acompañantes o visitantes que conciben a la Feria como un paseo en sí mismo–. Precisamente, respecto de una posible relación entre la asistencia a la Feria del Libro y la predisposición hacia leer por placer, de acuerdo con la prueba de independencia, existe asociación entre ambas variables. De hecho, acerca de si los visitantes son realmente lectores, un estudio revela que la mayoría de quienes asisten a la Feria tienen el hábito de leer.[76] Además, se advierte una asociación positiva entre la regularidad con la que los jóvenes asisten al evento y la predisposición hacia la lectura de libros por placer. A medida que aumenta la proporción de jóvenes que asisten a la Feria con mayor frecuencia, aumenta la proporción de los aficionados a la lectura. Por ejemplo, el 81% de quienes asisten a

---

[76] El Ente Turismo de la Ciudad desarrolló a través de su Observatorio Turístico una encuesta cuyos resultados evidenciaron una gran asistencia de turistas nacionales con un importante hábito de consumo y compra de libros en la tradicional feria. El sondeo, realizado con la colaboración de la fundación El Libro y tomando casos coincidentales, revela que del total de encuestados, el 89% son turistas nacionales y el 11% extranjeros. Los encuestados resultaron ser *consumidores habituales de libros*, en un 81% los nacionales y en un 94% los extranjeros. Al consultarles por la adquisición de libros en la Feria del Libro, el 52% de los turistas nacionales y el 19% de los extranjeros afirman ser compradores de libros. La mayoría de los turistas, tanto nacionales (33%) como extranjeros (44%) son jóvenes entre 21 y 30 años de edad. Las fuentes más importantes para visitar la Feria son para los turistas nacionales las recomendaciones de familiares y amigos (32,5%) y para los turistas extranjeros Internet (50%). (Ministerio de Turismo y Cultura 2012).

la Feria todos los años, leen por placer en su tiempo libre. Por su parte, el 73% de los lectores asiste algún año y el 51% de los lectores no asiste.

Por otra parte, se indagó en los propósitos de la visita a la Feria del Libro. A quienes respondieron que asisten cada año o algún año a la Feria se les pidió que contaran el motivo por el cual la visitan. A partir de las respuestas reiteradas de la primera toma se confeccionó un sistema de categorías en la que más de una opción fuese posible elegir. Primeramente, surgieron palabras clave como curiosidad, actualización, ofertas, compañía, paseo, entre otras; y luego con ellas se elaboraron propósitos.

Según los resultados obtenidos, el 12% de los lectores y el 11% de los no lectores asisten a la Feria "por simple curiosidad"; aquí la proporción de mujeres es mayor, sobre todo entre las más jóvenes (14%). En la categoría que menciona cuestiones laborales se destacan curiosamente los no lectores (3%) y los varones menores (5%). En tanto, el 7% de los lectores y el 3% de los no lectores asisten a la Feria para "apreciar gran variedad de libros concentrados en un solo lugar". Si se mira por sexo, se nota que las mujeres están más motivadas en ir con este propósito (6%) que los varones (4%), sobresaliendo las mayores de 25 años (7%). Por otra parte, el 11% de los lectores encuentra que la Feria es un sitio donde puede actualizarse a partir de las novedades allí expuestas –una distancia importante respecto de los no lectores, 4%–. Unos tres puntos por encima separan a las mujeres de los varones, sobre todo las menores (12%). Luego, asistir "para aprovechar ofertas y promociones" es un propósito que guarda proporciones similares en los segmentos de lectores así como en los grupos de análisis por sexo y edad. Para el 7% de los lectores el evento es un paseo en sí mismo, sólo un punto por encima de los no lectores. Sí se advierte una diferencia significativa por sexo: mientras que el 9% de los varones asiste a la Feria para pasear, sólo el 5% de las mujeres marcó esta opción. Continuando con la lectura del cuadro, parece que quienes no leen por placer están más interesados en "formar parte de un evento cultural" (5%), aunque poco más de un punto los separa de los lectores, destacándose los varones menores de 25 años con casi el 10%. En tanto, los lectores se muestran interesados en participar de la agenda de la Feria en materia de debates, conferencias, presentación de libros, etcétera (3%), puesto que doblan la proporción de no lectores. En este mismo propósito sobresalen las mujeres mayores de 25 años. Finalmente, el 3% de lectores y no lectores asiste para acompañar a alguien. Si se mira el cuadro, se advierte que son las mujeres menores de 25 años quienes se destacan con casi el 5%. De hecho, el 69% de los asistentes a la Feria en 2013 fue acompañado, lo que habla de una experiencia cultural que es vivida en compañía (DGEYC-GCBA y Fundación El Libro 2014).

En cuanto a los motivos de la visita a la Feria –no excluyentes entre sí–, el más señalado por los visitantes (83%) fue el de paseo o recreación. En segundo lugar se ubicó la compra de libros (72%), seguido por la búsqueda de novedades u ofertas (58%). Otras motivaciones señaladas fueron la búsqueda de libros difíciles de conseguir (36,5%), la asistencia a algún suceso o charla programada (28%), razones de trabajo o profesionales (27%) y, finalmente, conseguir la firma de libros (11%). Con respecto a la compra, el grupo que más compra tiene entre 30 y 44 años: el 81% de esa población adquiere al menos un libro. Entre ellos, el grupo más numeroso es el que gasta entre 51 y 100 pesos, aunque, en total, más de la mitad gastó entre 101 y 400 pesos en libros. Otro dato interesante: un 23,5% de los visitantes lee desde la computadora y un 14% contó que evaluaba la compra de un e-book, aunque el papel persiste: el 28% de los visitantes adultos compró uno o dos libros, y el 26% se llevó cinco o más ejemplares. (DGEYC-GCBA y Fundación El Libro 2014)

Por otro lado, se segmentó la población total en dos subpoblaciones según sean asistentes frecuentes u ocasionales para advertir diferencias en el tipo de respuestas. Para quienes asisten a la Feria cada año, la razón asisto "para actualizarme respecto de novedades", y luego "para apreciar la variedad de libros concentrados en un solo lugar". Y para quienes asisten a la Feria algún año, las razones más recurrentes son "por simple curiosidad", y luego "para actualizarme respecto de novedades" y "participar del evento como paseo".

Puede apreciarse que las categorías que mencionan a los "libros" –en tanto novedad literaria como variedad de títulos– es elegida en mayor medida por los asistentes frecuentes, dejando al paseo o la visita por curiosidad en un segundo plano. En tanto, para los asistentes ocasionales la visita por curiosidad se impone. Podría sugerirse que el merodeo por la Feria de ningún modo tiene que ver con intenciones genuinas vinculadas con los libros en exposición. La curiosidad está asociada a la visita ocasional –aunque también al lector y a las mujeres como se indica más arriba–. El próximo gráfico toma los propósitos más recurrentes y, a modo de síntesis, los compara, según la asiduidad con la que los jóvenes visitan la Feria:

Principales propósitos de la asistencia a la Feria del Libro, según asistan frecuente u ocasionalmente. Total

Elaboración propia.

5

Gustos y preferencias literarias

Cuando los universitarios reconocen en la práctica de la lectura una alternativa para los momentos de ocio, ¿qué disfrutan leer? ¿Existe un gusto generacional que pueda reconstruirse a partir de sus lecturas predilectas? Para estudiar el modo en que los jóvenes se relacionan con la cultura escrita, además de considerar las capacidades de lectura y competencias intelectuales de esta población, y conocer los hábitos y las costumbres vinculados con el consumo de libros, debiera organizarse modelos de lectura, manifiestos en un gusto de época, que correspondan a una comunidad de interpretación enmarcada socioculturalmente. Este capítulo procura reconstruir las pautas en las que los actos singulares de lectura se ubican y encuentran su sentido: no se trata de reconstruir *la lectura* sino de describir las condiciones compartidas que la definen, y a partir de las cuales el lector produce sentido en cada lectura (Chartier 1999b:40). Entonces, el eje de este apartado son los contenidos de lectura: qué tipo de lecturas los convocan, cuáles títulos han leído recientemente, qué les atrajo de esos argumentos, qué autores prefieren y qué valoran de sus obras. Presuponiendo que existen intereses comunes generacionales, ¿qué particularidades tienen los libros que consumen en su tiempo libre? Aquella distinción temprana entre la literatura que corresponde a la 'alta cultura' y la 'subliteratura' (Prieto 1956) ¿estará presente? ¿Continuará ejerciendo influencia? En efecto, los jóvenes responden según aquello que intuitivamente saben que es legítimo: al revelar sus lecturas puede apreciarse cierto efecto de legitimidad (Bourdieu

2003). Sin embargo, a este escenario conocido se agrega un fenómeno contemporáneo: la mundialización de la cultura. Ortiz (1994) analiza dicho proceso a partir de la conquista de nuevos conceptos, como el de *juventud*, que permite asumir la existencia de segmentos juveniles desterritorializados aunque congregados en tanto unidad teórica. En este sentido, cabe anticipar que en las apuestas literarias de los jóvenes, se vislumbran los efectos de la internacionalización de la actividad editorial y su correspondencia con la globalización de la experiencia cultural. Precisamente, la pérdida de autonomía y especificidad de lo literario tiene su origen en la fusión de lo económico y lo cultural en la industria del entretenimiento desde los años noventa, fenómeno que Ludmer (2009a) llama «pos-autonomía».

Por otro lado, y como se estuvo comentando, además de mantener su rol como lectores, Internet posibilita a los usuarios convertirse en productores de contenidos, a través del diseño de blogs, fotoblogs o perfiles en redes sociales. Allí los sujetos pueden hablar de sí mismos y compartir experiencias con sus 'audiencias'. Sin embargo, la Red también permite que los lectores intervengan en las producciones de otros. Por ejemplo, el seguidor de una obra puede participar activamente en la elección de personales, guiar a los autores en las escenas favoritas, sugerir títulos y otras actividades de divulgación, como presentar autores y recomendar libros dentro de una comunidad virtual. En este sentido, la identidad ha dejado de ser inmutable para convertirse en un conjunto de prácticas en permanente redefinición de sujetos diversos que se mueven en espacios heterogéneos. Lo que se ha modificado no es el deseo de pertenecer, sino el sentido y las formas de pertenencia (Winocur 2006, 2010). De este modo, surgen nuevas comunidades de interpretación nucleadas en espacios virtuales donde los lectores pueden expresarse on line acerca de tramas, personajes y autores. Cabe recordar que las capacidades y las situaciones de lectura son históricamente variables. Como se señaló, la práctica de la lectura no siempre fue un acto privado, íntimo, secreto, consignado a la individualidad. Por ejemplo, entre los siglos XVI y XVIII, en zonas urbanas, la relación con los textos remitía a una lectura colectiva en la que unos lectores manejaban los contenidos y los descifran para otros, de tal forma que lo que se ponía en juego era algo que sobrepasaba la capacidad individual de lectura. Entonces, estas formas modernas de lectura e interacción podrían ser pensadas como un regreso a los modos antiguos de experiencia literaria basados en la oralidad. Incluso, que los escritores incorporen en los blogs y blognovelas los comentarios de sus lectores podría ser la versión moderna de lo que fue la participación de los lectores en la novela del siglo XVIII mediante el envío de cartas a los autores. Incluso, la supervivencia de la figura del escritor y de la obra de arte como unidad orgánica ya estuvo cuestionada en el pasado. Precisamente, este 'empoderamiento' del lector y los nuevos modos de participación juvenil es sobrevolado en este apartado. Si en los capítulos anteriores se analizan las prácticas culturales mediante hábitos y pautas de consumo y exploran las apreciaciones de los jóvenes sobre los nuevos modos de leer, en este punto se focaliza en la naturaleza de los contenidos que los universitarios prefieren leer.

MATERIALES Y MÉTODOS. Este capítulo aborda los objetivos a) conocer el tipo de lectura que prefieren leer; y b) indagar cuáles son los autores preferidos y qué valoran de su obra. El material que se analiza surge de las respuestas de los universitarios encuestados a las preguntas 15.10 a 15.12 del cuestionario. Se trabajó con una subpoblación conformada sólo por lectores: los jóvenes que comentaron haber leído al menos un libro en el último año –utilizando el mismo criterio de segmentación sugerido por el CERLALC–. Mientras la base total estuvo conformada por 360 casos, ésta reduce a 223 casos. Al momento de caracterizar las preferencias literarias, se tomaron las menciones más reiteradas a modo de corpus de títulos y autores para analizar. Como dichas menciones se presentaron heterogéneas y muy dispersas, al procesar los datos no fue posible asignar frecuencias relativas. Por ello, se las consideró una masa crítica de libros, lo que supuso un trabajo artesanal de reconstrucción de preguntas abiertas que implicó un razonamiento de tipo inductivo.

Tipo de lectura preferida

Este apartado continúa estudiando a los jóvenes que se asumen lectores regulares. Se les preguntó qué tipo de lectura prefieren para sus momentos de ocio y elaboró un sistema de categorías propio en función de los intereses que se presuponía tuvieran, considerando el utilizado en las encuestas nacionales y la clasificación comercial de la CAL.[77]

De acuerdo con los resultados obtenidos, el 74% de los jóvenes disfruta de la ficción y literatura. Es importante destacar que en esta categoría se considera a la literatura en sus variantes narrativa, sea cuento o novela, poesía y teatro o guiones. Esta proporción es particularmente notoria entre las mujeres menores (83%), más aún si se compara este grupo con los varones mayores (60%). Esta contundente adhesión de los jóvenes a la ficción y literatura resulta absolutamente congruente con los registros de la industria editorial al exponer que las mayores tiradas de ejemplares corresponde al rubro Literatura (27%) seguido del libro

---

[77] En la ENHL 2011 para analizar el tipo de lectura, se mide *género literario* –cuento, novela, escolar/de texto, biografía, poesía, historieta/comics, científicos/técnicos, ensayos, guiones– y *temáticas leídas* –historia, literatura, ciencias sociales, religión, ciencias naturales, política, psicología, deportes, ciencia ficción, policial, informática, misterio y terror, autoayuda, arte, hobbies, decoración, economía, marketing, sexualidad y ocultismo– como variables separadas. En lo que sigue, se compara teniendo en cuenta que los sistemas de categorías no coinciden con el propio estudio –por ejemplo, mientras literatura o autoayuda responden a la variable tipo de lectura, en la encuesta son opciones para la variable temática.

Infantil y Juvenil (24%) (CAL 2013).[78] Asimismo, indirectamente se confirma la predisposición de los lectores hacia la literatura mediante la variable *tenencia de libros en el hogar*. Según la ENHL 2011, de cada cien libros en la biblioteca de un argentino, ochenta pertenecen al rubro Literatura.[79]

Por su parte, parece que la novela gráfica no es una opción de lectura para los jóvenes, pero si se detiene en las mujeres mayores, se observa que fueron las únicas en elegirla (4%). Con respecto los géneros de no ficción, el 2,5% de los jóvenes lectores elige el ensayo como lectura de tiempo libre; los principales lectores de este género son los varones mayores (5%) quienes estadísticamente impulsan la categoría –los varones menores no la mencionan, y las mujeres, en una proporción muy baja–. En tanto, el 3% de los universitarios elige la biografía como lectura de tiempo libre. Los varones (6%) superan en cinco puntos a las mujeres, sobre todo los menores (8%); cabe decir que los varones mayores eligen el ensayo y la biografía en proporciones semejantes. En tanto, la divulgación científica o los textos técnico-profesionales particularmente son aceptados entre los varones (12,5%) que cuadruplican la proporción femenina. Cabe decir que mientras en los varones no hay diferencias por edad, en las mujeres se evidencia una distancia importante –las mayores duplican la incidencia de las menores de 25 años–. Por otro lado, el 7,5% de los lectores dice leer autoayuda, espiritualidad y superación; justamente, leer autoayuda se destaca entre la población femenina

---

[78] Según la CAL (2013), las principales publicaciones corresponden al rubro Literatura (27%); de éstas, aproximadamente, la mitad pertenece a la categoría Literatura Argentina. Luego, el libro Infantil y Juvenil le sigue a la producción de Literatura con el 18%.

[79] Los argentinos tienen un promedio de 62 libros en sus hogares, aunque la mediana son 20 libros (se advierte una curva bimodal: quienes tienen muchos libros y quienes tienen muy pocos). El promedio de libros en el hogar aumenta notablemente con el nivel socioeconómico: 125 libros (alto), 65 (medio) y 35 (bajo). Lo que confirma el dato surge cuando se pregunta por el tipo de lecturas que predominan en la biblioteca: el 81% son libros de literatura, el 74% textos escolares y el 60% libros para niños. (SInCA 2012).

(9%) respecto de la masculina (5%). Aunque específicamente es muy baja la cantidad de jóvenes que dice leer religiosidad y esoterismo, debiera mencionarse al 5% de los varones mayores. Luego, el 3,5% de los jóvenes lectores opta por la investigación periodística; en esta categoría sobresalen notablemente los varones (6%) que triplican la proporción de mujeres que lee este género, tendencia que se acentúa en los mayores alcanzando el 8%. Este dato es coherente con el hecho que sean los varones los interesados en programas televisivos con contenido político y periodístico en mayor medida respecto de las mujeres como se evidenció. En este sentido, podría concluirse que si bien más de la mitad de los varones elige ficción y literatura, en ellos se advierten otras preferencias literarias. Por ejemplo, disfrutan de la no ficción: ensayo, biografía, divulgación científica e investigación periodística en una proporción considerable (28%) con respecto a las mujeres (9%), ya que ellas están concentradas en la ficción. Nuevamente, este dato guarda coherencia cuando se analizan las respuestas sobre contenido televisivo: las mujeres miran programas vinculados con la ficción mientras los varones consideran otras alternativas.

Otro dato interesante que se desprende de los resultados es que la categoría autoayuda, espiritualidad y superación si bien se aleja bastante de la mayor frecuencia, es el segundo tipo de lectura que eligen los jóvenes (esto será corroborado en breve cuando se vea cuáles títulos han leído recientemente). Para pensar estos datos en contexto, recuérdese que en Antecedentes se señaló que la literatura de ficción es la favorita del público lector, y dentro de las generalidades, los libros de autoayuda –leídos especialmente por mujeres y sujetos de nivel socioeconómico medio y alto–. Además, se dijo que las ciencias sociales adquieren relevancia en buena medida por la lectura relacionada con la actividad académica, y que los libros religiosos son frecuentemente leídos en República Dominicana y Brasil. En suma, el tipo de lectura que eligen los jóvenes está dentro de las regularidades empíricas de la región (CERLALC 2008,

2010, 2012a, 2013b). También se corrobora esta tendencia al revisar la ENHL 2011: sin duda, los géneros literarios más leídos por los argentinos son la novela y el cuento.[80]

Para una mejor representación gráfica se agruparon las categorías con mayor nivel de ocurrencia: ficción –ficción y literatura junto con novela gráfica–, no ficción –ensayo, biografía, divulgación científica e investigación periodística– y autoayuda con religiosidad (que no son lo mismo pero aún así se juntaron dada su carga 'espiritual', y en ocasiones porque su contenido difuso no permite catalogación).[81] Si se toman las respuestas totales agrupándolas en dichas categorías, podría resumirse que el 74% de los jóvenes lee ficción, el 16,5% lee no ficción y el 9,5% lee autoayuda y/o

---

[80] No obstante, el tema preferido es la historia (88%) y luego la literatura (79%). Le siguen las humanidades y ciencias sociales (71%). Dentro de las generalidades, los libros de autoayuda son los más leídos (34%), especialmente por las mujeres y los lectores de nivel socioeconómico medio y alto. (SInCA 2012). Es importante reiterar que el sistema de categorías del relevamiento nacional no es excluyente, por eso algunos datos resultan altos en términos proporcionales.

[81] Hace algunos años la noción de "libro de autoayuda" estaba más clara porque no era tanta la proliferación y divergencia de títulos. Hoy abundan contenidos bastante disímiles que conviven bajo la misma temática. En este sentido, qué tienen en común *El libro de la sabiduría* de Osho con *Economía 3D* de Martín Lousteau, o bien, ¿los libros de Pilar Sordo o Gabriel Rolón son de autoayuda o divulgación científica? Si bien algunas librerías amplían el género "autoayuda, espiritualidad y superación", no obstante, conviven títulos cuya temática es diferente en las secciones de Psicología, Medicina, Empresa y Divulgación Científica –de hecho, que un mismo libro puede estar en varias de ellas–. Respecto del modo en que las tiendas deciden si un libro se ubica en Autoayuda, depende si el título pertenece a alguna de las editoriales especializadas en el género, y en ese caso va directamente a esas estanterías –por ejemplo, Ediciones Urano y Gaia Ediciones–. En otros casos, las editoriales cuentan con sellos específicos o colecciones dedicadas exclusivamente al género, aunque puede ocurrir que un mismo sello tenga varias colecciones, consideradas de autoayuda o de otro género según el criterio del responsable de la tienda. Por ejemplo, el Grupo Santillana cuenta con el sello Alamah que publica "temas de sobrenatural, autoayuda, religiones, espiritualidad, desarrollo humano, esoterismo, superación personal, medicina alternativa, relajación, feng shui, yoga y culturas orientales" (Penguin y Random House. http://goo.gl/YNNz1j). Y RBA que publica con el sello Integral sobre meditaciones terapéuticas, alimentación ecológica y pseudociencias como la iridología (RBA Libros. http://goo.gl/NKYzIe).

religión. Por último, la prueba de independencia indica que el tipo de lectura se relaciona con el sexo de los jóvenes lectores; en este sentido, el siguiente gráfico permite comparar preferencias literarias de mujeres y varones:

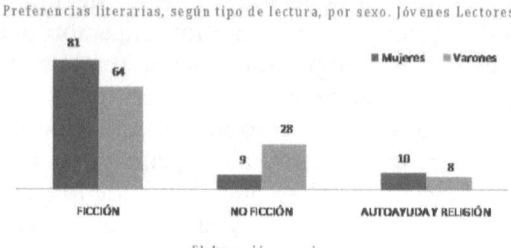

Preferencias literarias, según tipo de lectura, por sexo. Jóvenes Lectores.

Elaboración propia.

Por otra parte, se indagó en el género literario preferido. Para ello se conformó una subpoblación a partir de quienes eligieron "ficción y literatura" en la variable anterior, y se les preguntó qué genero prefieren leer. Se entiende que los géneros literarios clasifican las obras literarias según su contenido, y que tradicionalmente se los divide en tres grandes grupos: narrativa –cuento, novela, fábula–, lírica y drama. El sistema de categorías utilizado contempla *géneros de ficción por temáticas*: policial, terror, romance, aventuras, etcétera.

Los géneros policial y detectivesco y fantasía presentan mayor frecuencia entre los jóvenes (22%). Para el género policial, los varones son los principales lectores (37%) duplicando la proporción de mujeres; al interior de los grupos etarios se observa que los jóvenes-adultos de ambos sexos tienden a preferir los policiales más que el resto. Con respecto al género aventura, fantasía y viajes, tanto mujeres como varones refieren escogerlo en igual proporción. No obstante, por grupos etarios aparecen algunas singularidades: casi el 33% de las mujeres menores gusta del género, quienes impulsan esta categoría, y luego el 26% los varones mayores.

Descendiendo considerablemente, aparecen los otros géneros. Así, el romance es una elección característica del sexo femenino: el 24% de las mujeres lo prefiere y apenas un 2% de los varones. Entre las mujeres, la tendencia indica mayor incidencia en las menores de 25 años (26%). Luego, el 16% de los jóvenes prefiere el terror, suspenso e intriga; mientras el 20% de las mujeres lee este género, lo hace sólo el 9% de los varones. Se destacan bastante las mujeres mayores (29%) y los varones mayores (13%) respecto de los más jóvenes. Podría inferirse que también la edad define la preferencia de este género. Luego, la ficción histórica es elegida por el 13% de los jóvenes; en el grupo de mujeres la diferencia en las respuestas es poco notable: las menores (12%) superan en dos puntos porcentuales a la mayores. En tanto entre los varones la brecha entre los grupos etarios es más notoria: se destacan los varones menores con el 22% frente a los mayores (13%). Como regularidad podría decirse que los jóvenes-plenos tienden a preferir la llamada "novela histórica" en mayor proporción que los mayores. Considerando el total de lectores se advierte que para el género de la ciencia ficción las preferencias bajan significativamente respecto de las categorías recién mencionadas: apenas el 6,5% opta por este tipo de lecturas. Si bien los varones (9%) superan en cinco puntos porcentuales a las mujeres, esta preferencia literaria se hace aún más marcada en los varones menores de 25 años (13%). Por último, el género humor sólo es elegido por los varones (4%); no obstante, en la variable anterior se observó que era mínima la cantidad de universitarios que optaron por la novela gráfica o los comics, que si bien no son necesariamente humorísticos, hay una tendencia a considerarlos dentro del género.

Una conclusión es que en *tipo de lectura* los jóvenes están muy concentrados en un par de categorías, mientras que en *género* se distribuyen de forma más pareja. Podría inferirse que mientras sea ficción los géneros tienden a variar.[82] Cabe señalar que la prueba de independencia indica asociación entre género literario y el sexo de los jóvenes. Precisamente se elaboró un gráfico tomando los géneros más elegidos para comparar las preferencias en mujeres y varones:

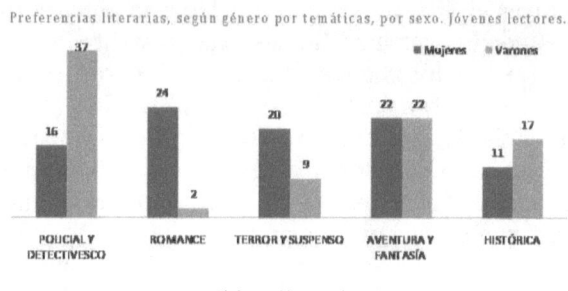

Elaboración propia.

Título del último libro leído por placer

Después de haber indicado qué tipo de lectura y género prefieren para su tiempo libre, se les solicitó que indicaran el título del último libro leído por placer. Cabe señalar que este interrogante no se considera en las Encuestas Nacionales de Lectura. Sin embargo, se encontraron los estudios

---

[82] Si bien se dificulta comparar con los resultados de la ENHL 2011 porque los sistemas de categorías son diferentes, se cotejó con las elecciones de los jóvenes en la variable *temáticas leídas, frecuente o esporádicamente* en los lectores actuales. Así resulta que el 44% lee policial y el 37% lee misterio y terror. En estas dos temáticas la diferencia entre mujeres y varones no es tan marcada como en el propio relevamiento, pero sí entre los grupos etarios: los menores leen menos policial y más terror que los mayores –en uno y otro caso, la distancia es de aproximadamente diez puntos porcentuales–. Y lo que se denomina romance, aventura y novela histórica –dentro de literatura– en el mencionado 79% de los casos. (SinCA 2012). Es importante reiterar que el sistema de categorías empleado en el relevamiento nacional no es excluyente, por eso algunos datos resultan enormes y difíciles de equiparar.

del SNCC 2004 y 2006[83], y un relevamiento periódico del Gobierno de la Ciudad que indagan estas cuestiones –éste mantiene una perspectiva de mercado desde el lado de la oferta y no del consumidor–.

Al procesar las preguntas abiertas –porque los jóvenes debían escribir el título del libro– se halló que el 66% elige un título de ficción. En esa proporción se corrobora la mayor predisposición de las mujeres hacia la ficción respecto de los varones, cuyas elecciones son más parejas. En cuanto a los libros leídos, del mismo modo que en los relevamientos mencionados, se observa una importante y heterogénea dispersión de títulos. No obstante, la incidencia de las menciones es absolutamente coherente con el apartado anterior donde se evidencian las preferencias literarias: en primer lugar la ficción, luego la no ficción y en tercer lugar el autoayuda. También se pudo corroborar los gustos literarios en cuanto a los géneros por temáticas: quienes leen ficción prefieren el policial y la fantasía.

A continuación, se presentan los libros mencionados. El orden en el que aparece cada título indica la incidencia de la respuesta. Sin embargo, no fue posible otorgarles una frecuencia relativa debido a la gran cantidad de casos polarizados, aunque sí puede decirse que las principales reiteraciones están concentradas en un cuarto de la muestra.

---

[83] Según dichos relevamientos –en base a 1684 casos, encuestados que leyeron un libro el último año–, los títulos que se reiteran son *La Biblia*, *El Código Da Vinci* de Dan Brown, *El Alquimista* de Paulo Cohelo, *Harry Potter* de Rowling, *Martín Fierro* de José Hernández, *Crónica de una muerte anunciada* y *Relato de un náufrago* de García Márquez, *El túnel* de Ernesto Sábato, *El señor de los anillos* de Tolkien, *El fantasma de Canterville* de Oscar Wilde, *El camino de las lágrimas* de Jorge Bucay, *Mi planta de naranja lima* de Vasconcelos, *Argentinos* de Jorge Lanata, y *El extraño caso del Dr.Jekyll y Mr.Hyde* de Stevenson. Los porcentajes son pequeños y dispersos, por ejemplo dice haber leído *La Biblia* el 5%, a *Harry Potter* y *El Alquimista* el 3,5%, *El Código Da Vinci* el 2,5% y el listado continúa de forma heterogénea y dispersa (SNCC 2004; 2006). [Considerando estos títulos de mediados de siglo, los jóvenes del propio relevamiento han mencionado varios de éstos.]

Dentro de las menciones más reiteradas encabeza el listado *El psicoanalista* (2003) de John Katzenbach. Resulta ser el último título leído por los universitarios en la mayoría de los casos, y el más vendido del autor. La novela se estructura en capítulos más bien cortos, en los que un personaje principal pone a prueba su capacidad para evitar su propio suicidio frente a la presión de un desconocido. Del mismo autor, aunque en una proporción bastante menor, los jóvenes han comentado leer *El profesor* (2012), otra novela policial con importantes elementos de suspenso. Katzenbach es conocido por sus novelas de intriga psicológica y grandes dosis de acción que obtienen un enorme éxito comercial internacional. Varios de sus textos han sido llevados al cine, y en ocasiones, ha sido él mismo el encargado de elaborar el guión. Cabe resaltar que en ambos textos se incluye el suicidio como alternativa ante un conflicto que sus protagonistas deben resolver. Hasta la fecha, ambos libros se comercializan en tiendas de consumo masivo y ocupan los anaqueles de la cadena Farmacity. En segundo lugar, los jóvenes han leído la primera y –hasta el momento– única novela del conocido licenciado en Psicología Gabriel Rolón, *Los padecientes* (2010). Ésta cuenta la historia de una psicoanalista que se ve envuelto en un enredo policial de intriga y suspenso tras acompañar a una de sus pacientes en el descubrimiento del asesino de su padre.

Véase que estas primeras menciones pertenecen al subgénero thriller psicológico. Éste suele presentar un enfrentamiento no físico entre los personajes, en el que la inteligencia, el aspecto intelectual y los juegos mentales tienen un rol central. Los personajes suelen ser médicos/psiquiatras/psicólogos, policías/detectives, abogados y amantes. La intriga y el suspenso, así como elementos del género policial, se encuadran en un ámbito psicoterapéutico. Aunque con un nivel de incidencia bastante menor que los anteriores, los jóvenes han leído *Un año con Schopenhauer* (2008) de Irvin Yalom. Se trata de una novela cuyo protagonista, un psicoterapeuta de 65 años, descubre que tiene una enfermedad terminal. Decide rastrear a un antiguo paciente, su único fracaso como terapeuta, para ofrecerle una segunda oportunidad, quien lo introduce al pensamiento de Schopenhauer. La trama es el recorrido vital de un hombre sensible a quien la inminencia de la muerte lo lleva a hacer un balance de su vida. Si bien no pertenece al género policial, también aquí el relato se enmarca en un consultorio psicoterapéutico, con un marcado vocabulario psicoanalítico, y como personajes, nuevamente: el analista y su paciente.

Según el orden de reiteración, los jóvenes lectores han comentado leer *La reina en el palacio de las corrientes de aire* (2007) de Stieg Larsson. Ésta es la tercera entrega de la sueca trilogía "Millennium" cuyos títulos anteriores son *Los hombres que no amaban a las mujeres* (2005) –que también indican en una proporción semejante– y *La chica que soñaba con una cerilla y un bidón de gasolina* (2006). Si los títulos mencionados son el inicio y el desenlace de una historia que forma parte de una trilogía, cabe suponer que los jóvenes han leído o leerán el segundo de los libros. Los textos recrean el clásico ambiente de suspenso, misterio e intriga: un policial típico de novela negra –estilo Agatha Christie–. Los personajes principales son un joven periodista y una hacker de 24 años, estereotipada y algo conflictuada, que con la colaboración de los investigadores de la revista Millennium deben resolver un crimen; en la última entrega, la protagonista planea su venganza. Tal ha sido el fenómeno mediático de la trilogía, que después de ser llevada al cine sueco, se realizó una remake norteamericana en 2011.

En una proporción similar, los jóvenes lectores mencionaron a la saga de vampiros "Crepúsculo" de Stephenie Meyer. Específicamente nombraron *Luna nueva* (2006) –la segunda entrega– y *Amanecer* (2008) –el último de los títulos–. La saga incluye otros dos títulos *Crepúsculo* (2005) y *Eclipse* (2007). Cada uno de ellos vende millones de ejemplares atrayendo a lectores adolescentes y adultos en varias regiones. La novela describe el conflicto interno sufrido por el protagonista masculino cuando reflexiona el riesgo que supone convivir con el mundo vampírico para su amada humana. En el mercado del libro se anuncia a Meyer, escritora que apunta hacia el segmento juvenil, la posible sucesora de la novelista J.K. Rowling, creadora de "Harry Potter". Aunque en una proporción menor, los jóvenes también han comentado leer las aventuras del joven mago. Vale mencionar que tanto "Crepúsculo" como "Harry Potter" han sido pensados inicialmente como literatura juvenil, aunque el público lector se ha prolongado más allá de los límites etarios.[84] Precisamente, un estudio de Publishers Weekly (2012) revela que poco más de la mitad de los lectores de literatura juvenil está fuera del rango de edad al que supuestamente pertenecen estos libros –el principal segmento yace entre los 30 y 44 años, quienes representan un 28% de las ventas–. En ese relevamiento, cuando se les preguntó para quienes compran estos libros, el 78% de los encuestados dijo que lo hace para la propia lectura.[85]

En los últimos años la literatura infanto-juvenil ha tenido un importante crecimiento en publicaciones. A este tipo de lecturas se las denomina con la sigla YA –Young

---

[84] Desde la aparición en 1997 de *Harry Potter y la piedra filosofal* –editada dos años después en castellano por Emecé–, Rowling comenzó a ser premida, generalmente, en la categoría Libro Infantil. Incluso fue galardonada por *Harry Potter y el misterio del Príncipe* en 2006 con el British Book Award –tal vez, el premio más importante que otorga la academia inglesa–. (National Book Awards. Author of the Year. http://goo.gl/CHPnVo. Cf. "Premios a los libros de Harry Potter". *Hogwarts*. http://goo.gl/KAb748).

[85] Ello significa que si bien estas narraciones han sido escritas para lectores de 12 a 17 años, poco más de la mitad de los lectores son mayores de 18 años. Por otra parte, el 30% de los encuestados comentó que estaba leyendo *Los juegos del hambre* y el 70% restante reportó una gran variedad de títulos –más de 220–, sólo dos de los cuales superaron el 5% de las ventas totales: *Amanecer* y *Harry Potter y las Reliquias de la Muerte*. (Aunque esta encuesta reporta datos del mercado norteamericano, valen como referencia, sobre todo al cotejar que los universitarios del propio estudio siguen las mismas pautas de consumo que el resto de los jóvenes.) (Publishers Weekly. "New study: 55% of YA Books Bought by Adults". 13-09-2012. http://goo.gl/1Asbtf).

Adult–, acuñada por los medios y los mismos lectores.[86] Parte de su éxito coincide con el surgimiento de espacios en la Red donde jóvenes de todo el mundo escriben y elaboran videos opinando sobre títulos recientes. Por ejemplo, en la plataforma Youtube, los llamados *booktubers* se encargan de presentar y reseñar libros juveniles así como de mostrar sus bibliotecas personales y recomendar cómo debe iniciarse en la práctica un futuro booktuber.[87] Otras prácticas que ganan adeptos entre el colectivo juvenil, compatibles con dicha plataforma, son el *booktalk* –conversaciones sobre libros que involucran a varios lectores–, y el *bookhaul* –presentación de las novedades editoriales y de las últimas adquisiciones de los mismos booktubers–. Lo cierto es que los grandes sellos aprovechan esta difusión casi gratuita aliándose con estos jóvenes lectores al enviarles ejemplares de prensa para reseñar e invitarlos a eventos literarios específicos como presentaciones de libros y firmas de autores.

Considerando estas prácticas aparece un tipo de *comunidad interpretativa virtual* que guarda un reducido espacio para la tradicional lectura individual y silenciosa, girando más bien en torno de la lectura participativa y colaborativa. En este sentido, además debiera mencionarse el fenómeno insipiente *fanfiction*. Por ejemplo, fanáticos de "Crepúsculo"

---

[86] Se discute acerca de cómo debe rotulársela considerando que su público es muy abarcativo. The Slate Book Review polemizó al respecto con el artículo "Against YA: Adults should be embarrased to read children's books" (Graham, Ruth. "Against YA". 05-06-2014. *The Slate Book Review*. http://goo.gl/wwz1hc).

[87] Las booktubers constituyen una comunidad formada por amantes de los libros, que graban videos hablando de literatura y de las acciones cincundantes al libro: desde el deseo y la espera de una nueva entrega, las formas de adquisición, hasta el coleccionismo y el almacenamiento. Se quejan de la falta de dinero, tiempo y espacio, de las malas ediciones y el exceso de novedades. Son carismáticos, ocurrentes e histriónicos; varios leen en el idioma original los libros que recomiendan. Constituyen verdaderos facilitadores de lectura. Como ejemplo de booktubers reconocidos, podría mencionarse a Christine de PolandBananasBOOKS, con más de 100 mil seguidores, y JesseTheReader que superó los 50 mil suscriptos. En el siguiente enlace, un blogero recomienda a booktubers argentinos: http://goo.gl/aeOcNG

han escrito un blog que origina el libro *Cincuenta sombras de Grey* de E.L.James –que los jóvenes del propio relevamiento también comentaron leer, aunque en una proporción baja–.[88] Otra acción que da cuenta de la alianza entre lectores y productores es la reciente iniciativa de los productores de esta misma saga que estimula el envío de narraciones para continuarla.[89] ¿No podría considerarse estas modalidades, la versión moderna de lo que fue la participación de los lectores en la novela del siglo XVIII mediante el envío de cartas a los autores? Incluso el fenómeno de las blognovelas, que ya tiene varios años en el circuito literario virtual, se caracteriza por la participación activa –y en ocasiones, colaborativa– de sus lectores, y por la inmediatez entre la escritura y la recepción al constituirse por entregas. Precisamente, la ficción por entregas y el folletín fueron un paso en el camino de la profesionalización de los escritores en la literatura (Sarlo 2004). En este sentido, puede considerarse que si hasta el siglo XX los diarios fueron una primera etapa

---

[88] La idea nace entre 2009 y 2011 como un escrito de fanfiction realizado por seguidores de "Crepúsculo", entre las que se encontraba E.L. James. El acceso a estos textos era gratuito y podía hacerse a través de fanfiction.net. La escritora británica, basándose en la historia de amor de los protagonistas de la novela de Meyer, compartía los capítulos que escribía, los cuales terminaron conformando la trilogía "50 sombras de Grey". Al principio, el compendio de capítulos se llamó Master of the Universe, hasta que la editorial adquirió los derechos de la publicación y los relatos fueron retirados de la Red. Finalmente, la autora y los editores decidieron readaptar los escritos originales y eliminaron las referencias a la saga Crepúsculo. ("Cincuenta sombras de Grey: 5 cosas que deberías saber". 14-04-2013. *Melty.es* http://goo.gl/7ZXG1r).

[89] Stephenie Meyer, la autora de "Crepúsculo" y Lionsgate Entertainment , la productora de su adaptación cinematográfica, acordaron con Facebook para que durante 2015 se estrenen en la red social cinco cortometrajes. A través del concurso "The Storytellers: New Creative Voices of The Twilight Saga" se elegirá a cinco directoras que escribirán las nuevas historias. Las elegidas serán seleccionadas por los votos del público pero también por un jurado de expertas compuesto íntegramente también por mujeres, entre las que se encuentra la propia escritora, las actrices Kate Winslet, Julie Bowen y Octavia Spencer, la protagonista y la asociación Women In Film Cathy Schulman. (Bishop, Brian. "New 'Twilight' Short Films Are Coming to Facebook". 30-09-2014. *The Hollywood Reporter.* http://goo.gl/80nKL0).

para la publicación de las novelas en formato libro, a partir del siglo XXI las publicaciones en Internet podrían estar cumpliendo ese mismo cargo.[90] En suma, la participación de los lectores en el proceso de creación y la entrega periódica de literatura parecen tener orígenes antiguos. Si bien los jóvenes encuestados no revelaron participar de estas comunidades –recuérdese que cuando se les preguntó por quiénes son sus recomendadores, sólo el 2% hizo referencia a las comunidades virtuales–, los títulos que han citado circulan por estos espacios. No obstante, podría sugerirse que se trata de un nicho de mercado compuesto por un público ávido de novedades, leal y socialmente activo.[91]

De acuerdo con las reiteraciones de los universitarios, debe señalarse a la novela de la reconocida escritora chilena Isabel Allende, *El cuaderno de Maya* (2011). La historia cuenta las peripecias de una joven, abandonada por sus padres, y que perdida en el mundo del alcohol y las drogas, paulatinamente se abre paso hacia una nueva vida. Este libro es muy distinto a lo que Allende había estado escribiendo, puesto que agrega rasgos de *suspense* dejando el

---

[90] Por otra parte, la blognovela tiene un formato en el que los posts reemplazan lo que antes estaba organizado en capítulos. Tanto el lector de los folletines como el de la blognovela pueden llegar a una obra en una entrega cualquiera y por tanto, "agarrar la novela empezada", razón por la cual en cada una se actualiza dónde se encuentra la narración, cuáles son los personajes que están actuando en ese momento o qué pasó en el pasado inmediato. La diferencia entre el folletín y la blognovela radica en la forma de actualización. Mientras que en el folletín se halla una síntesis de los hechos y descripciones de los personajes, las blognovelas resuelven la entrada de esta información con hipervínculos en los nombres de los personajes. (Ravettino Destefanis 2011).

[91] Ciertamente, estos lectores de libros YA son un grupo demográfico codiciado en el mercado del libro. Según un estudio de Bowler (2012), estos lectores son "los primeros en adoptar" –por ejemplo, la lectura de libros electrónicos–; "comprometidos" –puesto que si el título que buscan no está en formato electrónico, lo compran en papel–; "leales" –porque tienden a leer los libros anteriores del autor–; y son "socialmente activos" –aunque más de la mitad de los encuestados reportó no participar en un grupo de lectura, son activos en las redes sociales y a menudo reciben las recomendaciones de amigos–. (Bowker Market Research. "Young Adult Books Attract Growing Numbers of Adult Fans". 13-09-2012. http://goo.gl/Jxr1ME).

romanticismo y algo de realismo mágico que caracterizan a sus historias. Por otra parte, las jóvenes lectoras también han comentado leer *La casa de los espíritus* (1982), *De amor y de sombra* (1984), *Paula* (1994), *Retrato en sepia* (2000) e *Inés del alma mía* (2006) de la misma autora. Si se considera la reiteración de *El cuaderno de Maya* y se agregan estos otros títulos, Allende se constituye como la principal autora leída por las jóvenes.

Siguiendo el orden de menciones, cabe nombrar *Lo que dicen tus ojos* (2011) de Florencia Bonelli. Ésta es la primera novela y una de las más populares de la autora. El argumento cuenta la historia de una joven periodista que sufre un desengaño amoroso, y que para recuperarse acepta un puesto en la embajada de su país en Ginebra. Es una novela romántica e histórica que, ambientada en los desiertos y palacios árabes, cuenta la historia de la familia Al Saud que tiene su continuación en la trilogía *Caballo de Fuego* (2011 y 2012) –que incluye París, Congo y Gaza– que las jóvenes también mencionan, así como la bilogía *Indias Blancas I y II* (2005).[92] Ciertamente, Allende y Bonelli apuntan al segmento femenino, escriben ficción típicamente para mujeres jóvenes-adultas. Como rasgo común, en sus relatos suele aparecer una historia romántica con enredos familiares a través de sucesivas generaciones, y el contexto histórico que la enmarca. Las lectoras encuentran en estos libros una cuota de romanticismo que evade y una de contenido socio-histórico que enseña.

Si bien los anteriores son los libros con mayor incidencia de respuesta dentro de la población de mujeres, vale señalar otra historia típicamente femenina, *Orgullo y prejuicio* (1895) de Jane Austen, publicada por primera vez en 1813 como obra anónima. Esta clásica historia de amor y

---

[92] Entre los autores de ficción preferidos en el país, durante 2011 estuvo en el tope de las listas de ventas la cordobesa Bonelli, cuya saga romántica "Caballo de Fuego" se mantuvo ese año entre los diez libros más pedidos. ("Autores argentinos que más libros vendieron en 2011". 10-01-2012. *Fortunaweb.com* http://goo.gl/FlpNaz).

malentendidos que tiene lugar en la clasista Inglaterra de finales del siglo XVIII ha sido adaptada a programas de televisión y películas en varias ocasiones. Recientemente, en 2005, tuvo una amplia difusión a nivel mundial por su última adaptación al cine. En esta narración podrían encontrarse el romanticismo y el contexto histórico que caracterizan a las novelas de Bonelli, así como una galería de personajes que conforman un sutil retrato de época: los vaivenes sentimentales y el análisis de las relaciones humanas sometidas a un rígido código de costumbres.[93] Estas narraciones son, para las mujeres de hoy día, como las novelas sentimentales lo fueron para las muchachas de principios de siglo XX: "textos serviciales: dóciles a la lectura, aproblemáticos, centrados sobre el democrático mundo de la emoción" (Sarlo 2004:29). ¿Acaso Madame Bovary no leía novelas románticas para evadirse, entre otras cosas, del tedio que le producía la vida cotidiana? Como tantas mujeres, ella imaginaba a través de los libros historias de amor que se anudaban a sus propias fantasías.

También con varias menciones y sin distinguir mayor predisposición entre varones y mujeres, se encontró un clásico de la literatura nacional: la célebre *Rayuela* (1963) de Julio Cortázar. Como es sabido, se trata de una narración introspectiva mediante el monólogo interior de su protagonista. El estilo narrativo juega con la subjetividad del lector y tiene múltiples finales. Es considerada una de las primeras obras surrealistas de la literatura argentina cuya aparición revolucionó la novelística castellana: por primera vez, un escritor transgredía el orden tradicional de una historia y

---

[93] La BBC llevó a cabo la encuesta The Big Read en el Reino Unido en 2003, para conocer la novela más querida de todos los tiempos por los ingleses. En base a más de 750 mil votos del público, *Orgullo y prejuicio* quedó en segundo lugar, después de *El Señor de los Anillos* (1954). En quinto lugar aparecía *Harry Potter y el cáliz de fuego* (2000), el cuarto libro de la saga. (The Big Read. Top 100". http://goo.gl/qPjYXi). Los jóvenes del propio relevamiento han leído las novelas predilectas de los ingleses. ¿Gustos globalizados o intereses comunes generacionales?

el lenguaje para contarla –de allí que suele llamársela 'antinovela' aunque el mismo Cortázar prefería denominarla 'contranovela'–. Se destaca del resto de los títulos mencionados por el año de publicación, además de convivir con narraciones muy diferentes desde el punto de vista estético y argumentativo. Actualmente es una de las novelas más vendidas, y lo más importante: el principal público es joven, fenómeno que sorprendió al mismo Cortázar en su momento.[94]

Tanto el texto de Allende como el de Cortázar, podrían pensarse como novelas autorreferenciales –sin duda, muy diferentes desde lo estético y estilístico– en las cuales el lector encuentra una voz narrativa verosímil. En este sentido, conviene señalar que en pocos casos han mencionado *La insoportable levedad del ser* (1984) de Milan Kundera, reeditada hasta la actualidad cada año: un auténtico long seller. Ambientada en Praga durante 1968, trata de un hombre y sus dudas existenciales en torno a la vida en pareja. La novela relata escenas de la vida cotidiana trazadas con un

---

[94] Al respecto merece transcribirse una relexión: "Cuando yo escribí Rayuela jamás pensé que estaba escribiendo un libro cuyos lectores de elección serían sobre todo los jóvenes. Yo escribí un libro para la gente de mi edad. Cuando apareció el libro, la gente de mi edad no lo entendió. Las primeras críticas que naturalmente estaban a cargo de ellos, porque eran los que firmaban en los periódicos fueron muy negativas, atacaban duramente el libro, y en ese momento comenzó a ser leído por los jóvenes, y ahí el libro encontró quizás su destino último, que se mantiene así a lo largo de dos décadas [1983]. De modo que para mí es una admirable recompensa. ¿Sigue siendo el libro que te llevarías a la isla Proverbial? Creo que sí. ¿Por qué, a pesar de todas las otras cosas que has escrito? El otro día me hicieron una pregunta equivalente, y dudé un momento porque como llevo escritos tal vez más de ochenta cuentos, una cantidad realmente enorme, ahora me doy cuenta cuando veo todos los libros juntos. Es evidente que yo quiero mucho mis cuentos, estoy muy cerca de ellos, y no los puedo considerar por separado sino que los veo en su conjunto, a lo mejor me llevaría los cuentos a la isla, pero estaría también todo el tiempo pensando en Rayuela." (Julio Cortázar. Entrevista 1983. Librería El Juglar en México, un año antes de su muerte. http://goo.gl/469b1D).

profundo sentido trascendental: la inutilidad de la existencia y la necesidad del eterno retorno de Nietzsche. El texto fue llevado al cine un año después de su publicación.

Entre los títulos que aportan los varones en sus menciones, aparece *Juego de tronos,* novela de fantasía escrita por el estadounidense George R.R. Martin en 1996 y ganadora del premio Locus al año siguiente. La saga, de la que este título forma parte, es conocida por tener personajes complejos, giros violentos y repentinos e intrigas políticas bien desarrolladas. La novela transcurre en un mundo con reminiscencias de la Europa medieval donde la magia y las criaturas míticas del pasado enmarcan las luchas de poder, guerras civiles y una posible amenaza externa. Este volumen inicia la adaptación en cómic con *Juego de tronos*, la primera parte de la saga best seller mundial que ocupa los primeros cuatro volúmenes de esta serie de novelas gráficas. Asimismo, los varones mencionan a *Los juegos del hambre* (2008) de Suzanne Collins. Se trata de una novela de fantasía que incorpora elementos de la ciencia ficción, y que está inspirada en el mito de Teseo con el Minotauro, los juegos de gladiadores romanos y los reallity shows contemporáneos. Pertenece a la saga "Los juegos del hambre" que incluye otros dos títulos: *En llamas* (2009) y *Sinsajo* (2010). La historia se desarrolla en Panem, una civilización postapocalíptica ubicada en la antigua América del Norte, que engloba El Capitolio y trece estados/distritos bajo su control. El Distrito 13 un siglo atrás inició una rebelión ante El Capitolio; y como castigo y para evitar futuros levantamientos, este último creó un evento anual en el cual los doce distritos restantes deben enviar dos tributos, un varón y una mujer de entre 12 y 18 para que luchen en la arena/bosque hasta que sobreviva uno mientras los habitantes del Panem los mira por televisión. Los temas centrales son la pobreza extrema, el hambre, la opresión y la guerra.

Estos últimos dos títulos que los jóvenes varones comentan ofrecen mundos fantásticos con personajes mitológicos, tramas épicas y sociedades distópicas, pueden englobarse en el subgénero fantasía heroica, donde abundan los componentes mágicos y de aventura, una clara ambientación antigua o medieval y sociedades tecnológicamente atrasadas. En ocasiones estos libros son compatibles con la historieta y los videojuegos. A propósito, si bien una minoría (4%) eligió jugar video-games como actividad de tiempo libre (Punto 3.2) cabe mencionar el modo en que estos juegos evolucionaron al punto de convertirse en piezas de ficción. En *Escenas de la vida posmoderna* (1994) Sarlo analiza los videojuegos clásicos, aquellos primeros *games* surgidos en los años ochenta y consumidos a lo largo de los noventa, como el Pacman o Tetris, los cuales ponían de manifiesto la "lógica de variación y repetición que como ley del juego" y que el secreto estaba en un límite nítido entre ciclos de peripecias y vacio de sentido narrativo. "En cada unidad se gana o se pierde sin que se altere ningún relato... No hay historia sino unidades discretas. El videogame clásico rechaza la narración: el suspenso depende de los cálculos que realice la consola terminado el juego" (1994:52-53). Sarlo ya vislumbraba que el futuro del juego sería abordado por el cruce entre films y games; y en efecto, hoy muchos son diseñados como prolongaciones de las sagas llevadas al cine. En rigor, libros, películas y games se retroalimentan y complementan. Mientras en aquellos primeros juegos se ofrecía un tema, un título y una batería de personajes y la promesa de una historia sin ficción, actualmente hay relatos que continúan la ficción del libro que les sirve de soporte. ¿Sería oportuno sugerir que los jóvenes canalizan su necesidad de ficción también en el consumo de este tipo de video juegos?

Lo cierto es que la industria del entretenimiento ha sabido incorporar los textos originales: en el caso de *Los juegos del hambre*, Collins trabajó en el guión original y la canadiense Lionsgate Entertainment adquirió los derechos para la distribución mundial de la película; en tanto los textos de Martin de *Juego de tronos* fueron adaptados para la serie que la cadena HBO desarrolló y distribuyó en cuatro temporadas. Si bien la industria del cine lleva adaptando libros e historias conocidas desde sus orígenes, la tendencia más marcada aparece hacia 2001 con la adaptación a la gran pantalla de "Harry Potter". Podría decirse que la sucesora de la saga del niño mago fue la saga de corte paranormal "Crepúsculo" en 2008, y la saga que le siguió es "Los juegos del hambre" en 2012. Resulta que estos textos YA son compatibles con un fenómeno reciente de la industria: *4-quadrant movie*. Como los libros, las películas apuntan a públicos amplios repartidos en cuatro cuadrantes: mujeres y varones, mayores y menores de 25 años.[95] Asimismo, la publicación de cada título se convierte en un acontecimiento por sí mismo. Sólo así se explica, por ejemplo, el gran show global que se organiza en cada nuevo lanzamiento, y que sólo en 24 horas se vendan millones de ejemplares en el mundo. ¿Es sólo curiosidad por saber qué le irá a pasar al personaje de la saga? Indudablemente, este fenómeno se explica por el deseo de pertenencia: formar parte de una comunidad de interpretación y experimentar un encuentro con pares.

En términos literarios, como rasgo característico, podría decirse que las lecturas de estas narraciones son realizadas desde disposiciones estéticas y hábitos culturales con un nivel reducido de incertidumbre; precisamente, así funcionan las narraciones en serie. Para el mercado significa asegurar la rentabilidad, pero para los jóvenes, ¿no es también reducir riesgos de lectura? y/o ¿podría tratarse de un fenómeno de fanatismo juvenil e identificación con las historias de los personajes?

Los señalados hasta el momento son libros de ficción. Como se dijo, los jóvenes han sido coherentes en indicar los títulos recientemente leídos en función de sus gustos. Por ello, con un nivel de incidencia menor aparecen luego los libros de no ficción. Como ejemplo, el más reiterado es la biografía del reconocido creador de Apple, *Steve Jobs* (2011).

---

[95] Al respecto se recomienda leer "What makes a four-quadrant film? 10 essential elements" en *ScreenCraft* en http://goo.gl/KF7H1e

El autor entrevistó en más de cuarenta ocasiones a Jobs durante dos años, así como a las personas de su entorno: familiares, amigos, adversarios y colegas de Apple. Publicó la biografía de uno de los íconos indiscutibles de este tiempo, quien si bien colaboró con el libro, no pidió ningún control sobre el contenido, ni siquiera el derecho a leerlo antes de la publicación. El sello editorial puso énfasis en la promoción de la obra haciendo coincidir el lanzamiento del libro con la fecha del fallecimiento de Jobs. Por otro lado, la no ficción de tipo ensayístico: los universitarios mencionaron haber leído *Patas arriba. La escuela del mundo al revés* (2010) y *Las venas abiertas de Latinoamérica* (1971) de Eduardo Galeano.[96] En tanto, de divulgación y revisionismo histórico, los universitarios comentaron haber leído *Mujeres tenían que ser* (2011) y *Mitos de la historia argentina* (2004-2013) de Felipe Pigna. Precisamente, durante los últimos meses de 2011 encabezó la lista de los más vendidos el historiador Felipe Pigna que publicó *Mujeres tenían que ser* (Planeta), que toma como eje la figura femenina desde los días de la Conquista hasta 1930, un período ilustrativo de las vicisitudes vividas en pos de su emancipación. Otras menciones menores han sido *Economía 3D* (2010) de Martín Lousteau, que lideró las ventas en la Feria del Libro de 2011, y *Freakonomics* (2006), una colección de artículos de economía, de Levitt y Dubner. En ambos casos, los autores son jóvenes economistas mediáticos que hacen divulgación científica en un lenguaje llano, estableciendo una relación cercana con su público lector y/o televidente. Precisamente, tomando como referencia las ventas de 2012, los libros de no ficción vinculados a la política y a la historia reciente del país fueron los más vendidos durante ese año, marcado por

---

[96] Recientemente se comprobó un fenómeno similar al de Steve Jobs: la obra de Galeano, de ocupar el puesto N° 65 mil de la editorial Aguilar, subió al décimo lugar tras su fallecimiento. En rigor, este es un fenómeno predecible, ocurrió el mismo boom de ventas con la muerte de García Márquez (2014) o de Benedetti (2009). ("La muerte de Eduardo Galeano dispara las ventas de sus obras." 18-04-2015. *RPP Noticias*. http://goo.gl/d0kHqp).

las elecciones nacionales y los últimos coletazos de los festejos del Bicentenario. Según el ranking que presentó oportunamente la Revista Fortuna, a partir del relevamiento de ILHSA en sus puntos de venta El Ateneo y Yenny, de los diez primeros puestos, cuatro pertenecen a los argentinos Luis Majul, Sandra Ruso, Martín Lousteau y Gabriel Rolón –los dos últimos, leídos por los jóvenes universitarios–.

Finalmente, el género de autoayuda. Sin duda, las mayores reiteraciones corresponden a otros dos libros del licenciado Gabriel Rolón, pero en esta oportunidad no se trata de ficción, sino de un compendio con relatos de sus propios pacientes de la clínica psicoanalítica. El psicólogo y autor escribió y publicó *Historias de diván* (2008) y *Encuentros. El lado B del amor* (2012), ambos compilan una serie de casos de pacientes reales atendidos en su propio consultorio. Asimismo, se nota la presencia de varios best sellers de autoayuda devenidos en auténticos long sellers. Considerados clásicos de la espiritualidad como *La novena revelación* (1993), *Tus zonas erróneas* (1976) y *Mujeres que aman demasiado* (1990) –reeditados recientemente–, y aunque más próximo en el tiempo, *El secreto* (2008). Estos libros asumen que toda la 'ayuda' que los lectores precisan para sus problemas está en ellos, sin necesidad de consultar a un profesional. En este género aparece la idea de repensar los problemas como solucionables o incluso como eventos positivos, y la creencia de que el lector puede solucionar su propia molestia es en sí misma una forma de aliviar el malestar. Asimismo, muchos libros utilizan un imperativo en el título que incita e incluso obliga a la acción. Otro título bastante reiterado es *El Alquimista* (1988) de Paulo Cohelo. Este libro, considerado una paráfrasis de *Las mil y una noches*, cuenta las aventuras de un héroe que busca su tesoro lejos de su hogar, para regresar a él y hallarlo allí mismo, sufriendo durante todo el viaje una transformación sobre su visión del mundo.[97] Considerando el tipo de relato y que originalmente fue publicado por una editorial brasileña dedicada a libros de magia negra y artes ocultas, cabe pensar que este libro está entre el autoayuda y la ficción. Del mismo autor, los jóvenes también mencionan *Verónica decide morir* (1998). Estos libros, así como las novelas romántico-históricas, fueron mencionados por las mujeres con excepción de *El Secreto* y *El Alquimista*, también leídos por los varones.

Cabe decir que cada reencarnación de un libro apunta a un nuevo público. Los clásicos de la literatura así como las reediciones de best seller de literatura y aún de autoayuda que han leído los jóvenes son ejemplo de esto. No obstante, un movimiento como el del boom de la literatura latinoamericana, en los sesenta y setenta, "hoy atraviesa una fase casi residual, donde sólo los consagrados de esos años conservan ese público masivo que se construyó entonces" (Sarlo 1994:136).

Por último, cuando se pidió a los jóvenes que valoraran los títulos leídos, en la mayoría de los casos calificaron positivamente el libro con pocas palabras: "excelente" y "muy bueno", "atrapante" o "me gustó mucho". En varias ocasiones los puntuaron: les asignaron números a modo de calificación. Esto no es un dato menor porque demuestra cierta incapacidad de los jóvenes para relatar una experiencia de lectura propia. Da cuenta además, de su premura por responder e intención por economizar las palabras. ¿Esto no evidencia, en cierta forma, su imposibilidad de expresión escrita y es congruente, al mismo tiempo, con el bajo rendimiento académico –que se observa tempranamente en la prueba PISA así como en las exposiciones orales en las

---

[97] El alquimista fue traducido a 67 idiomas, lo que convirtió a Coelho en el escritor vivo más traducido, según el Libro Guinness de los Récords de 2009. Además ha vendido unos 65 millones de ejemplares en el mundo, encontrándose entre los 50 libros más vendidos de la historia. (Cowles, Gregory. "Inside the List". 08-10-2009. *New York Times*. http://goo.gl/VjRVTU).

aulas–? Al analizar las respuestas de los jóvenes, cabe citar la apreciación de Sarlo en su estudio de la novela sentimental, aunque cabría extendérsela hacia todos los géneros:

[...] el nuevo público medio y popular estaba poco entrenado para realizar operaciones de distanciamiento crítico respecto del material que consumía. Sin embargo, también es difícil atribuirle una actitud por completo cínica, que lo hubiera impulsado a confesar: estoy leyendo pésima literatura comercial, destinada sólo a alimentar mis ensoñaciones y reparar, en lo simbólico, mis frustraciones y carencias (2004:48).

Características literarias y comerciales de los libros preferidos

Como particularidad literaria común en este tipo de libro domina el lenguaje claro, puesto que la exuberancia y la densidad de prosa son enemigos de la gran difusión. Generalmente predomina el contenido sobre la forma, y posiblemente por ello son tan codiciados para la adaptación cinematográfica. En el best seller resulta fácil encontrar estrategias que ofrecezcan una lectura amena marcada por la dosificación de la intriga. En estas obras, con una clara vocación de entretenimiento, predomina la acción sobre la reflexión. En términos estrictamente comerciales, los títulos que los universitarios mencionan en este género y los anteriores están ubicados en el tope de los registros de ventas y pertenecen a los autores considerados más 'exitosos' del mercado del libro.[98] Un relevamiento llevado a cabo en

---

[98] Considerando el relevamiento en librerías de la Ciudad de Buenos Aires, *Encuentros, El lado B del amor* encabeza la lista de los libros de no ficción más vendidos, y *El cuaderno de Maya* y la saga "Caballo de fuego" de ficción. El relevamiento de 2012 indica que los libros que permanecieron dentro de los diez más vendidos desde su publicación son *El cuaderno de Maya*, *El secreto* de Rhonda Byrne, *Diez mujeres* de Marcela Serrano, *Viva la diferencia* de Pilar Sordo, *Steve Jobs* de Isaacson y *Cómo, ¿esto también es matemática?* de Adrián Paenza. (CEDEM; DGEC, Ministerio de Hacienda GCBA 2011; 2012).
Según el BHLyCLE 2012, el mercado español presenta semejanzas respecto

Colombia (2014) en las Universidades de Los Andes y La Javeriana permite corroborar los intereses de los estudiantes en materia literaria. En dicho trabajo, si bien se congratulan respecto de algunas lecturas de calidad ajustadas al canon literario, pero inesperadas en los jóvenes, admiten que las respuestas de los universitarios pendulan entre la propuesta del mercado y los clásicos.[99]

Con respecto a las estrategias de promoción, los libros han sido presentados en importantes eventos organizados por las editoriales. Otras apuestas del marketing incluyen acciones en las Ferias de Libro –con banners, merchandising, firma de autores, etcétera–, el uso intensivo de las redes sociales para la difusión viral, la edición de minivídeos promocionales y de booktrailers subidos a YouTube o Vimeo –imágenes y textos publicados en el ciberespacio que relatan en minutos una trama–, y la tradicional publicación en diarios y revistas con las críticas literarias usuales. En ocasiones, también estimulan la creación de foros de discusión donde se comparten experiencias de lectura y las nuevas formas de difusión como las giras de autores –físicas y virtuales–. Este potente impulso inicial a un mismo bien cultural desde distintos canales de difusión se denomina «promoción cruzada» (Schiffrin 2005). Generalmente, los distintos medios pertenecen a un mismo conglomerado, con lo cual la estrategia comercial resulta obvia. Los libros que reciben este estímulo pronto se convierten en best

---

del nacional. En la lista avalada por la FGEE, sólo 1 de los 25 libros más leídos en 2008, *El secreto* de Rhonda Byrne, responde a la no ficción, en general los más consumidos son novelas. En este sentido, y más próximos en el tiempo, la saga "Millenium" de Stieg Larson encabezó el ranking de libros más leídos, mientras que la saga "Cincuenta Sombras" lo hizo en la lista de novelas más compradas. En literatura infantil y juvenil, la saga "Crespúsculo" aparece entre los más leídos. (FGEE 2012). En suma, las elecciones de los jóvenes están dentro de los libros más vendidos, según los registros nacionales; pero también son congruentes al cotejar con los rankings mundiales. (Cf. "Top-selling 100 books of all time". 01-01-2011. *The Guardian. Data Blog.* http://goo.gl/9rlTho).

[99] Morales, Nicolás. "¿Qué se lee en los Andes y la Javeriana?". 27-03-2015. *Arcadia.* http://goo.gl/VokWSC

sellers. En algunos casos constituyen un componente de venta significativo que fortalece a las editoriales que poseen gran catálogo de fondo y necesitan estos libros para sobrevivir. Ya lo decía Diderot (1764) en *Carta sobre el comercio de libros*: el negocio editorial se mantiene porque de diez libros publicados, con cinco se pierde, con cuatro se recupera la inversión y con uno se gana.[100]

Si bien un best seller es prácticamente impredecible, suele acontecer cuando los libros admiten una pluralidad de lecturas susceptible de interesar a públicos diversos y cuyos gustos se encuentran habitualmente segmentados. En general, son novelas aunque es posible encontrar ensayos entre los más vendidos, por ejemplo, *Historias de diván* del licenciado Rolón. Asimismo, últimamente el género de autoayuda se cruza con la fábula o la divulgación económica originando textos en la línea de *¿Quién se ha llevado mi queso?* de Spencer Johnson (1998) y más recientemente, productos como *El secreto*, de Rhonda Byrne, que sostiene que "aquello que se desea es lo que se tiene" y lo documenta con una serie de entrevistas a gurúes de dudosa procedencia. En este sentido, lo narrativo, la voluntad de presentar los hechos como relato, se da incluso en los best sellers de no ficción. Los testimonios personales que han gozado de gran acogida son generalmente los que ofrecen una presentación novelada. Incluso los grandes libros de autoayuda y superación personal aparecen llenos de historias, anécdotas y microrrelatos referidos a la temática que abordan. Comparten un tono positivo; y sus autores y tramas explicitan el principio de que el ser humano puede enfrentarse a su destino y modificarlo, aunque el mundo sea remediable.

Por su parte, las editoriales intentan producir éxitos instantáneos, básicamente, a través de dos modalidades. Una alternativa es encargando textos fundados en fórmulas

---

[100] Publicado en el blog de Fernando Estevez, *Manual de supervivencia para autores y editores del siglo XX*, "La nueva cadena de valor del libro". 08-09-2014. http://goo.gl/kbZXlg

estereotipadas o miméticas, como los innumerables clones sobre templarios, logias y enigma surgidos al calor de *El código Da Vinci* o la sucesión de novelas sobre vampiros y criaturas sobrenaturales después de "Crepúsculo", que sin duda, están vinculados al horizonte de expectativas atribuidas a un determinado público en un momento dado. Otra alternativa sucede a partir de la presencia mediática de ciertos personajes que *por-ser-famosos* ponen en letra impresa aquello que los ha hecho populares en la televisión. Convertidos de la noche a la mañana en escritores a cambio de un anticipo, sus libros –llamados en la jerga 'de usar y tirar'– suelen ser auténticas burbujas que estallan sin dejar más huella que la de su propia futilidad.[101] En suma, estos libros son objetos reflexivos (Lash y Urry 1998), producto de operaciones estéticas de marketing y de cálculo económico-financiero, que se convierten en propiedad intelectual después de una operación jurídica que los hace circular. En la mayoría de los casos, estos objetos reciben una marca, otra operación estética producida por agencias de publicidad o por personajes mediáticos. Por tanto, los productos de la industria editorial-entretenimiento son triplemente reflexivos: como propiedad intelectual, objetos mercantilizados y bienes publicitados.

Por último, realizando el ejercicio metodológico de tomar los títulos más nombrados por los jóvenes como un corpus de libros para analizar, se establecieron algunas conclusiones comunes:

- Los subgéneros más leídos son el thriller psicológico y la aventura-fantasía épica.
- Dentro del género fantástico, se evidencia un gran predominio de la literatura juvenil con elementos que captan la atención de los adultos.

---

[101] Rodríguez Rivero, Manuel. "Cómo se fabrica un best seller." 26-04-2009. *elpaís.com* http://goo.gl/mlK4iJ

- Son novelas particularmente largas cuya extensión promedia las 550 páginas, especialmente cada entrega de las series y sagas de fantasía.
- Una particularidad es que –descontado los clásicos y long sellers– todos los libros que mencionan haber leído recientemente son títulos nuevos –publicados en los últimos años– que ocuparon los principales puestos en ventas.
- Los personajes de los relatos son jóvenes. Se presume cierta identificación con protagonistas estereotipados, atribulados y confundidos.
- Estos relatos reciben un doble estímulo de divulgación: las conocidas estrategias de marketing y la acción 'espontánea y/o estimulada' de sus lectores en la Red; esto es el fenómeno de comunidades de interpretación virtual o de lectura compartida.
- Se vislumbra cierta lectura participativa que diluye los límites de autoría, que demarcaban la intervención en el texto de escritores y lectores.
- Los títulos de ficción mencionados han tenido adaptaciones cinematográficas. En el caso de las series de fantasía son pensadas para ambos sexos, mayores y menores de 25 años; esto es el fenómeno de 4-quadrant movie.
- Se observa cómo la industria del entretenimiento yuxtapone imágenes y sonidos a partir de un mismo contenido: series, videojuegos, películas y libros sobre la producción de las películas; esto es el fenómeno de retroalimentación y sinergia entre los bienes culturales.
- Se evidencia un predominio de las sagas y series sobre la novela auto-conclusiva. Estas historias sugieren una continuidad de lectura, cierta correlatividad.
- Si bien algunas de las temáticas son densas y oscuras, la lectura es ágil: no requiere esfuerzo intelectual. Algunos la llamarían 'literatura light' [se prefiere decir ágil] que la Academia dejaría afuera del cúmulo de lecturas canónicas.

- Abunda la literatura extranjera proveniente de la lengua anglosajona: textos norteamericanos, suecos e ingleses.

Y si se toman todos los títulos, incluidos la no ficción y el autoayuda, se encuentra que:

- Estos libros constituyen verdaderos récords de ventas. Los jóvenes han leído novedades, clásicos o re-ediciones, pero en todos los casos son best y long sellers, en los mercados internacionales así como en el nacional.
- Se trata de publicaciones de sellos editoriales nucleados en grandes grupos editoriales, lo que señala la concentración de la actividad editorial en unas pocas empresas internacionales como Grupo Planeta, Random House y Bertelsmann. Esto evidencia el proceso de internacionalización de la actividad editorial.
- El precio promedio de cada ejemplar en papel es cientochenta pesos y sus ediciones económicas 'de bolsillo' rondan los cien pesos aproximadamente. No son libros módicos, difícilmente pueda encontrárselos en mesas de saldo.
- Estos libros reciben una vasta difusión de sus editoriales durante el lanzamiento que constituyen grandes apuestas de marketing: acciones que incluyen las clásicas firmas de autores y presentación de libros, book-trailers, entrevistas filmadas y subidas a los sitios de los sellos, uso intensivo de las redes sociales.
- Se advierte que este corpus de libros –aunque heterogéneo en cierta medida– podría pensarse como literatura globalizada; fenómeno que se cristaliza en libros ganadores de premios internacionales, distribución mundial de películas y series que son taquilleras en todas las salas, reconocimiento internacional de sus autores.

- Los libros pertenecen a autores-personajes: profesionales reconocidos –periodistas, economistas, historiadores, psicólogos– que ganaron popularidad a partir de sus intervenciones mediáticas o se popularizaron después del éxito editorial. Respecto de la nacionalidad, se observa una preponderancia de escritores extranjeros sobre autores argentinos.

Autor preferido y valoraciones sobre su obra

Más tarde se pidió a los jóvenes lectores que mencionen su autor preferido y valoren su obra. En todos los casos, sin excepción, se notó que no valoran *obra* sino la capacidad literaria del autor o qué les provocó leer alguno de sus libros. Mientras 'obra' remite necesariamente al cúmulo de textos de un escritor a lo largo de su trayectoria profesional, los jóvenes implícitamente hicieron alusión a un solo libro –posiblemente, el único libro que leyeron de ese autor–. Por otra parte, cabe preguntarse si el autor que indican preferir coincide con el autor del último libro que mencionan haber leído recientemente. En este sentido, se halló que en el 70% de los casos los jóvenes mencionan autores distintos a los leídos, aunque en las mujeres tiende a coincidir más escritor con título leído recientemente. El próximo esquema señala los autores más renombrados:

AUTORES PREFERIDOS. PRIMERAS MECIONES. JÓVENES LECTORES.

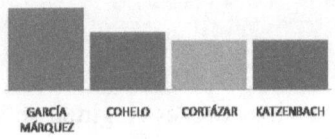

GARCÍA MÁRQUEZ   COHELO   CORTÁZAR   KATZENBACH

Elaboración propia. P.15.12) ¿Podría mencionar su autor preferido y comentar qué valora de su obra? Nota: Seis de cada diez jóvenes elige alguno de estos autores.

De acuerdo con las menciones de los jóvenes, Gabriel García Márquez es su autor predilecto. Luego, indican a Paulo Cohelo, y en tercer lugar, la misma proporción de jóvenes que destaca a Julio Cortázar menciona a John Katzenbach. Con respecto al modo en que valoran a sus autores predilectos, para los jóvenes lectores cómo se cuenta la historia es fundamental. En general no se advierte que destaquen la originalidad de la historia o la idea misma. Las valoraciones subrayan, en la mayoría de los casos, cierta aptitud de los escritores para "crear climas" o "describir personajes y situaciones": es decir, los jóvenes valoran el cómo se cuenta en mayor medida que el qué se relata.

Cabe señalar que varios universitarios indican un autor pero no ofrecen una apreciación al respecto. Cuando valoran a su escritor favorito destacan cierta "capacidad para". Por ejemplo, en García Márquez y Cortázar subrayan la habilidad de redacción, descripción de personajes y caracterización de lugares; en Cohelo señalan cierta competencia para transmitir contenido de tipo espiritual; y en Katzenbach, la aptitud de generar intriga y suspenso en las historias que narra.

Valoraciones acerca del autor preferido, según capacidad literaria. Primeras menciones. Lectores.

AUTOR PREFERIDO	CAPACIDAD LITERARIA	TRANSCRIPCIÓN
García Márquez, Gabriel	DESCRIBIR PERSONAJES Y LUGARES	"Me gusta su manera de describir los lugares en los que suceden los hechos, que son inventados, pero parecen reales."
Cohelo, Paulo	TRANSMITIR Y APORTAR ESPIRITUALIDAD	"Valoro su contenido espiritual; siempre tiene algo que dar, enseñar, aportar."
Cortázar, Julio	NARRAR E INVENTAR HISTORIAS	"Valoro su narrativa y originalidad. Es capaz de movilizar la imaginación, de hacer reflexionar al lector."
Katzenbach, John	GENERAR SUSPENSO E INTRIGA	"Me encanta el tipo de redacción y el suspenso que genera."

Elaboración propia. P.15.12) ¿Podría mencionar su autor preferido y comentar qué valora de su obra? Nota: Para completar la columna transcripción, se seleccionan algunas frases representativas.

Con respecto a los autores elegidos en segunda instancia, y con una distancia de cuatro puntos respecto de los anteriores, aparecen Poe, Rowling, Galeano, Sheldon y Borges. Cuatro de cada diez jóvenes elige uno de estos autores en proporciones semejantes. Según el próximo cuadro, también cuando aprecian a los autores preferidos destacan su capacidad literaria. En Sidney Sheldon y J.K.Rowling aparece algo nuevo porque cuando valoran lo hacen a partir de 'aquello que les provocó leerlos': *"hizo que me gustara leer, me hizo querer la lectura, que me sienta parte de la historia".*

Valoraciones acerca del autor preferido, según capacidades literarias. Otras menciones. Lectores.

AUTOR PREFERIDO	CAPACIDAD LITERARIA	TRANSCRIPCIÓN
Poe, Edgar Alan	FICCIONALIZACIÓN	*"Valoro su combinación de ficción y ciencia en cuentos y novelas."*
Rowling, Joanne K.	CREATIVIDAD, IMAGINACIÓN, TRANSMITIR EL GUSTO POR LA LECTURA.	*"Valoro que me hizo querer la lectura." "La creatividad con la que escribe y cómo mantiene al lector constantemente atento." "Porque logra crear una película en la cabeza y no podés parar de leer."*
Galeano, Eduardo	IRONÍA Y HUMOR CON EL QUE LEE LA REALIDAD	*"Su manera de ironizar y agregar humor a distintos aspectos sociales." "Lo que más valoro es su modo de narrar y los temas que abarca." "Me gusta como escribe y su mirada sobre la historia."*
Sheldon, Sidney	TRANSMITIR EL GUSTO POR LA LECTURA	*"Fue el autor que hizo que me gustara leer en la adolescencia."*
Borges, Jorge Luis	NARRACIÓN E INTERPRETACIÓN DE LA REALIDAD	*"Por su excelente forma de escribir y su concepción de la realidad del siglo XX."*

Elaboración propia. P.15.12) ¿Podría mencionar su autor preferido y comentar qué valora de su obra? Nota: Para completar la columna transcripción se seleccionaron frases representativas. Cuatro de cada diez jóvenes elige alguno de estos autores en proporciones semejantes.

Curiosamente varios jóvenes –sobre todo varones– mencionan a Borges pero sólo pudo rescatarse una única valoración sobre el escritor. Esto no hace más que poner en duda la calidad de las respuestas. O tal vez, considerar la postura de Bourdieu (2003) cuando habla sobre el efecto de legitimidad que explica por qué algunas respuestas vinculadas con los consumos culturales no son ciertas pero sí correctas.

En ocasiones se cuestiona la calidad y los aspectos estilísticos de determinados autores, cuya literatura es acusada de simplista y poco profunda. Katzenbach, Sheldon y Cohelo, por ejemplo, seguramente quedasen afuera del canon literario o del panteón de grandes escritores. Sin embargo, según algunos comentarios, ellos han acercado a los jóvenes a la lectura. ¿No debiera reconocérseles ese gesto? Acaso para empezar a leer no tienen que comenzar necesariamente por Proust. No obstante, ¿puede esta literatura frágil estilísticamente que consumen conducirlos a contenidos más sólidos? Por su parte, los autores de best sellers –o más bien, los regidos por la lógica del mercado– responden a climas de época, y sus nombres quedan asociados a períodos específicos porque revelan estrategias de la industria del entretenimiento que se homologan con los intereses y sensibilidades de un público en un momento histórico determinado.[102]

Ciertamente, a la hora de elegir autores, tanto mujeres como varones destacan autores de ficción. Si se segmentan las preferencias literarias por sexo, de acuerdo con los autores que mencionaron, se nota la gran predisposición de los varones a elegir a los 'consagrados' de la historia universal de la literatura: Borges, Poe, Sábato, Christie, Cortázar. Sin embargo, en el momento de valorar su calidad artística han dejado los espacios en blanco –esto de alguna manera no hace más que poner en duda sus propias elecciones–. No obstante, coherentes con sus preferencias literarias, los varones mencionan a Poe y Christie, autores paradigmáticos del género policial y detectivesco. De alguna manera, hay una correspondencia entre la variable que mide *tipo de lectura* y *género literario* con los autores que mencionaron, porque son autores de ficción y se relacionan con sus gustos según lo indicaron. Por ejemplo, aparecen Katzenbach y Brown como exponentes contemporáneos del terror, suspenso e intriga; es decir, se advierte una coherencia entre el

---

[102] Por ejemplo, son representantes de la literatura comercial de los noventa Ken Follet, Stephen King, Danielle Steel, Tom Clancy, Anne Rice, John Grisham, Mary Higgins Clark, Michael Crichton y Patricia Cornwell. También existen autores de gran prestigio cultural asociados al best seller que se convierten en long sellers. Es el caso de las de Hemingway o Hesse, o los llamados best sellers de calidad de los ochenta. A las obras de Umberto Eco y Patrick Suskind, podrían sumarse las de Milan Kundera, Marguerite Duras o Marguerite Yourcenar que fueron éxitos en aquella época.

tipo de lectura y los autores, pero al mismo tiempo cierta incapacidad de articular una frase con sentido y falta de solidez que respalde dichas elecciones.

Si se analizan las elecciones de autor por sexo, se advierte que ambos segmentos sólo mencionan autores de ficción. En el caso de las mujeres, se nota una mezcla importante de estilos porque en sus respuestas conviven García Márquez, Cohelo, Katzenbach, Rowling y Cortázar. En tanto, en los varones se observa que principalmente refieren a los consagrados de la literatura nacional y anglosajona –Borges, Poe, Sábato, Christie, Cortázar, Tolkien– aunque también mencionan a Katzenbach y Dan Brown. Cabe preguntarse si realmente han leído a estos autores y en qué medida: qué leyeron, hace cuánto, cómo los conocieron y por qué los eligen.

6

Conclusiones

En este apartado se sintetizan los principales hallazgos del trabajo de campo y se rescatan algunos datos secundarios significativos que merecen reiteración, porque se corroboran o se contraponen con el propio relevamiento. El hecho de que aparezcan disparidades entre la propia encuesta y aquellas que fueron tomadas como parámetro indica la necesidad de avanzar en estudios micro-sociológicos, centrados en este colectivo, asumiendo las especificidades del grupo generacional. Para acompañar la síntesis de resultados se diseñaron tablas que esquematizan los cruces entre variables en función de la prueba de independencia exponiéndose sólo los indicadores que presentaron asociación estadística durante el procesamiento de datos.

Considerando que los hallazgos en cada una de las dimensiones de análisis plantea cierta dualidad, fueron pensados en términos dicotómicos:

- El modo en que los jóvenes administran su tiempo libre yace entre el disfrutar al aire libre con amigos en actividades de recreación tradicionales, y el ocio tecnológico que remite a una sociabilidad de tipo virtual.
- La intención de lectura pendula entre el ejercicio de leer por deber, donde se manifiesta con nitidez la preponderancia de la función utilitaria de la lectura, y la lectura como un recurso pasatiempista que una minoría satisface con literatura.

- Los gustos y preferencias literarias compartidos por quienes leen por placer gira en torno del consumo de los títulos que instala el mercado del libro global y la industria del entretenimiento, y las respuestas políticamente correctas sobre lecturas y autores legitimados.
- Las percepciones de los universitarios sobre la lectura y su autopercepción como lectores oscila entre valoraciones positivas que corroboran el sitio de práctica cultural históricamente legitimada, y el reconocimiento de quienes se asumen 'en falta' por no leer como es debido, pero que a sabiendas del beneficio que supone la práctica, la inculcan en los niños cercanos.
- Las apreciaciones respecto de la lectura en pantallas y los dispositivos digitales pivotea entre la alta valoración que manifiestan para acceder fácilmente a Internet, mantenerse constantemente comunicado e informado y realizar varias tareas simultáneamente, y la incertidumbre y desconfianza que genera en los universitarios el ciberespacio.

Ocio, entre el aire libre en compañía y la tecnología

Primeramente, se supo que como actividades de ocio, salir y practicar un deporte son las opciones preferidas. Las diferencias significativas se advierten en la variable sexo: la mitad de las mujeres prefiere pasear en su tiempo libre, y poco más de la mitad de los varones practicar algún deporte. Ambas prácticas involucran a otros; se podría inferir que estos hábitos se comparten con el grupo de pares o con los vínculos cercanos: es decir, ese tiempo libre transcurre con la compañía de pares. Así como los adolescentes (Morduchowicz 2012), los universitarios han demostrado un fuerte vínculo con su grupo de pares; la amistad se manifiesta en el profuso uso de las redes sociales y en las actividades que desarrollan en el tiempo libre. Eligen la sociabilidad tradicional del mismo modo que los adolescentes (Ministerio de Educación 2006).

Por otra parte, como objetos tecnológicos-culturales preciados, cerca de la mitad de los jóvenes elige la computadora –destacándose los varones y sobre todo los mayores–. Precisamente, la ENCCyED 2013 indica que la computadora es el equipamiento que más se ha extendido socialmente en los últimos tiempos. Poco más de un cuarto de los universitarios distingue el celular –destacándose las mujeres y sobre todo las más jóvenes–. Entonces, prefieren actividades de esparcimiento y recreación, y en el transcurso su tiempo libre, los dispositivos tecnológicos e informáticos parece no estar incluidos en las actividades que desarrollan, o al menos no ocupan un lugar central, lo que no significa que no estén consigo presentes. Se coincide con algunos estudios sobre adolescentes y nuevas tecnologías (Winocur 2006; Morduchowicz 2012) en que los intercambios virtuales no debilitan ni reemplazan las formas de encuentro y de sociabilidad tradicionales, sino más bien las refuerzan. En el tercer lugar, pero con una brecha importante respecto de la computadora y el celular, los jóvenes valoran el libro como bien cultural destacándose las mujeres y más aún los jóvenes menores de 25 años. Pensando exclusivamente en la práctica de lectura como entretenimiento, cuando la ENHL 2011 indaga en actividades de tiempo libre, el ejercicio de leer presenta una incidencia mayor que en el propio estudio –unos cuatro puntos porcentuales por encima–. Aunque ambos relevamientos coinciden en que se destacan las mujeres mayores de 25 años –si se toma sólo a este grupo, los valores tienden a asemejarse–. Lo cierto es que el ejercicio de leer no se encuentra entre las principales aficiones del grupo estudiado: de diez actividades que se les ofreció para realizar en su tiempo libre, leer ocupa la cuarta posición en sus preferencias.

Respecto de las salidas culturales, el cine se impone en todos los segmentos en proporciones similares –aunque resulte levemente inferior en los varones menores de 25 años–. De hecho, según los datos de la industria cinematográfica, este hábito es muy persistente en la Ciudad Autónoma y es impulsado por el segmento de jóvenes-adultos de los sectores medios. No obstante, cuando la ENHL 2011 mide consumos culturales clásicos, revela que sólo dos de cada cien argentinos asiste al cine regularmente sin diferencias significativas por sexo, edad y zona geográfica. Asimismo, la ENCCyED 2013 señala que cuarenta de cada cien argentinos comenta ir al cine por lo menos una vez al año. Es decir, los jóvenes del propio estudio superan ampliamente la media nacional respecto de la asistencia al cine. Por otra parte, mientras las mujeres consideran otras propuestas culturales, los varones se concentran en el cine aunque una pequeña cantidad asista a recitales de música. Las ferias artesanales y las exposiciones son sitios que visitan sólo las mujeres, y en menor proporción, ocurre lo mismo con los museos (restaría precisar de qué tipo son y qué los motiva a visitarlos).

Considerando que la mayoría de los universitarios está ocupada gran parte del día, es previsible que poco más de la mitad navegue dos horas diarias y destine el mismo tiempo a ver televisión cuando no trabaja ni estudia. Precisamente, sobre el consumo de televisión, esta investigación arrojó valores muy por debajo de la media nacional. Recuérdese que, según la ENCCyED 2013, la televisión ocupa la mayor cantidad del tiempo libre: en promedio, los argentinos miran casi tres horas por día y casi la mitad de la población supera las dos horas diarias. En 2004, el COMFER ya presentaba datos similares que sostenían la persistencia del consumo televisivo como principal consumo cultural. Del mismo modo, también el consumo radial es alto a nivel nacional. Entonces, se concluye que el consumo de televisión en los jóvenes es moderado, y de radio es bajo. Con respecto a los contenidos televisivos, los varones tienen un criterio más amplio: mientras las mujeres se concentran en la ficción y literatura, ellos eligen otros géneros. Respecto de la edad y los formatos, los más jóvenes miran series y los mayores prefieren las películas. Sin embargo, para las salidas culturales, son las mujeres quienes las diversifican poco más que ellos que sólo van al cine y a recitales de música.

Por otro lado, según la ENHL 2011, las mujeres utilizan Internet con fines vinculados con la comunicación e intercambio social en mayor proporción que los varones; sin embargo, por deber y para entretenerse, los varones superan a las mujeres. Estos datos concuerdan con la propia evidencia empírica. En este estudio, además de la utilización de redes sociales, cuyo uso es paradigmático –sobre todo en las mujeres–, los jóvenes acceden a Internet para consumir información y actualizarse sobre temas de interés. Aún en momentos de ocio, asocian la Red con la búsqueda de datos concretos, así lo demuestra la importante incidencia de lectura de diarios y revistas como las consultas más específicas en sitios de interés. En tanto, al observar los datos aportados por la ENHL 2011, se nota cierta similitud con los propios resultados: las redes sociales son de uso más bien femenino y su incidencia disminuye con el aumento de la edad. Coincidentemente, los usos que los universitarios dan a Internet son silimares a los otorgados por los adolescentes: primero para comunicarse y luego para informarse. La mayoría de los adolescentes con acceso a la Red, chatea, visita una red social, envía mails o bloguea; y en segundo lugar, buscan información, hacen la tarea escolar y realizan otras actividades de ocio electrónico como bajar música y ver vídeos on line (Morduchowicz 2008). Aunque la tendencia sea similar, en los universitarios la función informativa es más relevante proporcionalmente y se extiende hacia el tiempo ocioso. Se concluye y comparte con Winocur (2006) que el uso de redes sociales es una estrategia de reforzamiento y recreación de los vínculos tradicionales entre los jóvenes en el espacio virtual. Asimismo, como en los adolescentes, existe un deseo de ser visible, popular y reconocido. Los blogs, audio y fotoblogs, canales en YouTube, perfiles en Facebook, Twitter, Instagram y otras redes sociales responden a los deseos e inquietudes presentes en el mundo adolescente: popularidad, pertenencia y estima. ¿No son acaso estas necesidades las que pueden satisfacerse con estas nuevas formas de sociabilidad? Aunque los adultos sean usuarios de estas aplicaciones, ¿no están también presentes en ellos las necesidades de popularidad y reconocimiento juveniles?

Notablemente, nueve de cada diez universitarios lee los diarios con cierta asiduidad. Al mirar los datos de la ENHL 2011 se observa que los jóvenes del propio relevamiento superan ampliamente las proporciones de la población total. Se verifica que la lectura de diarios está muy presente en ellos, ya que un cuarto de los que navegan en Internet en su tiempo libre, revisa la actualidad y se informa mediante diarios y revistas. Al preguntarles por la edición impresa o digital se constató que la mayoría refiere leer diarios on line, tendencia que se acentúa bastante en los varones mayores. Según las respuestas espontáneas, se cree que consultan principalmente las versiones digitales de Clarín y La Nación. El grupo de jóvenes-adultos es más proclive a leer el diario desde algún dispositivo móvil o su computadora personal. Con el Instituto Verificador de Circulaciones 2012, se constató la disminución progresiva en las tiradas de ejemplares de todos los diarios, principalmente los mencionados, durante los últimos años. Si se considera que los jóvenes respondieron espontáneamente leer estos medios y que están conectados constantemente, podría inferirse que entran en sus portales o incluso reciben tweets a sus dispositivos digitales móviles. Cuando se planteó el problema de investigación, se mencionó que las formas de consumo mass-mediáticas –diarios, televisión y radio– tienden a admitir su realización en simultáneo con otras prácticas cotidianas, a diferencia de aquellos consumos del modelo clásico –lectura, cine y teatro–. Por esta razón, presumiblemente, este tipo de actividades resistan el tiempo ocioso y queden impresas dentro del mismo. Es decir, los medios de comunicación, orientados más bien como vía de información y no tanto de entretenimiento, se consumen en simultáneo con el desempeño de otras prácticas. Según la evidencia empírica, se sugiere que la lectura de diarios en papel podría distanciarse de esta conjetura considerando que requiere tiempo y espacio. No obstante, Internet hace posible que se incluya este hábito dentro del grupo de consumos mass-mediáticos, sobre todo, considerando que un modo de acceso a los diarios es mediante su cuenta de Twitter: los jóvenes dicen leer el diario, aunque probablemente, lean titulares sueltos que segmentan la información. De hecho, los universitarios han destacado en más de una oportunidad que la ventaja de 'estar conectado' radica en la posibilidad de 'estar informado' permanentemente. Presumiblemente el diario no es leído de principio a fin, sino de modo fragmentario y selectivo; se lee información retaceada por el mismo medio y en simultáneo con el intercambio de mensajes de chat y posteos. De este modo, emerge un consumo particular de la prensa escrita, una nueva modalidad de apropiarse de la información. Entonces cabe indagar en la forma en que leen este medio y se vinculan con la actualidad, considerando que el acceso a Internet posibilita que la lectura de los periódicos exceda al tiempo ocioso. En síntesis, la escasa penetración del consumo televisivo y radial y su aparente disociación con la percepción del tiempo libre, evidenciada en el presente estudio, deja abierto el debate en torno al sitio que ocupan los medios masivos de comunicación en los jóvenes en la era digital. Los medios no son sólo canales de información porque modelan el proceso de pensamiento; esto se cristaliza con Internet que debilita la capacidad de concentración y contemplación al sobre estimular a los lectores/cibernautas. Por otra parte, ubicar a los consumos mass-mediáticos escindidos del tiempo libre permite conjeturar sobre la imposibilidad de prescindir de ellos. Esta investigación comprueba los resultados de la ETLPCC 2005, y agrega que el uso de Internet es otra práctica escindida del tiempo libre que conllevaría a que también la lectura de los diarios y portales de información y actualidad se incorporen al tiempo productivo. A partir de ello, la siguiente infografía relaciona las funciones asociadas al consumo de Internet, el contenido y la intensidad del uso:

CONSUMO DE INTERNET EN LOS UNIVERSITARIOS

INTENSIDAD	FUNCIÓN	CONTENIDO
ALTA	COMUNICATIVA	REDES SOCIALES
MEDIO-ALTA	INFORMATIVA	DIARIOS, PORTALES
MODERADO	LÚDICA	ENTRETENIMIENTO

Elaboración propia.

Como último consumo cultural analizado, se supo que poco más de la mitad de los jóvenes adquiere fascículos coleccionables. Se nota una mayor predisposición en los menores de 25 años. Principalmente, a las mujeres las motiva coleccionar a partir del interés por ciertas temáticas y a los varones el hecho de formar una biblioteca propia. Asimismo, comprar por cuestiones vinculadas con el deber es un propósito propio de las mujeres, en tanto la colección vinculada con el placer de la práctica se asocia a los varones. Entre los que coleccionan, la mayoría compró algún material de lectura vinculado con la ficción y la literatura, destacándose la población femenina. El resto de la muestra se dispersa en otras opciones que constatan los intereses advertidos en las actividades de tiempo libre y otros consumos culturales: los varones consumen tecnología, deporte, música y algún contenido vinculado con las ciencias humanas, mientras las mujeres se concentran en la literatura –aunque el arte, diseño y las manualidades también las convoquen en cierta forma–. Finalmente, cuando los jóvenes compran material de lectura y colección en los kioscos de diarios, lo hacen con la intención de preservar y formar una biblioteca propia: en este sentido, la conservación y organización del acopio cultural escrito continúa girando en torno a las bibliotecas.

Por último, se elaboró una síntesis con los resultados de la prueba de independencia sólo con los indicadores que presentaron asociación. La próxima infografía da cuenta de la relación entre las variables vinculadas con los consumos culturales y los aspectos sociodemográficos en la población total:

Consumos culturales. Relación entre variables de comportamiento y aspectos sociodemográficos.

	VARIABLES DE COMPORTAMIENTO	ASPECTOS SOCIODEMOGRÁFICOS	
		SEXO	EDAD
CONSUMOS CULTURALES	Objeto tecnológico-cultural preciado	✓	X
	Actividad de tiempo libre	✓	X
	Uso de Internet	✓	X
	Contenido televisivo preferido	✓	X
	Frecuencia de lectura de diarios	✓	X
	Soporte de lectura de diarios	X	✓
	Compra libros infantiles	✓	✓

Elaboración propia. Nota: El símbolo ✓ indica asociación entre las variables que se cruzan y la X que no hay relación, según la prueba de independencia Chi-cuadrado.

La infografía anterior sugiere que el sexo condiciona bastante más que la edad las distintas elecciones de los universitarios en materia de consumos culturales. Es decir, ser mujer o varón revelaría ciertos consumos culturales en mayor medida que el grupo etario al que pertenecen; en este sentido, se comprueba el supuesto teórico respecto del *gusto de género* (Connel 2003; Rodríguez y Peña Calvo 2005; Rodríguez 2008). Acerca de la edad, este aspecto se relaciona con el soporte que los jóvenes utilizan para leer los diarios y con el hecho de comprar libros infantiles; se deduce que ser mayor de 25 años revelaría la mayor incidencia en la adquisición de infantiles y en la lectura de diarios en su edición digital.

Pantallas, entre el multitasking y lo incierto

Acerca de los soportes digitales de lectura, se supo que los varones se vinculan más asiduamente con las pantallas. Esto no sólo se advierte en la respuesta concreta sobre frecuencia –las categorías que implican menor exposición las concentran las mujeres–, sino indirectamente cuando mencionan actividades de tiempo libre como jugar videojuegos o leer el diario online. En tanto las mujeres utilizan en mayor medida las computadoras, los varones experimentan con otros dispositivos digitales –más aún los mayores de 25 años–. Precisamente, en lo referente a qué contenidos leen en esos soportes, se supo que aproximadamente cuatro de cada diez jóvenes refiere leer blogs y contenido publicado en sitios de interés; en esta proporción se destacan las mujeres, y sobre todo el grupo de jóvenes-plenos –tanto mujeres como varones–. Pareciera que los libros de texto y literatura carecen de lectores aunque vale mencionar a los varones mayores. Una cantidad importante de varones utiliza los dispositivos para leer diarios y revistas, sobre todo, los menores. Con este dato se corrobora la mayor predisposición masculina hacia la lectura de diarios, y en soporte digital. Por último, apenas uno de cada diez jóvenes lee textos técnico-profesionales o artículos de divulgación científica; dentro de esta proporción, se destacan las mujeres mayores. Además, los resultados de la investigación corroboran lo señalado sobre la eficacia de las nuevas tecnologías para vehiculizar contenidos vinculados con la información, pero que para la literatura, el papel continúa arraigado a los modos tradicionales de lectura, mientras que para los contenidos vinculados con el conocimiento se emplean ambos soportes.

Por otra parte, tres de cada diez jóvenes posee un dispositivo digital de lectura; la proporción es mayor en los varones mayores de 25 años. Acerca de los atributos que mencionan sobre sus dispositivos digitales, las mujeres señalan la practicidad y rapidez, en tanto los varones destacan la portabilidad. Si bien la 'accesibilidad' se reparte en proporciones semejantes entre ambos sexos, son las mujeres menores de 25 años las que señalan este atributo en gran medida –el doble que los varones de la misma edad–. La posibilidad de estar informado surge reiteradamente entremezclándose con distintas cualidades que ponderan al dispositivo de lectura digital. El hecho de estar enterado de los últimos acontecimientos si se dispone de un dispositivo digital de lectura con acceso a Internet es realmente un valor para los universitarios: el rápido acceso y la facilidad con que puede ponerse al corriente de las últimas novedades es altamente reconocido. (Queda por indagar cómo es esa información que consumen, qué medios la proveen y cómo es interpretada. Es decir, explorar en la naturaleza de esos contenidos que reclaman con gran interés.)

Ante la gran ventaja del almacenamiento, los dispositivos digitales de lectura tienen como desventaja el agotamiento de la batería, la necesidad de actualizar sus sistemas operativos y el hecho de apagárselo en algunas situaciones por seguridad. Además, los universitarios sugieren que leer es más barato y cómodo, y si se está desesperado buscando un título, lo pueden conseguir fácilmente y descargar en cualquier momento y lugar. En suma, los resultados de la investigación sugieren dos dimensiones en cuanto a la valoración que los jóvenes realizan a la hora de manifestar por qué leen en sus dispositivos: la primera reside en los atributos relacionados con las posibilidades de uso que ofrecen los dispositivos, mayormente vinculados con el acceso a la *información*; y la segunda, en los aspectos físicos de comodidad y movilidad. Como posibilidad de uso, cabe destacar a la simultaneidad como un valor positivo que mencionan recurrentemente, aún cuando destacan otros atributos del dispositivo digital. Sucede que la posibilidad de cambiar rápidamente de tarea, sostener una conversación por chat, sacar una foto y subirla a la Red, y al mismo tiempo, participar físiscamente de algún evento son posibilidades muy apreciadas por los universitarios. Sin duda, adolescentes y jóvenes están siendo sobre estimulados por los medios. Pese a ello, los estudios en neurociencia muestran que cuando alguien quiere hacer varias cosas al mismo tiempo, prestando atención focalizada a cada una de ellas, muchas veces se autointerrumpen esas tareas. Las interrupciones suceden en general por perderse en aquello que estaban haciendo antes de haber cambiado de actividad. Se estima que estas personas tardan el doble de tiempo y cometen el doble de errores en cada una de ellas (Cole 2006; Stanford University 2011; Bachrach 2012).

A pesar de las menciones positivas que los universitarios dieron sobre computadoras, tablets y smartphones, esta investigación advierte cierta resistencia al cambio de soporte, independientemente de la edad. Sucede que los libros son los únicos medios que no precisan de un aparato externo para poder acceder a sus contenidos. Por esto, y porque son objetos palpables, los jóvenes aluden que establecen con ellos una relación más íntima que con los soportes digitales.

De acuerdo con la próxima infografía, ser mujer o varón podría revelar el hecho de disponer de un dispositivo digital, la frecuencia con la que leen en éste, el tipo de aparato –si se trata de una tablet o e-reader– y el principal contenido leído. En suma, según los resultados de esta investigación, todos los indicadores que remiten a las nuevas tecnologías están asociados estadísticamente con el sexo de los jóvenes. En tanto, la edad de los mismos parece incidir bastante menos en sus respuestas, no obstante, está relacionada con el tipo de soporte de lectura para leer diarios o libros.

Nuevas tecnologías. Relación entre variables de comportamiento y aspectos sociodemográficos.

NUEVAS TECNOLOGÍAS	VARIABLES DE COMPORTAMIENTO	ASPECTOS SOCIODEMOGRÁFICOS	
		SEXO	EDAD
	Frecuencia de lectura en soportes digitales	✓	x
	Tipo de soporte digital de uso frecuente	✓	x
	Contenido leído en dispositivos digitales	✓	x
	Dispone de un dispositivo digital	✓	x

Elaboración propia. Nota: La relación que los jóvenes mantienen con las nuevas tecnologías de la información y comunicación está plenamente condicionada por el sexo.

Con respecto a las apreciaciones sobre la lectura digital, los varones –sobre todo los mayores de 25 años– valoran más la accesibilidad, agilidad, y rapidez que encierra la lectura digital. Las cuestiones asociadas con la portabilidad, practicidad y espacialidad son valoradas por ambos, aunque si se observa por grupo etario, los menores de 25 años hacen hincapié en ello. Al medir esta variable, aparece la economización de recursos como un valor en sí mismo, y reaparecen la información y actualización de contenidos vinculados con los medios de comunicación digitales como beneficios. En tanto, como desventajas de la lectura digital, las mayores frecuencias se hallan en el deterioro y cansancio visual así como en la pérdida de valores de tipo cultural y sensorial. En primer lugar, es poco probable que los soportes digitales dañen la vista porque aún no está comprobado científicamente su efecto negativo. Según fuentes consultadas, la fatiga visual se explica por la intensidad de lectura en sí más que por el soporte empleado; en este sentido, se trataría más bien de un cliché. Y con respecto a las cuestiones de tipo sensitivas y de tradición, seguramente los siglos de la lectura en *códice* marcaron las costumbres heredadas, y la resistencia al cambio de época podría explicar las valoraciones de los jóvenes, aún de los nativos digitales. No obstante, se deduce escaso conocimiento y dominio del lenguaje digital relacionado con el dispositivo y con las aplicaciones para descargar. Para los universitarios, la posibilidad de obtener información y datos de actualidad son ventajas que proporciona la digitalización de contenidos; en tanto la confiabilidad y la comodidad de leer textos extensos las proporciona la lectura en papel. En rigor, cuanto más se navega en la Red, más esfuerzo se requiere para permanecer concentrado en textos largos, puesto que aparecen conexiones a documentos, dispositivos y sujetos que implican más influencias externas en el pensamiento. Se supo que los jóvenes sienten como *pérdida* el avance tecnológico cuando se trata del objeto libro: mencionan una pérdida en el sentir, y también aparece la cuestión de la pérdida de información o de los datos. De hecho, una gran cantidad de material en Internet desaparece sin haber sido archivado: se estima que unas tres cuartas partes de los sitios web duran menos de cuatro meses (Lyons 2012:383). Aunque en menor medida, también aparece el temor a la pérdida por robo. El formato papel aparece como inalterable y perdurable. Incluso cuando aducen distracción, porque al leer en pantallas se pierde la capacidad de atención. Esta investigación evidencia que para los universitarios algo se disipa con la lectura digital, y como consecuencia, surge en ellos un sentimiento de inseguridad e incertidumbre. Inclusive, la posibilidad de intervenir los contenidos, generando textos provisorios y susceptibles de modificación, les provoca inseguridad y temor de pérdida. La hipertextualidad que yace en los cuantiosos y diversos contenidos que circulan por la Red sugiere al lector/cibernauta nuevos desafíos, porque pueden constituir una fuente de datos que enriquezcan su conocimiento o perderlo en un mar de información y de pasatiempismo sin sentido.

La siguiente infografía sintetiza la relación entre las variables de percepción, vinculadas con el libro y la lectura digital, y los aspectos sociodemográficos:

Imágenes mentales vinculadas con el libro y la lectura. Relación entre variables de percepción y aspectos sociodemográficos.

	VARIABLES DE PERCEPCIÓN	ASPECTOS SOCIODEMOGRÁFICOS	
		SEXO	EDAD
IMÁGENES MENTALES	Valoración acerca del libro-objeto	✓	✓
	Valoración del dispositivo digital de lectura: simultaneidad/multitasking	x	✓
	Desventaja de la lectura digital: deterioro y cansancio visual	x	✓

Elaboración propia. Nota: El modo en que perciben al libro como objeto está asociado con el sexo y la edad de los jóvenes, mientras que la posibilidad de hacer más de una cosa al mismo tiempo –la simultaneidad, el *multitasking*– y el deterioro en la vista están asociados con la edad.

La siguiente infografía sintetiza la relación estadística entre las variables de percepción vinculadas con el libro y la lectura y los nuevos modos de leer, y la lectura por placer:

Imágenes mentales. Relación entre las variables de percepción vinculadas al libro y la lectura. Lectores.

	VARIABLES DE PERCEPCIÓN	LECTURA POR PLACER
PERCEPCIONES VINCULADAS AL LIBRO Y LA LECTURA	Valoración del libro como objeto	x
	Autopercepción lectora	✓
	Aquello que mira primero en un libro	✓
NUEVOS MODOS DE LEER	Frecuencia de lectura en soportes digitales	✓
	Tipo de soporte	x
	Contenido leído en ese soporte	x
	Ventajas de la lectura digital	x
	Desventajas de la lectura digital	x

Elaboración propia. Nota: Aquello que miran primero en un libro, el modo en que se autoperciben como lectores, el uso de soportes digitales para leer en momentos de ocio –en función de la frecuencia– son indicadores vinculados con las imágenes mentales que se asocian estadísticamente con el hecho de que lean o no por placer. Por otro lado, lo que les llama la atención en ese primer encuentro con el libro está asociado al tipo de lectura preferida.

Intención de lectura, entre el deber y el placer

Se pudo conocer que más de la mitad de los jóvenes lee exclusivamente por trabajo o estudio, sobre todo los varones. No obstante, los menores y las mujeres mayores de 25 años encuentran en la lectura una actividad placentera. Pero si se considera cierta regularidad en la lectura, se corrobora con datos oficiales que las mujeres mayores mantienen este hábito así como el grupo de jóvenes-adultos. Por el contrario, los relevamientos de la región iberoamericana, compendiados en los informes de la CERLALC, indican que las mayores proporciones de lectura se concentran en la lectura por placer. Según el propio estudio, el principal motivo de lectura no es el placer, aunque los resultados de la investigación coinciden en determinar al colectivo femenino como principal lector por entretenimiento. Para los universitarios la lectura tiene una función referencial o utilitaria, más que funciones estéticas o de recreación. Quienes no tienen hábitos de lectura consideran esta actividad como un deber relacionándola con un fin cortoplacista vinculado con el rendimiento y exigencias académicas. Los mismos resultados arrojó el relevamiento entre universitarios chilenos (Gilardoni 2006, 2012). En tanto, poco más de la mitad comentó que no lee porque "no dispone de tiempo"; ante este motivo surge preguntarse, si dispusieran en mayor medida de momentos libres, ¿los utilizarían para leer o continuarían practicando las mismas actividades de ocio? (tal vez en el cuestionario faltó la re-pregunta posterior). Es decir, ¿la lectura es inhibida por el escaso tiempo o por otras actividades? Se presume que se trata de cierta predisposición y gusto por la lectura que poco tiene que ver con el tiempo disponible. El factor tiempo como principal excusa de no lectura es una regularidad empírica que se da en todos los relevamientos, no obstante y a diferencia del propio estudio, en la ENHL 2011, la falta de disponibilidad para leer no aparece como argumento en los jóvenes. La lectura es la única práctica cultural que goza de un prestigio histórico puesto que desde los orígenes estuvo ceñida a grupos reducidos y más tarde, al masificarse, continúo manteniendo ese carácter consagratorio. Por ello, se considera que es difícil admitir desinterés, razón válida pero improbable de asumir. Corroborando cierta cercanía entre las mujeres y la lectura por entretenimiento, ni una de ellas se excusa con "la lectura no me interesa" cuando se preguntó por los motivos de no lectura. A propósito, según la ENHL 2011, manifestar desinterés es un rasgo masculino, y la falta de tiempo una respuesta típica del colectivo femenino mayores de años. Precisamente, la razón de no lectura por placer y el sexo de los jóvenes están asociados estadísticamente. En suma, lejos de ser una alternativa de entretenimiento, la función predominante de la lectura continúa siendo la transmisión de conocimiento.

Acerca de las imágenes que suscitan los libros en los jóvenes, categóricamente, el libro es un medio de conocimiento: los universitarios no lo asocian con el entretenimiento espontáneamente, aunque seis de cada diez tengan su cuota de literatura ocasional. En términos comparativos, en los segmentos de lectores y no lectores las proporciones se invierten y varían levemente: porque quienes leen por placer consideran el prestigio que otorga un libro y también lo perciben como vehículo del entretenimiento, en tanto los no lectores asocian al libro más con el conocimiento y con que sea soporte del texto. Por otra parte, los varones vinculan al libro con el conocimiento y las mujeres con el entretenimiento. Si se toman sólo las dos principales valoraciones –entretenimiento y conocimiento– se advierte que los lectores aprecian al libro como un pasatiempo más que los no lectores, quienes lo relacionan exclusivamente con el conocimiento. Por otra parte, los universitarios que leen por placer tienden a considerarse más curiosos, ávidos y constantes respecto de la población total, mientras los no lectores utilizaron las frases que connotan valoraciones más bien negativas. En este sentido, puede verse el prestigio de la lectura puesto que quien no lee se asume implícitamente 'en falta'. Asimismo, se advierte que la 'constancia' y 'avidez' son cualidades femeninas, y la 'inconstancia' y 'curiosidad' aparecen como propias del colectivo masculino.

Respecto de aquello que miran primero en un libro, el título es lo primero que atrae a los jóvenes. Los varones parecen apreciar el arte de tapa y la cantidad de premios y ejemplares vendidos, y las mujeres destacan el título y la contratapa y sinopsis. Por otro lado, los no lectores se detienen en el título y en la contratapa que exhiba una reseña del libro, en tanto los lectores están más pendientes del nombre del autor. Una vez más, se nota que aquello que cautiva a los lectores se asemeja a los intereses femeninos, sean o no lectoras.

Además de la función pasatiempista dada a Internet, que representa y unifica los intereses de adolescentes y jóvenes, el perfil de la unidad de observación de esta tesis revelaría esta fuerte inclinación de asociar la Red con el sitio adonde recurrir si se precisa información, evacuar dudas y adquirir conocimiento. La siguiente infografía relaciona las funciones de la lectura asociadas al soporte, el contenido y el modo de leer implicado, en virtud de la frecuencia:

LA LECTURA EN LOS UNIVERSITARIOS

FRECUENCIA	FUNCIÓN	SOPORTE	CONTENIDO	MODO DE LEER
ESPORÁDICA	ENTRETENIMIENTO	ANALÓGICO	FICCIÓN	LÍNEAL
CONSTANTE	UTILITARIA	DIGITAL	INFORMACIÓN	FRAGMENTADO

Elaboración propia.

Con respecto a los hábitos de lectura de quienes tienen una cuota de ficción ocasional, cabe decir que las tres cuartas partes de los jóvenes lectores lee un promedio de tres libros al año. A medida que aumenta la cantidad de lectores, la cantidad de libros anuales disminuye. Asimismo, los varones que mantienen la práctica leen más libros que las mujeres; incluso, una cantidad considerable de los varones más jóvenes supera los diez libros al año. Y con respecto al tiempo destinado a la práctica, la mitad de los universitarios dedica a la lectura uno o dos días en la semana. Acerca de la intensidad, y comparativamente, puede concluirse que las mujeres leen con mayor frecuencia pero menos cantidad de libros al año que los varones. Oportunamente se advirtió acerca de la imposibilidad de triangular datos sobre hábitos de lectura, puesto que los resultados de la ENHL 2011 remiten a la población de lectores en general –no distingue a los lectores por placer del resto–. Sin embargo, hay una constante estadística: a medida que aumenta la frecuencia y la cantidad de libros, disminuyen las proporciones de lectores. En términos generales, los jóvenes prefieren leer antes de dormir, pero mientras los menores de 25 años leen en lapsos definidos del día, los mayores lo hacen en cualquier momento, sin precisar si se trata de la mañana o la tarde. Justamente, se constató que la edad está relacionada estadíticamente con dicho hábito.

Por otra parte, la investigación indica que la gran mayoría lee en papel, aunque se hallaron algunas distinciones: los varones utilizan en mayor proporción los dispositivos digitales, sobre todo los mayores, mientras que las mujeres son las principales lectoras de libros en papel, sobre todo las menores. También la edad expresaría la preferencia del soporte de lectura, según la prueba de independencia. En suma, la literatura se lee en papel, excepto que se trate de blogs literarios (en este sentido, queda por conocer cuáles son, cómo se apropian de ese contenido y si intervienen en ellos). De acuerdo con los datos del sector editorial nacional, paulatinamente aumenta la cantidad de libros digitalizados, que indudablemente se corresponde con una mayor demanda. Sin embargo, si se compara la realidad nacional con el mercado español las diferencias son notables: Argentina está muy por debajo del consumo de libros en formato digital.

Generalmente el acceso al libro se da mediante la compra que está determinada por el nivel adquisitivo de la población en todos los países de la región. Se sabe que la tipología del comprador de libros en librerías coincide con la del comprador y lector, principalmente determinados por el nivel de estudios y de ingresos. Esta investigación corrobora dicha regularidad empírica: si bien las tres cuartas partes de los jóvenes lectores adquieren los libros que lee, las mujeres mayores se constituyen como las principales compradoras. Los obsequios y los préstamos no son modos de acceso recurrentes, aunque se debe destacar a la descarga virtual como práctica de baja incidencia pero relevante en el colectivo masculino –más aún entre los mayores–;

de hecho, en comparación con el resto, los varones leen en soporte digital y descargan material de lectura en proporciones importantes. Precisamente, la procedencia de los libros que los universitarios leen está relacionada estadísticamente con el sexo de los jóvenes. Asimismo, cerca de las tres cuartas partes compra libros en las librerías tradicionales, y dos de cada diez compra en las grandes librerías. Aunque se trate de una minoría, cabe destacar la compra en tiendas virtuales en los varones mayores. Si se observan los resultados de la ENHL 2011, se advierte que el orden de preferencia en que aparecen los lugares de compra es similar, pero las proporciones son significativamente distintas, porque la compra tiende a diversificarse en otros canales, y sobre todo, porque aquella encuesta mide a la población lectora sin distinguir lectura por placer.

Con respecto a los motivadores de lectura, aunque una cantidad considerable de los varones mayores indica que no lee por recomendación, la mayoría de los universitarios indicó que al momento de leer un libro, los amigos y familiares son los principales referentes; esta tendencia se acentúa bastante en el grupo de jóvenes-plenos de ambos sexos. Los mayores de 25 años consideran la publicidad y la comunidad virtual como sus recomendadores de lectura –aunque la proporción sea muy pequeña, inferior a los tres puntos porcentuales–; y en general, el colectivo masculino presta bastante atención a las sugerencias de los colegas. Por otra parte, los jóvenes lectores no llegan a la librería con la intención de ser asesorados, sino que tienen el título en mente y sólo van a comprarlo, lo que permite suponer que no es una salida en sí misma. Por otro lado, se supo que las mujeres son las principales lectoras de los Clásicos de la literatura, los más jóvenes de ambos sexos eligen esta opción en mayor medida que los mayores. En tanto, los best sellers como motivadores de lectura aparecen en proporciones pequeñas y similares en todos los grupos, por sexo y edad. Los varones, sobre todo los mayores, leen lanzamientos en mayor proporción que el resto. En suma, los varones menores están más atentos al consejo de otros, mientras que los mayores leen por propia iniciativa. Por otra parte se establecieron relaciones estadísticas entre los hábitos y los motivadores de lectura con la práctica en sí, sólo en el segmento de lectores. En este sentido, la frecuencia con que leen, la procedencia de los libros y los incentivos para leer se relacionan con la incidencia de la práctica. La siguiente infografía sintetiza tales relaciones, según la prueba de independencia:

Prácticas de lectura. Relación entre variables de comportamiento y la lectura por placer. Lectores.

VARIABLES DE COMPORTAMIENTO		LECTURA POR PLACER
HÁBITOS DE LECTURA	Cantidad de libros leídos al año	x
	Frecuencia de lectura	✓
	Momento del día preferido para leer	x
	Soporte utilizado para leer	x
	Procedencia de los libros leídos	✓
	Lugar de compra	x
MOTIVADORES DE LECTURA	Referentes de lectura	x
	Incentivos propios de lectura	✓

Elaboración propia. Nota: La frecuencia de lectura, la procedencia de los libros leídos y los incentivos propios de lectura –leer el último lanzamiento, un Clásico postergado o el libro recomendado– están asociados estadísticamente con el ejercicio de leer por placer.

Respecto de las diferencias de lectura por sexo, se observó que la intensisad de lectura tiende a ser similar en varones y mujeres, pero las diferencias aparecen en relación con aquello que leen, cómo lo leen y el motivo de lectura: los contenidos y formatos, los soportes utilizados y las razones por las cuales leen. Mientras los varones vinculan la lectura más con la necesidad de estar informados y con la lectura por deber, las mujeres tienden a admitir que puede cumplir una función pasatiempista. En otras palabras, las mujeres mantienen una relación bastante más cercana con la lectura por entretenimiento: primero, valoran al libro como objeto y consideran la lectura como una actividad de tiempo libre (esto es afín son lo observado en los diversos estudios tomados como antecedentes); segundo, cuando compran material de colección se destacan por adquirir literatura e infantiles, y cuando navegan leen blogs; tercero, ni una de ellas admitió desinterés en la lectura, su principal excusa es la falta de tiempo; y cuarto, a partir de las imágenes asociadas al libro y la autopercepción lectora se alejan de la lectura estrictamente por deber. Por su parte, los varones tienen un gusto más amplio respecto de los contenidos y mantienen un vínculo estrecho con las nuevas tecnologías: tienen y utilizan soportes digitales, compran material de colección vinculado con la ciencia y tecnología, y se desatacan como lectores de diarios, sobre todo en su edición online.

Por otro lado, si bien los universitarios no suelen ver en el libro un obsequio posible, ser lector predispone a la compra de libros para regalar; pero si se trata de libros infantiles, la práctica de ningún modo parece estar vinculada con esa condición. Las mujeres —sobre todo las mayores— son las principales compradoras de libros en general, quienes aumentan considerablemente cuando se trata de compras para niños. Por otra parte, se observó que las respuestas que justifican estos hábitos resultan bastante débiles, sin embargo, quienes fundamentan la práctica hacen una alusión contundente hacia los beneficios futuros de fomentar la lectura desde temprana edad. Asimismo, para la variable *adquisición de libros infantiles* el sexo y la edad revelarían la incidencia de la práctica en sí. El ejercicio de la lectura es valorado positivamente por los universitarios; en este sentido, la lectura conserva su lugar de prestigio y la creencia del valor del libro como producto cultural yace inalterada. Esto se observa cuando los jóvenes, sean o no lectores, dicen propiciar la lectura en los más chicos de la familia fundamentando con la importancia del estímulo para que los niños lean.

Por otro lado, asociar la lectura con el placer anima a visitar la Feria del Libro con cierta continuidad, porque los lectores casi doblan la incidencia de los no lectores. Asimismo, y consecuente con lo visto al inicio —que las mujeres eligen ferias y exposiciones como salidas de tipo cultural— también se observó que visitan dicho evento en una proporción mayor que los varones. Como propósito de asistencia, mientras los varones ven a la Feria más como un paseo en sí mismo, a las mujeres les interesa la variedad de libros y las novedades que allí se exhiben. Los jóvenes lectores están interesados en la agenda de programación, en actualizarse a partir de las novedades así como en apreciar una variedad importante de libros concentrados en un único espacio. Cabe mencionar que llamativamente, las respuestas de los lectores se asemejan a las del colectivo femenino sean o no lectoras.

Ante la inexistencia de relevamientos que provean de cruces entre consumos culturales, se planteó como objetivo establecer relaciones entre la lectura por placer y otras prácticas culturales. En este sentido, se pudo comprobar que dentro de los consumos vinculados con el libro, la lectura por placer se relaciona con la compra de material de colección y de libros con el propósito de ser regalados, así como con el hecho de visitar la Feria del Libro cada año. Pensando en los consumos culturales en general, no aparecen asociaciones estadísticas con la incidencia de lectura. Esto último permitiría descartar ese saber popular que explica la escasa lectura a partir de otros consumos: es decir, no se lee más o menos porque se mira televisión, escucha música o práctica deporte. No obstante, dentro de las salidas, aquellas vinculadas a la esfera audiovisual de las industrias culturales presentan mayor incidencia de lectura, aunque no haya asociación estadística. Incluso, leer libros no aparece asociado con la lectura de prensa gráfica. Evidentemente la predisposición hacia la lectura por placer en la adultez se explica por una formación lectora previa. Entonces, esa presunción declarada al revisar las razones de no lectura –que no disponer de tiempo no sería motivo real para no leer o que la lectura no disputaría espacio con otras actividades– queda ratificada. La lectura no compite con otros consumos culturales; el placer de leer sencillamente sucede porque el lector es un individuo que ha sido formado como tal y su práctica está socialmente determinada.

A partir de la infografía próxima, esta investigación descarta esa idea arraigada respecto de que la lectura estaría socavada por actividades de ocio. También durante el procesamiento de los datos, se relacionaron las prácticas de tiempo libre –actividades y salidas– con los motivos de no lectura. En este sentido, se advierte que los jóvenes que pasean y los que concurren al cine, los jugadores de videojuegos y los deportistas constituyen un grupo que se manifiesta contundentemente ajeno a la lectura, en tanto indica preferir otras actividades de esparcimiento. Otros grupos que escogen otras prácticas antes que leer son los que eligen el celular como principal objeto, los lectores de diarios de fin de semana y quienes no compran material de colección, y muy por encima –doblando estas proporciones– quienes no asisten a eventos. Finalmente, "no me interesa la lectura" es la categoría más contundente; al respecto, cabe señalar los grupos que manifestaron desinterés abiertamente: los jóvenes que eligen jugar videojuegos en momentos de ocio, los que escuchan música y radio y los que concurren a exposiciones.

Consumos culturales. Relación entre variables de comportamiento y la lectura por placer. Lectores.

VARIABLES DE COMPORTAMIENTO		LECTURA POR PLACER
Consumos vinculados con los libros y la lectura	Compra de material de colección	✓
	Compra libros para regalar	✓
	Compra libros infantiles	X
	Asistencia a la Feria	✓
Consumos culturales en general	Bienes preciados	X
	Actividades de tiempo libre	X
	Salidas y esparcimiento	X
	Lectura de diarios	X

Elaboración propia. Nota: Excepto comprar libros infantiles, el resto de las prácticas culturales vinculadas con la lectura presentan relación estadística con la predisposición a leer; en tanto, los consumos culturales en general, no se vincularían.

Ficción, entre la propuesta del mercado y el canon literario

El relevamiento permitió conocer que cerca de las tres cuartas partes de los jóvenes lectores indica que la ficción es el tipo de lectura preferida: en el grupo de jóvenes-plenos esto es contundente, más aún en las mujeres. No obstante, los varones –particularmente los mayores– admiten lecturas asociadas con la no ficción, específicamente temáticas vinculadas con la historia, política y economía. En este sentido, con la lectura se comprueba una tendencia observada en el indicador contenido televisivo: mientras las mujeres miran programas únicamente vinculados con la ficción, los varones consideran otras alternativas. Si bien se aleja bastante de la mayor frecuencia, la categoría autoayuda, espiritualidad y superación es el segundo tipo de lectura que eligen los universitarios. Efectivamente, se comprobó que según datos del sector editorial, las principales publicaciones corresponden al rubro Literatura; y aparece una propensión común: los géneros literarios más leídos por los argentinos son la novela y el cuento, según la ENHL 2011.

Entre los lectores de ficción y literatura, se observó que las elecciones se reparten entre los distintos géneros literarios. Si bien la trama policial y detectivesca –notablemente preferida por los varones– y la aventura, fantasía y viajes son las de mayor incidencia; otras temáticas como el terror, suspenso e intriga así como el romance –principalmente lecturas femeninas– convocan a una cantidad considerable de jóvenes. Sin embargo, mientras la literatura concentra a la mayoría de los lectores, el género por temáticas los distribuye en proporciones más equilibradas. Asimismo, siete de cada diez mujeres comenta haber leído recientemente ficción –en los varones la proporción no llega a seis de diez–. Respecto de los títulos leídos no se advierten diferencias importantes por grupo etario aunque sí por sexo. El terror, suspenso e intriga como género se cristaliza en *El psicoanalista* de Katzenback, *Los padecientes* del conocido licenciado Rolón –ambos thriller psicológicos– y la trilogía "Millennium". En este tipo de libro comercial, como rasgo común, domina el lenguaje claro, prevalece el contenido sobre la forma y la acción sobre la reflexión, y se dosifica la intriga. También surge con gran incidencia, la saga de vampirismo "Crepúsculo" de Meyer y la novela *El cuaderno de Maya* de Isabel Allende, ambas lecturas femeninas. Por otro lado, aparecen significativa y reiteradamente las novelas en sagas pertenecientes al género de fantasía y ciencia ficción: *Juego de tronos* y *Los juegos del hambre* –ambos títulos elegidos por los varones sin distinción de edad–. Por otra parte, sorprendentemente, los jóvenes mencionaron leer la clásica *Rayuela* de Cortázar –acaso un título que parece desentonar en el listado–; y como literatura de no ficción, la resonante biografía de Steve Jobs. Una vez más, ahora a partir de la diversidad de títulos aportados por los varones, se corrobora que las temáticas elegidas por ellos tienden a ser más variadas.

En los títulos aportados por los jóvenes lectores, las narraciones seriadas se imponen ante las novelas autoconclusivas. Se trata de historias usualmente divididas en tres tomos, provenientes en su mayoría de autores estadounidenses, adaptadas al cómic y al cine. Si bien es literatura dirigida a jóvenes entre los 12 y los 17 años, el público que consume estos libros supera ampliamente ese rango etario. A pesar de las estrategias editoriales y las demandas concretas de un público lector ansioso de ficción y fantasía, más allá de los nuevos modos de leer, en intertexto con otros lenguajes y con campos extraliterarios, resulta problemático el uso del término 'literatura juvenil' porque encierra una heterogeneidad que carece de un referente identificable. Asimismo, en estos relatos se observan elementos góticos y románticos de una época lejana: al estudiar estas narraciones, en las cuales aparece el cruce de elementos de diferente temporalidad y procedencia, debería ser enmarcadas en un período complejo de modernidad tardía. Las narraciones que más menciones obtuvieron no fueron escritas desde la perspectiva del realismo. Probablemente, su éxito se explique con las necesidades diferenciadas a las que responden los productos de una cultura consumida por jóvenes de sectores medios. Como los lectores 'cultos', los jóvenes también buscan en la literatura ese lugar de ensoñación, evasión y aventura. En cierta forma, estas narraciones hablan de las expectativas de su público. El placer aparece en dos sentidos: por un lado, otorgan goce mediante los temas que tratan –la lucha del bien contra el mal, las guerras civiles, los enfrentamientos entre mundos distópicos–; y en segundo lugar, proporcionan a los jóvenes el placer de fluir ininterrumpidamente al ser ágiles y legibles. En suma, establecen una relación lisa y llana con ellos. Precisamente, los autores son escritores mediáticos que garantizan el éxito comercial y establecen con el público una relación entre conocidos. Otro rasgo común en los libros que los jóvenes comentaron leer es que los guiones fueron llevados a la pantalla grande, con lo cual resulta evidente la retroalimentación libro-película. ¿Podría vincularse esto a la gran proporción de universitarios cuya salida cultural preferida es el cine? Y más aún, ¿podría corroborarse esto con el hecho que los asiduos consumidores de cine presentaron la mayor incidencia de lectura por placer? Además entre las series y sagas de fantasía leídas, aparece la retroalimentación libro-videogames. Si antes los juegos clásicos ofrecían un tema sin narración en repeticiones organizadas en ciclos que exigían el enfrentamiento entre jugador y máquina (Sarlo 1994), ahora hay de los que ofrecen verdaderos relatos de ficción con personajes originados en textos literarios –best sellers internacionales–, que en ocasiones estimulan la participación de los jugadores, quienes con su imaginación deben continuar la trama. Estos ecos narrativos de la industria del entretenimiento en varios formatos, además de ser apuestas de un mercado globalizado, ¿no son otros canales de consumo de ficción para los jóvenes? Esta tesis sugiere que los videojuegos, de algún modo, también satisfacen en los jóvenes cierta necesidad de ficción, así como la literatura, el cine o las series televisivas que comentaron preferir para los momentos de ocio.

Una conclusión a la que se llega después de observar las menciones reiteradas de los recientes títulos leídos es que los jóvenes leen según la propuesta del mercado, pero responden atentos a lo que reconocen como canon literario o lecturas legitimadas. En el análisis del público nacional, Prieto (1956) sostenía tempranamente que la literatura formaba parte de la alta cultura y que el resto quedaba reducido a *subliteratura*. ¿No es acaso la misma distinción que realizan los universitarios casi intuitivamente, y que paradójicamente comparten con los círculos de lectores 'cultos'? Ello significa que el modo de valorar y discriminar lo literario yace inalterado: los prejuicios y las distinciones del campo literario continúan ejerciendo su influencia en las poblaciones de no lectores. Por otro lado, los universitarios dicen leer lo que otros jóvenes en otras partes del mundo: prefieren los títulos que eligen los españoles o los ingleses así como los latinoamericanos. No aparece la singularidad, un gusto compartido propio, nacional y generacional. Esta tendencia de lectura globalizada se comprobó con la encuesta española de editores (FGEE 2012), los rankings locales e internacionales de libros vendidos publicados en la prensa gráfica (BBC 2003; Publishers Weekly 2012; Revista Fortuna 2012; New York Time 2009; CEDEM, et. al 2011, 2012; The Guardian 2011) y un estudio reciente entre los universitarios colombianos de Los Andes y La Javeriana (Arcadia 2015). Puede pensarse que el mercado internacional del entretenimiento tiene tal nivel de cooptación sobre los mercados literarios regionales que impide que surjan otras expresiones, quizá más autóctonas. Esta investigación deja en evidencia que sus gustos y preferencias literarias se enmarcan en un proceso de cultura escrita mundializada. Asimismo, se sabe que los fanáticos de las sagas de "Harry Potter", "Crepúsculo" o "Los juegos del hambre" forman comunidades de lectores sedientos por la aparición de cada entrega, el lanzamiento de la película, la divulgación de notas de prensa de los actores; conocen en detalle a cada personaje, participan en foros de discusión y asisten a eventos de encuentro entre fanáticos de todas partes. Estos relatos se integran en un espacio cultural extenso que incluye no sólo formas discursivas sino también prácticas, tramas institucionales formales e informales, estimuladas por la industria del entretenimiento mundial. Estos efectos de las estrategias del mercado global también se observan en la novela histórico-romántica y el thriller policial. Al respecto, sería interesante proponer una sociología de la lectura que se pregunte por las diferencias en la recepción de los textos de acuerdo con comunidades de interpretación ubicadas en distintas regiones geográficas. Por ejemplo, ¿cómo reciben los jóvenes lectores a Gabriel García Márquez en Colombia, y cómo en la Argentina?, ¿existen diferencias en la apropiación y atribución de significado que otorgan los jóvenes argentinos a "Millennium" respecto de sus pares en el mundo? En suma, si existe una moda, un gusto de época, seguro que sus elecciones responden a ello. Esto permite tener cierta certeza metodológica, puesto que si se hiciera el relevamiento tiempo después, las menciones de los jóvenes virarían hacia los títulos que el mercado promociona en ese momento. Como en otras industrias, existen modas. El mercado del libro ofrece géneros, tramas y autores que responden a las demandas concretas de un público lector ávido de novedades, pero que al mismo tiempo contribuye a formar. En este sentido, cabe preguntarse por el rol del Estado en la regulación de los consumos culturales en general, y del libro en particular. Esto permitiría un análisis en dos sentidos: por un lado, la internacionalización de la actividad editorial, y por otro, la globalización de la literatura –como dos caras de un mismo proceso–.

Por su parte, el best seller cambia al ritmo vertiginoso de las nuevas sensibilidades e intereses; es decir se publicarán best sellers mientras haya lectores que sobrevivan incluso al libro en papel: ese artefacto que la Real Academia define en su primera acepción como "conjunto de muchas hojas de papel u otro material semejante que, encuadernadas, forman un volumen".[103] Por cierto, una definición que tiene muy poco que ver, por ejemplo, con la realidad virtual de las *keitai shosetsu*, esas novelas de tramas sencillísimas escritas para ser descargadas y leídas en los teléfonos móviles y que han conseguido conectar con la sensibilidad de un amplísimo sector de los adolescentes japoneses –y que ya se han extendido hacia otros países europeos y asiáticos–. Quizá, más pronto que tarde, las listas de los más vendidos sean sustituidas por la de los 'más descargados'.

Acerca de los autores preferidos, García Márquez, Cohelo, Cortázar y Katzenback son, en ese orden, los favoritos de los jóvenes. Resultan elecciones notables: dos de ellos son emblemas de la llamada literatura del boom latinoamericano, uno es un clásico del autoayuda de los años noventa y otro es un exponente del thriller psicológico de estos tiempos. En la elección de los autores se manifiesta el efecto legitimidad , de modo aún más claro que con los títulos que los jóvenes dijeron leer. En cierta forma, hay una incongruencia al repasar los libros leídos recientemente con los autores predilectos, como si dichas elecciones provinieran de comunidades de lectores diferentes. Borges, Christie, Poe, Sábato, entre otros, también aparecen con frecuencia. Cabe preguntarse, qué hay de cierto en ello, o si más bien se trata de responder lo políticamente correcto. En sentido metodológico, la técnica de recolección empleada no permite profundizar en sus respuestas; debería captarse la experiencia de lectura en términos extensos. Considerando la imposibilidad de respaldar las elecciones con argumentos sólidos que permitan justificarlas, resta ponerlas en duda. Al momento de apreciar las aptitudes como escritores, en García Márquez y Cortázar subrayan la habilidad de redacción, descripción de personajes y caracterización de lugares. En

---

[103] Real Academia Española. Diccionario de la lengua española (DRAE). 23ª edición. 2014. "Libro". http://goo.gl/dRpl6b

Cohelo, señalan cierta competencia para transmitir contenido de tipo espiritual; y en Katzenbach, su aptitud de generar intriga y suspenso. Siempre cuando valoran lo hacen en función de "aquello que les provocó leerlos" y de la "capacidad literaria del autor para" caracterizar, crear o generar climas específicos. En suma, valoran el *cómo se cuenta* en mayor medida que el *qué se relata*; es decir, la forma antes que el fondo, sin embargo, los libros que leen priorizan el contenido antes que el modo de relatarlo.

Finalmente, la infografía próxima reafirma las diferencias en los gustos de género:

Lectura por placer. Relación entre variables de comportamiento y aspectos sociodemográficos. Lectores.

VARIABLES DE COMPORTAMIENTO		ASPECTOS SOCIODEMOGRÁFICOS	
		SEXO	EDAD
PROPÓSITOS DE LECTURA	Lectura por placer	✓	X
	Razón de no lectura por placer	✓	X
HÁBITOS DE LECTURA	Momento de lectura de libros	X	✓
	Soporte utilizado para leer libros	X	✓
	Procedencia de los libros leídos	✓	X
MOTIVADORES DE LECTURA	Incentivo propio de lectura	✓	X
	Referentes de lectura por placer	✓	X
PREFERENCIAS LITERARIAS	Tipo de lectura preferida	✓	X
	Género literario por temáticas	✓	X

Elaboración propia. Nota: Leer por placer, así como la razón con la que se excusan por no elegir a la lectura como actividad de tiempo libre, están asociados estadísticamente con el sexo. Del mismo modo, ocurre con la procedencia del libro, los incentivos y las preferencias literarias.

Otras relaciones que surgen de la prueba de independencia sugieren que el tipo de lectura preferida se asocia con aquello que les atrae del libro, con las desventajas asociadas a la lectura digital y con los incentivos propios de lectura. Asimismo, existe relación estadística entre el último libro leído por placer y el tipo de lectura preferida. Téngase presente que la prueba de independencia señala cuando dos variables categóricas se vinculan pero no la influencia que podría ejercer una sobre la otra, y menos, explicar el comportamiento que sugiere una relación de causalidad.

Nuevos interrogantes y líneas de investigación posibles

Por un lado, esta investigación ratificó saberes previos –en general se comprobaron regularidades empíricas vinculadas con los hábitos y comportamientos lectores, según registros oficiales– y además, llenó huecos en el conocimiento sobre dimensiones no consideradas en los relevamientos nacionales, particularmente aquellas vinculadas con las preferencias literarias y las percepciones sobre la condición de lector y la lectura digital. Si bien esta tesis supo cumplir con los objetivos formulados; no obstante, emergen dos líneas de indagación posibles como continuidad del presente estudio, en virtud de profundizar los hallazgos de esta investigación. De los tres elementos que constituyen la cultura escrita, resulta necesario ahondar en los *contenidos*.

Una posible línea de investigación, en el marco de la lectura con mayor prevalencia en los jóvenes, función utilitaria, sugiere explorar aquello que entienden por información desde su horizonte de expectativas, porque constituye una motivación importante para el ejercicio de la lectura, y teniendo presente que, después de *para comunicarse* con su grupo de pares mediante el uso de redes sociales, acceden a Internet *para informarse*. Precisamente, en la sociedad de la información se concibe la apropiación como un proceso creativo que implica la adaptación, transformación o recepción activa en base a un código distinto y propio. En este proceso aparecen dos tipos de apropiaciones: la tecnológica y la del contenido que es vehiculizado por ese medio bajo un nuevo formato. Adecuarse a una tecnología nueva, implica cierta conformidad, la comprensión de sus códigos y su uso natural en ámbitos para los que anteriormente no se contaba con la misma; y adecuarse al nuevo formato implica nuevas competencias intelectuales para leer y ¿comprender? hipertextos en situaciones cotidianas y en simultáneo con el desarrollo de otras actividades –de ocio tecnológico y también productivas–. Entonces, ¿qué significado los jóvenes atribuyen a la palabra *información*?, ¿qué esperan recibir cuando manifiestan la necesidad de estar informados?, ¿cuáles son los medios que vehiculizan esa información y cómo los eligen? ¿Comparten, intervienen, viralizan esos contenidos; a quiénes involucran y de qué forma lo hacen? Es decir, ¿cómo se apropian de estos contenidos –textos, sonidos e imágenes– haciendo uso de las posibilidades que otorgan las nuevas tecnologías de la información y comunicación?

Una segunda línea de investigación se enmarca en la lectura por placer, aquella que representa una minoría entre los universitarios, y que desde el campo de la recepción literaria, sugiere indagar en los efectos de la mundialización de la literatura en los hábitos lectores. Es decir, analizar el impacto de la globalización cultural en el consumo de libros y los gustos literarios juveniles; y asociado a ello, explorar las características de las narraciones compartidas y su relación con el interés del público lector. Para esto, es importante entender que el proceso de mundialización de la cultura no implica necesariamente la homogeneización de los gustos y los hábitos culturales como si se experimentase una realidad unidimensional. La globalización de las sociedades lleva a la constitución de una espacio transglósico –donde coexisten lenguas y costumbres distintas– en el cual una cultura mundializada debe cohabitar con un conjunto de culturas diferenciadas. En este sentido, la mundialización abriga en su seno la propia diferenciación inherente a la modernidad, pero permite simultáneamente la existencia de una civilización mundializada y las particularidades culturales (Ortiz 1995). Por ello, es pertinente profundizar en los gustos y las inquietudes de los jóvenes y su correspondencia con las características de los textos, sabiendo que esos contenidos circulan por espacios concretos, donde provocan efectos. Por ejemplo, estimulan la lectura en jóvenes que no leen, desarrollando y afirmando destrezas y disposiciones adquiridas en un proceso de socialización virtual que es, simultáneamente, uno de los factores de éxito de estos relatos de aventura fantástica o thrillers policiales que tanto gustan leer. Entonces, estas narraciones se integran en un espacio cultural extenso que incluye no sólo formas discursivas sino también prácticas y estructuras formales e informales, estimuladas por la industria del entretenimiento mundial. Sin embargo, acerca de *cómo son leídos estos relatos*, quizás nunca pueda conocerse completamente, aunque, a diferencia de las novelas sentimentales que estudió Sarlo (2004), estos lectores sí han dejado —y continúan haciéndolo— material escrito y audiovisual producido por ellos mismos. En la década del veinte del siglo pasado, los rastros quedaban en otras zonas de la literatura, en la forma en que esos relatos eran presentados a su público, en la reconstrucción del circuito que pudieron haber recorrido en el barrio, desde el kiosco de diarios o el vendedor hasta el hogar (Sarlo 2004); o quedaban en el propio testimonio de los lectores a quienes debía interrogárselos (Radway 1983; Darnton 1996; Ginzburg 1999) o en los registros de las bibliotecas escolares y públicas como los experimentos Data Base (The Open University 2015) y What Middletown Read (Ball State University 2015). Se propone conocer las condiciones de posibilidad de lectura mediante la objetivación del acto de leer; no obstante, ese lugar de reflexión reservado para quienes producían conocimiento a partir de las experiencias de lectura de determinada comunidad de interpretación, y que podían de algún modo reconstruir, ahora se ha democratizado: blogs, canales en YouTube y redes sociales son algunos de los espacios de expresión y manifestación de opiniones que pueden ser fácilmente recuperados por los cientistas sociales: hoy puede llegarse a esa comunidad de interpretación sin necesidad de interrogar personalmente a sus integrantes, superando las debilidades que ese tipo de recolección de datos supone.

Por otra parte, la ficción no sólo se construye con materiales ideológico-experienciales que conforman un patrimonio estético común, sino que los textos mismos funcionan como formadores activos de fantasías sociales. En este sentido, profundizar el análisis en aquello que se manifestó como una continuidad entre los gustos adolescentes en los jóvenes universitarios reviste un carácter de suma importancia. En el ejercicio de la lectura se producen identificaciones morales y psicológicas que seguramente tengan una permanencia más duradera que la del momento del consumo y el placer: "huella de literatura en sus lectores y también marcas de los lectores en la literatura" (Sarlo 2004:38). Para conocer *a qué se debe la masiva aceptación de este tipo de literatura globalizada,* debería interrogarse a estos relatos en términos de su sistema de representación, de su temporalidad, del tipo de causalidad que instalan, de su utilización del clisé. Se deja planteada, entonces, la necesidad de cuestionar el sistema literario de este grupo generacional que disfruta de estas narraciones, y cuyos gustos literarios comparte con la generación inmediatamente anterior y con otros jóvenes en el mundo. Para lo cual, debiera indagarse en las disposiciones experienciales, estéticas y gnoseológicas que moviliza y requiere la lectura de estas narraciones. En otras palabras: *qué es necesario saber para disfrutar y otorgar sentido a estos textos;* es decir, focalizar la atención sobre el proceso de lectura desde sus condiciones estéticas de posibilidad y sobre sus efectos en los sistemas interpretativos de los jóvenes.

En síntesis, ambas líneas de investigación proponen profundizar en la cultura escrita a partir de los contenidos: el más leído por los universitarios, la información –en sentido muy amplio y confuso, por ahora– y el menos leído pero igualmente significativo, la literatura de ficción. En ambos casos, metodológicamente debería reconstruirse ese espacio donde se cruzan imágenes, ilusiones, deseos, inquietudes y experiencias; es decir, descifrar el imaginario del público lector joven. Ello supone entender cómo cada comunidad tiene sistemas de clasificación de los géneros, de distinción entre ficción y verdad, y distinciones entre el discurso metafórico e irónico (Chartier 1999b:125); así como distinciones vinculadas con lo urgente, importante y necesario saber para 'estar informado'. Asimismo será fundamental considerar que en la llamada Revolución digital comienza a construirse una nueva identidad en la que además de receptores, los usuarios devienen *productores de contenidos*. Es decir, "si las identidades de los jóvenes se definen no sólo en el libro que leen, y fundamentalmente, en los programas de televisión que miran, en el sitio web por el que navegan, en la música que escuchan, en el blog que crean, en el perfil que construyen para una red social y en la película que eligen, es necesario entonces analizar la manera en que se vinculan con los medios de comunicación y las nuevas tecnologías, en su nuevo rol de receptores y productores de contenidos" (Morduchowicz 2012:24). En este sentido, será elemental aumentar el nivel de complejidad del diseño de investigación haciendo uso del abordaje cualitativo para obtener ese material emergente; la conformación de grupos focales sería la técnica adecuada ya que permitiría el debate y puesta en común entre los universitarios, lectores y no lectores, usuarios y no usuarios de la Red.

La formación de lectores, un desafío para el Sistema de Educación

Las condiciones de existencia de los universitarios, así como las condiciones de posibilidad de lectura, dependen y se articulan con las instituciones sociales que rigen en cada momento de su ciclo vital y entorno cultural: la familia, la facultad o instituto al que asisten –el sistema educativo en sentido amplio–, el trabajo y la administración pública, pero también se relacionan con los estilos y modas vinculados con el ocio y los consumos culturales y mediáticos. Por tanto, no es posible analizar el vínculo que mantienen con la cultura escrita de modo homogéneo sin considerar las tendencias vigentes en las instituciones y estructuras sociales en las que se forman, desarrollan e interactúan. Asimismo, si se considera que los públicos no nacen, sino se hacen, que son formados por la familia, el Estado a través de la escuela, el mercado y los medios de comunicación, entre otros agentes que influyen, con diferentes capacidades y recursos, en las maneras en cómo se acercan o se alejan de las experiencias de consumo cultural, las políticas de formación de públicos pueden ser repensadas a la luz de esta tesis. Generalmente, las instituciones gubernamentales encargadas de la promoción de la lectura, han limitado la formación de públicos a multiplicar la oferta de libros y la difusión de actividades culturales, pero ello no se ha transformado en experiencias concretas de formación de la capacidad de disfrute de la lectura. Ante la inefectividad estatal, la mayoría de los niños, adolescentes y jóvenes se forman como lectores por los medios de comunicación y la oferta comercial del mercado del libro. Y en rigor, lo que es menester del Estado mediante la tarea conjunta de las instituciones educativas es proponer vías para reemplazar esa lectura efímera, inmediata y espontánea –evidenciada en esta investigación– en la dirección de una *lectura*; asimismo que posibilite a los jóvenes discernir por qué el texto es el resultado de una innovación estética o de un trabajo intelectual, les otorgue herramientas de comprensión lectora y les permita, progresivamente, mejorar el rendimiento académico.

Considerando los títulos que han comentado leer y el modo caótico en que consumen todo tipo de contenidos, libros construidos para gustar, *objetos reflexivos* (Lash y Urry 1998), y también para complementarse con otros bienes y discursos que circulan en la industria del entretenimiento: hasta qué punto no son imposiciones del mercado global y qué participación puede tener el Estado como intermediario cultural. Asimismo, la dificultad radica en saber cómo trazar puentes entre esa lectura de textos no canónicos o no legitimados a la tradición letrada: cómo encauzar esta omnipresencia de contenidos leídos a lo que se denomina lectura de una obra. Pero ¿es necesario hacerlo? O bien, como plantea Bourdieu, "la necesidad de lectura no es natural sino producida en contextos específicos". Si como se dijo, la lectura es el producto de las condiciones en las cuales alguien ha sido producido como lector (Bourdieu 2003) –sin olvidar a la lectura como espacio propio de apropiación que no puede ser reducido jamás a eso que es leído (Chartier 2003:172)– ¿cómo producir entonces lectores? Considerando que las prácticas, situaciones y capacidades de lectura son históricas, tienden a cambiar con los avances tecnológicos –y esta investigación ha dado suficientes muestras de ello– ¿cómo contribuir con la producción de sujetos prestos a la lectura reconociendo las virtudes que supone leer? ¿De qué modo aportar para la constitución de jóvenes que después de su paso por la escuela primaria y media no se desencanten de la literatura, sino más bien continúen ese proceso de formación cultural? ¿Qué desempeño supone al Estado en esta iniciativa? ¿Cómo acercar a los nativos digitales a la lectura sostenida de un libro impreso o electrónico, y mitigar los temores de los inmigrantes digitales respecto de la lectura en soportes digitales?

En primer lugar, hasta el sentido común diría que para fomentar la lectura en los más jóvenes, sin duda es elemental conocer el fundamento de sus gustos y preferencias literarias. Luego, para despertar y consolidar el hábito lector debiera desestimarse las imposiciones y promover la idea de favorecer la motivación por contagio (Gobierno de España 2002), transmitiendo gusto y entusiasmo, y confiriendo a la lectura el carácter de actividad de ocio placentera. En este sentido, Gianni Rodari (2003) señala que lejos de ordenar la lectura de un libro, se debe sugerir aquellos libros que pueden ser pertinentes para que los jóvenes aprendan y se diviertan, porque quizá el alejamiento que muchos estudiantes experimentan hacia el ejercicio de leer se deba a que nunca encontraron lo que buscaban entre los títulos que otros, imperativamente, les pidieron leer. De hecho, según datos oficiales, la mayor proporción de lectores son estudiantes, quienes paulatinamente comienzan a desestimar la práctica porque no la asocian con el placer sino estrictamente con su función utilitaria: como se evidenció los universitarios perciben el libro como un medio de conocimiento, leen principalmente por deber y asocian ese ejercicio con la búsqueda de información. Probablemente, con el tiempo comienza a desaparecer ese hábito que nunca terminó de constituirse, porque no fue efectiva esa primera instancia de formación lectora cuyos resultados se observan en el deficiente rendimiento escolar, y particularmente, en los bajos niveles de comprensión lectora de los estudiantes argentinos respecto de otros jóvenes en el mundo. En suma, una política de estado debería orientarse en trazar un puente entre la lectura escolar y la lectura en la adultez, sabiendo que un niño estimulado desarrollará un gusto por la lectura que mantendrá a lo largo de su vida. La propuesta es pensar estratégicamente las prácticas de la lectura en el mundo de la infancia como continuidad. En este sentido, los nuevos espacios y modalidades de recomendación en la Red, como los booktubers y booktalks, pueden constituirse excelentes herramientas de divulgación, siempre que el Estado, mediante los Ministerios de Educación y Cultura, haga uso de ellas y no deje este espacio sólo para que el mercado imponga títulos y autores. Es decir, las infinitas posibilidades que propicia Internet debieran permitir la promoción de la lectura a un público que maneja el lenguaje digital. No obstante, previo a cualquier proceso de promoción de lectura debe incidirse en un aspecto crucial del sujeto: la apetencia. En este sentido, uno de los fundamentos de cualquier propuesta para el fomento de la lectura debe partir de cultivar el apetito por la lectura, las "ganas de leer", de entrar en otros mundos, de experimentar la propuesta de un autor. Sin duda, para impulsar la lectura deben considerarse los intereses de este grupo generacional –y esta investigación hizo su aporte en este sentido–. En suma, hay desafíos para el sistema educativo en la formación de lectores. Ahora bien, ¿cómo un sistema conformado, diseñado y ejecutado por inmigrantes digitales, *early adopters*, podría responder a las demandas de un conjunto de nativos digitales que no aprenden ni se apropian de los contenidos textuales como aquellos? O bien, ¿de qué modo el sistema literario podría satisfacer a lectores que ya no leen ni se involucran como sus predecesores, e incluso, como los escritores? Se impone la necesidad de reconsiderar métodos y contenidos con el objeto de acortar la brecha entre nativos e inmigrantes digitales, entre docentes y alumnos, y por qué no, entre escritores y lectores.

El perfil del joven universitario supone cierta inquietud intelectual puesto que ha decidido seguir una carrera y está inmerso en un entorno que lo motiva a potenciarse y progresar. Por otro lado, los modelos académicos están desarrollados para que los estudiantes sean protagonistas del propio proceso de aprendizaje, autónomos y con capacidad para autoevaluar su desempeño. Por ello, el Sistema de Educación debería considerar el desarrollo de competencias de lectura; sabiendo que el acercamiento de los universitarios a lo literario es un factor que potencia su desempeño académico, por qué no desarrollar actividades de fomento lector entre los estudiantes de nivel superior en los mismos centros educativos. En este sentido, sería interesante diseñar actividades de lectura compartida y debate al interior de las asignaturas e implementar prácticas pedagógicas que incluyan la literatura en materias que en apariencia están desvinculadas de la ficción. Para que esta iniciativa sea efectiva cabría preguntarse por las diferencias entre el comportamiento lector del estudiante del área humanista y área científica? ¿Cómo coopera la carrera del estudiante en su formación como lector? Debiera buscarse estrategias frente a la incesante multiplicación tecnológica y su penetración en todos los intersticios de la vida cotidiana; asimismo es imprescindible contar con las opiniones de los universitarios, por ejemplo, al momento de sugerir servicios bibliotecarios accesibles y adecuados a sus necesidades (Reading the situation 2000; Gilardoni 2013a).

Reflexiones finales

La digitalización de la palabra está resignificando las prácticas que tradicionalmente fueron comprendidas como cultura escrita. Los cambios tecnológicos no sólo conciernen a los sujetos y su entorno social, sino que además impactan en los patrones y perfiles de consumo cultural, y modifican el vínculo histórico con las instituciones. El modo de leer que se impone –hipervinculado, fragmentado y salteada– y la saturada disponibilidad de contenidos digitales listos para recortar, mezclar y pegar, transforman el entorno de legibilidad de aquello que se consumía como literatura, información y conocimiento. No obstante, de las dos grandes funciones de la lectura, recreativa y utilitaria, la más alterada ha sido esta última. Por ejemplo, la lectura de contenidos de actualidad tiende a interrumpirse, en rigor, hubo cierto desplazamiento del hábito de la pantalla de TV hacia la del dispositivo digital junto con la ampliación de este acto. Pero además, la lectura tiende a ser colaborativa e interactiva –porque el usuario interviene con comentarios y complementa con datos– y a darse en simultáneo con otras tareas. De hecho, el ocio tecnológico está incorporado a las actividades productivas; y a diferencia de lo que indica el sentido común, las salidas y el deporte continúan siendo las actividades de tiempo libre predilectas para los jóvenes. En efecto, esta tesis sugiere que en la era digital se evidencian cambios profundos respecto del vínculo que los universitarios tienen con la cultura escrita –en términos de consumo y apropiación de contenidos–, porque después de siglos cambia el soporte de lectura; sin embargo, *las variaciones surgen de la profundización de antiguos procesos sociales*. Indudablemente, la evolución de la técnica impacta en el modo de leer: del rollo al códice, del códice al libro impreso y del libro impreso al texto electrónico. A pesar de ello, más que "crisis del libro" –descartando cualquier tipo de presunción apocalíptica–, se está en un período de *crisis de la experiencia del acto de leer*. Los jóvenes están principalmente involucrados en este proceso a partir de la irrupción de una cultura digital sobre la cual nacieron o se están desarrollando. Por otro lado, pese a la reiterada inquietud de información y su estrecho vínculo con los dispositivos digitales con acceso a Internet, en un perpetuo estado 'conectado', esta tesis evidencia la necesidad de una cuota ocasional de ficción en los universitarios. No sólo de literatura leída, se observó dicha necesidad de ficción en el contenido televisivo, la frecuente visita al cine, el tipo de material de colección comprado en los kioscos de diarios y hasta en el consumo de videojuegos. Sin embargo, esta necesidad tampoco es nueva, porque aparece reiteradamente a lo largo de la historia cultural moderna: por ejemplo, en el proceso de consolidación del mercado del libro y la literatura de masas. Se advierte, en síntesis, una contundente deseo de ficción que los jóvenes canalizan por medio de consumos culturales distintos de la lectura sostenida de literatura.

Además de producir microrelatos y posteos, de ensayar perfiles propios y de intervenir en las publicaciones de otros, una tendencia de los últimos años es la participación activa y online de los lectores en los guiones de ficción. De este modo, la lectura con función recreativa o estética tiende a ser colaborativa, comunitaria y seriada. En este sentido, se profundiza el proceso de participación de los lectores en el texto de la época moderna, la transformación de la lectura en escritura que tuvo sus orígenes en las cartas de lectores en el siglo XVIII, hoy se advierte en las intervenciones de los cibernautas en los textos. Asimismo, lo seriado de las blognovelas y las historias en sagas podría asemejarse a la literatura por entregas y folletines. La lectura de literatura juvenil, paulatinamente deja de ser una práctica solitaria, aislada y silenciosa, y deviene una actividad colaborativa. Incluso, fenómenos como los bookhaul, booktalk, booktubers acaso sean un regreso a las formas antiguas de lectura basadas en la oralidad. Por otro lado, se observa que persisten antiguas aprensiones: como en la época del paso del texto manuscrito al impreso, la pérdida, el exceso y la corrupción de los contenidos continúan siendo las preocupaciones contemporáneas de los jóvenes. Pero no sólo los temores acerca de los textos digitales, sino también los ideales respecto de la cultura escrita se mantienen vigentes: indudablemente, en su imaginario, la lectura es el principal consumo cultural en términos de prestigio y legitimidad; y la intención de los jóvenes de preservar y formar una biblioteca propia da cuenta que, como en el Medioevo, la conservación y organización del acopio cultural escrito continúa girando en torno de los anaqueles. Sin embargo, en sus prácticas cotidianas, la imagen y el sonido prevalecen por encima de lo escrito.

Independientemente de los distintos criterios de demarcación que se utilicen, el tiempo libre supone aquel momento en el que el sujeto se encuentra en libertad para la ejecución de una o más acciones. Se observa que las actividades de ocio electrónico –uso de las redes sociales y lectura exprés de contenidos digitales, por ejemplo– se superponen al desempeño de actividades laborales y estudiantiles, y aquellos hábitos tradicionalmente destinados al tiempo libre –concretamente, el consumo audiovisual y mass-mediático– de igual forma tiende a incorporarse al ajetreo cotidiano. Es decir, se vislumbra cierta readecuación del modo en que los jóvenes administran el tiempo libre a partir del acceso a Internet desde sus smartphones. Por su parte, los universitarios valoran fuertemente la capacidad de desarrollar más de una tarea al mismo tiempo y la posibilidad de albergar varias acciones en un mismo soporte digital. No obstante, reconocen los perjuicios que esto implica: si bien manifiestan experimentar falta de concentración, es probable que desconozcan que efectivamente el multitasking disminuye el rendimiento cognitivo (Cole 2006; Stanford University 2011) y altera el foco de atención perjudicando el proceso de aprendizaje (Bachrach 2012).

Será un reto para los científicos y cientistas sociales averiguar cómo las nuevas generaciones procesarán la información y el conocimiento, que en algunos casos contribuyen a producir, y el impacto que ello supone en el rendimiento intelectual. Finalmente, un desafío para el ámbito educativo consolidar hábitos lectores y readecuar un sistema de educación basado en técnicas pedagógicas que hoy resultan obsoletas. Por lo pronto, este grupo generacional está en una fase de transición: pivotea entre la fascinación y el uso ilimitado y constante de Internet, y la angustia y desconfianza que le genera el ciberespacio.

Referencias bibliográficas

Adorno, Theodor. 1983. *Teoría estética*. 3ª ed. Madrid: Orbis.
Adorno, Theador y Max Horkheimer. [1944; 1947] 2002. *Dialéctica del iluminismo*. Madrid: Editorial Nacional.
Aguado, Amelia. 2006. "Políticas editoriales e impacto cultural en la argentina (1880-2000). Nota de investigación". *Información, cultura y sociedad* 15:95-105. Obtenido el 05-08-13 de http://eprints.rclis.org/17132/
Agudelo, Pedro A. 2011. "Des-hilvanar el sentido/los juegos de Penélope. Una revisión del concepto de *imaginario* y sus implicaciones sociales." *UNIPLURIVERSIDAD* 11(3). Obtenido el 28-03-13 de http://goo.gl/3bMeUY
Alatriste, Sealtiel. 2000. "El mercado literario: ¿global o local?" Presentado en XXVI Congreso de la Unión Internacional de Editores, Buenos Aires.
Altamirano, Carlos y Beatriz Sarlo. 1980. *Conceptos de sociología literaria*. Buenos Aires: Centro Editor de América Latina.
——. 1983. *Ensayos argentinos. De Sarmiento a la vanguardia*. Buenos Aires: Centro Editor de América Latina.
Altamirano, Carlos. 2008. "Introducción general". Pp. 9-27 en *La ciudad letrada, de la conquista al modernismo*, editado por J. Myers (vol.1), en *Historia de los intelectuales en América Latina*, dirigido por C. Altamirano. Buenos Aires: Katz.
Arcioni, María Julia. 2007. "Gestión del libro en la Ciudad de Buenos Aires, aspectos legales y económicos" en *Las industrias culturales en la Ciudad de Buenos Aires*, Observatorio de Industrias Culturales Gobierno de la Ciudad de Buenos Aires.

Astutti, Adriana y Sandra Contreras. 2001. "Editoriales independientes, pequeñas... Micropolíticas culturales en la literatura argentina actual". *Revista Iberoamericana* 67(197): 767-780.

Bachrach, Estanislao. 2012. *Ágilmente. Aprendé cómo funciona tu cerebro para potenciar tu creatividad y vivir mejor*. Buenos Aires: Sudamericana.

Barton, Allen. 1984. "El Concepto de espacio de propiedades en la investigación social" en *Conceptos y variables en la Investigación Social*, F.Korn; et. al. Buenos Aires: Nueva Visión.

Batticuore, Graciela. 2007. "Lectura y consumo en la cultura argentina de entresiglos". *Estudios* 15(29):123-142. Obtenido el 08-08-13 de http://goo.gl/gTmpjH

Baudrillard, Jean. 1974. *Crítica de la economía política del signo*. México: Siglo Veintiuno.

Bauman, Zygmunt. 1997. *Sobre la modernidad, la posmodernidad y los intelectuales*. Buenos Aires: Universidad Nacional de Quilmes.

——. *Vida de consumo*. 2007. Buenos Aires: FCE.

Bazin, Patrick. 1996. "Hacia la metalectura" en *El futuro del libro ¿Esto matará eso?* N, Geoffrey. Barcelona: Paidós.

Benedetti, Mario. 1974. *El escritor latinoamericano y la revolución posible*. Buenos Aires: Alfa argentina.

Benjamin, Walter. [1955] 1987. *Dirección única*. Madrid: Alfaguara.

——. 2007. *Conceptos de la filosofía de la historia*. La Plata: Terramar.

——. 2008. "La obra de arte en la época de su reproductibilidad técnica" en *Obras*, libro I, Vol. 2. Madrid: Abada Editores.

Bonet, Lluís y Albert de Gregorio. 1999. "La industria cultural española en América Latina" en *Las industrias culturales en la integración latinoamericana*, coordinado por N. García Canclini y C. Moneta. Buenos Aires: Eudeba/Sela.

Bookchin, Murray. 1999. "Dos imágenes de la tecnología"; "La matriz social de la tecnología" Pp. 333-384 en *La ecología de la libertad. El surgimiento y la disolución de la jerarquía*. Madrid: Nossa y Jara Editores.

——. 1989. *Tecnología y anarquismo*. México: Antorcha.

Book Marketing Ltd; The Reading Partnership. 2000. "Reading the Situation. Book reading, buying and borrowing habits in Britain". Obtenido el 15-01-13 de http://goo.gl/C4K3K6

Botto, Malena. 2011. "Territorios del presente, fronteras de la literatura: pequeñas editoriales y editoriales alternativas". Presentado en las II Jornadas de Intercambios y Reflexiones acerca de la Investigación en Bibliotecología, 27 y 28 de octubre, La Plata. Obtenido el 05-10-13 de http://goo.gl/yA1xhU

——. 2012. "Esos raros proyectos nuevos. Reflexiones para la conceptualización de las nuevas prácticas editoriales". Presentado en el VIII Congreso Internacional de Teoría y Crítica Literaria Orbis Tertius, 7-9 de mayo, La Plata. Obtenido el 05-10-13 de http://goo.gl/RJVol4

Bourdieu, Pierre. 1979. "Introducción". Pp. 15-26 en *La fotografía: un arte intermedio*. México: Nueva Imagen.

——. 1978. Entrevista a Pierre Bourdieu. Entrevista de Anne-Marie Métailié: "Les jeunes et le premier emploi", París: Association des Ages. *Ilustración crítica*. Obtenido el 10-10-2013 de http://goo.gl/MPKn0U

——. 1988. *Cosas dichas*. Buenos Aires: Gedisa.

——. 1995. *El sentido práctico*. España: Taurus.

——. 1995. *Las reglas del arte: génesis y estructura del campo literario*. Barcelona: Anagrama.

——. 1997. *Razones prácticas. Sobre la teoría de la acción*. Barcelona: Anagrama.

——. 1999. *Intelectuales, política y poder*. Buenos Aires: Eudeba.

——. 2001. *Las estructuras sociales de la economía*. Buenos Aires: Manantial.

——. 2002. *Campo de poder, campo intelectual. Itinerario de un campo*. Buenos Aires: Montressor.

——. 2006. *La distinción. Criterio y bases sociales del gusto*. España: Taurus.

Bourdieu, Pierre y Loïc Wacquant. 1995. *Respuestas por una antropología reflexiva*. México: Grijalbo.

Bourdieu, Pierre y Roger Chartier. 2003. "La lectura: una práctica cultural. Debate entre Pierre Bourdieu y Roger Chartier". *Revista Sociedad y Economía* (4):161-175, Universidad del Valle, Colombia. Obtenido el 02-12-13 de http://goo.gl/D9x4nN

Brea, José Luis. 2002. *La era postmedia. Acción comunicativa, prácticas (post)artísticas y dispositivos neomediales* [2009 Creative Commons]. Obtenido el 10-09 de http://goo.gl/KPWtq3

Bustamante, Enrique. 2003. *Hacia un nuevo sistema mundial de comunicación. Las industrias culturales en la era digital*. Barcelona: Gedisa.

Cabanellas, Ana María. 2001. "La edición en español en América. Congreso de Valladolid. El activo del español: La edición en español". Presentado en II Congreso Internacional de la Lengua Española, Valladolid. Obtenido el 11-09 de http://goo.gl/wxuBdv

Cárcamo-Hechante, Luis, Álvaro Bravo y Alejandra Laera. 2007. *El valor de la cultura. Arte, literatura y mercado en América Latina*. Rosario: Beatriz Viterbo Editora.

Castoriadis, Cornelius. 2002. *La insignificancia y la imaginación*. Diálogos con Daniel Mermet, Octavio Paz, Alain Finkielkraut, Jean-Luc Donnet, Francisco Varela y Alain Connes. Madrid: Trotta.

Cea D'Ancona, M. Ángeles. 2001. *Metodología cuantitativa. Estrategias y técnicas de investigación social*. Madrid: Síntesis.

Chartier, Roger. 1991. "Las prácticas de lo escrito" en *Historia de la vida privada*, dirigido por Ariés, Philippe y Georges Duby. Madrid: Taurus.

——. 1999a. *El mundo como representación. Historia cultural: entre práctica y representación*. Barcelona: Gedisa.
——. 1999b. *Cultura escrita, literatura e historia*. México: Fondo de la Cultura Económica.
——. 2005a. *El presente del pasado. Escritura de la historia, historia de lo escrito*. México: Universidad Iberoamericana.
——. 2005b. *El orden de los libros. Lectores, autores, bibliotecas en Europa entre los siglos XIV y XVIII*. 3ª ed. Barcelona: Gedisa.
——. 2005c. "Jóvenes que no «leen» en un mundo inundado de textos". *Página/12*, 21 de febrero. Entrevista de S. Kisielewsky. Obtenido el 18-08-13 de http://goo.gl/8mIFVW
——. 2006. "Materialidad del texto, textualidad del libro". *Revista Orbis Tertius* XI(12). Obtenido el 10-08-13 de http://goo.gl/bMg2Zh
——. 2010. "Las nuevas tecnologías se acercan al siglo XVI y XVII." *Página/12*, 13 de junio. Entrevista de S. Friera. Obtenido el 14-08-13 de http://goo.gl/QQJQos
Chartier, Roger y Guglielmo Cavallo. 2004. *Historia de la lectura en el mundo occidental*. 2ª ed. Madrid: Taurus, D.L.
Cole, Wendy, et.al. 2006. "The Multitasking Generation". *Time* 167:50-53. Obtenido el 14-08-13 http://goo.gl/7jv9yW
Connell, Robert. 2003. "Masculinidades". Mexico: UNAM. Obtenido el 14-10-13 de http://goo.gl/TVtUjH
Cortázar, Julio. 1982. "El amargo encanto de la máquina de escribir". Obtenido el 14-08-13 http://goo.gl/mP7zCz
——. Entrevista 1983. Librería El Juglar en México, un año antes de su muerte. Obtenido el 14-08-13 http://goo.gl/469b1D
Cruz García, Sandra Araceli y Martínez Gil, Alfredo. 2009. "¡Por si no te vuelvo a ver!" o la importancia de la difusión del libro antiguo. Biblioteca Universitaria de la UNAM, México. 12(1):39-55. Obtenido el 10-08-13 de http://goo.gl/tcnffR

Darton, Robert. 1986. "Le lecture rousseauiste et un lecteur «ordinaire» au XVIIIe siècle". Pp.161-199 in Roger Chartier, *Pratiques de la lecture*.
——. 1996. "El lector como misterio" [1986]. *Fractal 2 y 3*, 1 (1):77-98; 39-63 Obtenido el 20-07-14 de http://goo.gl/QNzfuW>; http://goo.gl/RCjy6A
——. 2008. *Los bestsellers prohibidos en Francia antes de la Revolución*. Buenos Aires: FCE.
Dayan, Daniel. 1997. *En busca del público*. Barcelona: Gedisa.
De Certeau, Michel. 1996. *La Invención de lo Cotidiano I. Artes de Hacer*. México: Universidad Iberoamericana.
De Diego, José Luis. 2004. "Políticas editoriales e impacto cultural en Argentina (1940-2000)". Presentado en el III Congreso Internacional de La Lengua Española, Rosario. Obtenido el 27-03-13 de http://goo.gl/8CvC6e
——. 2006. *Editores y políticas editoriales en Argentina, 1880-2000*. Buenos Aires: FCE.
——. 2007. "Políticas editoriales y políticas de lectura". *Anales de la educación común* 3(6). Obtenido el 27-03-13 de http://goo.gl/XCYSZ6
Degiovanni, Fernando. 2005a. "La invención de los clásicos: nacionalismo, filología y políticas culturales en Argentina". Wesleyan University, *Orbis Tertius* X(11).
De Sagastizábal, Leandro. 2002. *Diseñar una nación. Un estudio sobre la edición en la Argentina del siglo XIX*. Buenos Aires: Grupo Editorial Norma.
——. 2005. "El papel social del editor en la promoción de la lectura". *Pensar El Libro* 3. CERLALC-UNESCO. Obtenido el 14-05-13 de http://goo.gl/Reer4E
De Sagastizábal, Leandro y Fernando Esteves Fros. 2005. *El mundo de la edición de libros: un libro de divulgación sobre la actividad editorial para autores, profesionales del sector y lectores en general*. Buenos Aires: Paidós.
De Sagastizábal, Leandro, Claudio Rama y Richard Uribe. 2006. *Las editoriales universitarias en América Latina*. Bogotá: CERLALC.

Dieterich, Heinz. 1999. Nueva Guía para la investigación científica. Buenos Aires: Editorial 21.
Douglas, Mary y Baron Isherwood. 1990. *El Mundo de los Bienes. Hacia una antropología del consumo*. México: Editorial Grijalbo.
Eco, Umberto. 1984. *Apocalípticos e integrados*. 7ª ed. Barcelona: Lumen.
——. 1993. *Lector in fabula. La cooperación interpretativa en el texto narrativo*. 3ª ed. Barcelona: Lumen.
——. 2003. "Resistirá". *Página/12, Radar*, 07 dic. Obtenido el 10-03-08 de http://goo.gl/eYoI0y
Eagleton, Terry. 2006. *Criticism and ideology: A Study in Marxist Literary Theory*. [1978]. Choise.
Escarpit, Robert. 1962. *Sociología de la literatura*. Buenos Aires: Fabril.
——. 1968. *La revolución del libro*. Madrid: Alianza Editorial.
Escandell Montiel, Daniel. 2011. "Credulidad y pacto de ficción en la blognovela: Nuevas relaciones autor-lector en la narrativa digital". Pp. 307-317 en *Literatura e Internet: Nuevos textos, nuevos lectores*, dirigido por S. Montesa. Málaga: Universidad de Málaga/AEDILE. Obtenido el 18-04-13 de http://goo.gl/CZYdAC
Esteves, Fernando. 2007. "El libro: ¿bien cultural o mercancía? Estudio sobre el negocio editorial en la Argentina". Tesis de Maestría en Administración. Facultad de Ciencias Económicas, Universidad de Buenos Aires.
——. 2014. "La nueva cadena de valor del libro". *Manual de supervivencia para autores y editores del siglo XX*. Obtenido el 08-09-2014 de http://goo.gl/kbZXlg
Featherstone, Mike. 2000. *Cultura de consumo y posmodernismo*. Buenos Aires: Amorrortu.
Febvre, Lucien y Henri-Jean Martin. [1962]2005. *La aparición del libro*. México: FCE.
Fernández Armesto, María Verónica. 2005. "Lectores y lecturas económicas en Buenos Aires a fines de la época colonial." *Información, cultura y sociedad* 13: 29-56. Obtenido el 04-08-13 de http://goo.gl/MLZL3J

Freire, Paulo. 1981. "La importancia del acto de leer". Congreso Brasileño de Lectura, Campinas, São Pablo. Obtenido el 12-08-14 de http://goo.gl/5buL9e

——. 1984. *La importancia de leer y el proceso de liberación*. México: Siglo XXI.

Foucault, Michel. [1970]2013. *El orden del discurso*. México: Tusquets.

Ford, Aníbal. 2001. "La construcción discursiva de los problemas globales. El interculturalismo: residuos, commodities y seudofusiones." *Revista Iberoamericana* 67(197):671-685.

Galtung, Johan. 1966. *Teoría y método de la investigación social*. Buenos Aires: Editorial Universitaria de Buenos Aires.

García, Eustacio A. 1965. *Desarrollo de la industria editorial argentina*. Buenos Aires: Fundación interamericana de bibliotecnología Franklin.

García Canclini, Néstor. 1979. *La producción simbólica. Teoría y método en sociología del arte*. Buenos Aires: Siglo XXI.

——. 1982. *Las culturas populares en el capitalismo*. México: Nueva Imagen.

——. 1990. "La sociología de la cultura de Pierre Bourdieu" en *Sociología y cultura*, P. Bourdieu. México: Grijalbo.

——. 1991a. *Públicos de arte y políticas culturales. Un estudio del II Festival de la Ciudad de México*. México: Universidad Autónoma Metropolitana y Secretaría de Educación Pública.

——. 1991b. "Los estudios culturales de los 80 a los 90: perspectivas antropológicas y sociológicas en América Latina". *Revista de Ciencias Sociales y Humanidades, Iztapalapa*, 11(24):9-26.

——. 1995. *Consumidores y ciudadanos: conflictos multiculturales de la globalización*. Méjico: Grijalbo.

——. 1998. "Opciones de políticas culturales en el marco de la globalización" en *Informe mundial sobre la cultura. Cultura, creatividad y mercados*, VV.AA. Madrid: UNESCO.

——. 1999. *La globalización imaginada*. Buenos Aires: Paidós.

——. 2006. "El consumo cultural: una propuesta teórica." Pp. 72- 95 en *El Consumo Cultural en América Latina*, coordinado por G. Sunkel. Bogotá: Convenio Andrés Bello.

——. 2008. *Latinoamericanos buscando lugar en este siglo*. Buenos Aires: Paidós.

——. 2013. "La cultura global fue una ficción". Entrevista de Marina Oybin. *Revista Ñ*, 23 sep. Obtenido el 02-10-2013 de http://goo.gl/ZZKUeW

García, Eustasio A. 1965. *Desarrollo de la industria editorial argentina*. Buenos Aires: Fundación interamericana de bibliotecnología Franklin.

García Ferrando, Manuel. 1992. *Socioestadística*. Madrid: Alianza Universidad Textos.

Germani, Gino. 2010. *La sociedad en cuestión. Antología comentada*. Buenos Aires: CLACSO.

Getino, Octavio. 1995. *Las industrias culturales en la Argentina. Dimensión económica y políticas públicas*. Buenos Aires: Colihue.

Gibaja, Regina. 1964. *El público de arte*. Buenos Aires: Eudeba.

Gilardoni, Claudia. 2006. "Universitarios y lectura: análisis cuali-cuantitativo del uso, accesibilidad y valoración de los libros". *Calidad en la Educación* 25:215-239. Obtenido el 04-12-12 de http://goo.gl/iSzYXm

——. 2012. "Estudiantes universitarios: ¿cuánto y cómo valoran la lectura?" *Leamos Más*. Obtenido el 14-10-13 de http://goo.gl/CWY0XS

——. 2013a. "Los bibliotecarios y su relación con los estudiantes universitarios." *Leamos Más*. Obtenido el 14-10-13 de http://goo.gl/GrPlLH

——. 2013b. "Los universitarios y la lectura". *Infotecarios*. Obtenido el 14-10-13 de http://goo.gl/3Pq4S5

Ginzburg, Carlo. [1976] 1999. *El queso y los gusanos. El cosmos, según un molinero del siglo XVI*. 3ª ed. Barcelona: Muchnik.

——. 2010. "Microhistoria: dos o tres cosas que sé de ella" en *El hilo y las huellas: lo verdadero, lo falso, lo ficticio*. Buenos Aires: FCE.

Giordanino, Eduardo. 1998. "Panorama general de las bibliotecas argentinas en el siglo XX." *Revista Argentina de Bibliotecología* 1:77-90. Obtenido el 09-08-13 de http://goo.gl/gaeYpY

Giunti, Graciela, Silvia Contardi y Alejandro Parada. 2012. "Hacia una Historia de la Cultura Impresa en la Argentina (1810-1950): relato de las investigaciones presentadas." *Información, cultura y sociedad* 27:115-121. Obtenido el 09-08-13 de http://goo.gl/ZSzLfs

Gramsci, Antonio. 1972. *Cultura y literatura*. Barcelona: Península.

Gras, Dunia. 2001. "Manuel Scorza y la internacionalización del mercado literario latinoamericano: del patronato del libro peruano a la organización continental de los festivales del libro (1956-1960)." *Revista Iberoamericana* 67(197):741-754.

Grimson, Alejandro y Mirta Varela. 2002. "Culturas populares, recepción y política. Genealogías de los estudios de comunicación y cultura en la Argentina" en *Estudios y otras prácticas intelectuales latinoamericanas en cultura y poder*, compilado por D. Mato. Caracas: Consejo Latinoamericano de Ciencias Sociales (CLACSO). Obtenido el 04-04-12 de http://goo.gl/NnGlOV

Gutiérrez, Leandro H. y Luis A. Romero. 1995. *Sectores populares, cultura y política*. Buenos Aires: Sudamericana.

Harvey, David. 1998. *La condición de la posmodernidad. Investigación sobre los orígenes del cambio cultural*. Buenos Aires: Amorrortu.

Hauser, Arnold. 1975. *Sociología del arte*. Madrid: Guadarrama.

——. 2009. *Historia social de la literatura y el arte. Desde la prehistoria hasta el barroco*. 2ª ed. (Vol.1). España: Random House Mondadori.

——. 2011. *Historia social de la literatura y el arte. Desde el rococó hasta la época del cine*. 2ª ed. (Vol.2). España: Random House Mondadori.
Hernández Sampieri, Roberto; et.al. 2004. *Metodología de la Investigación*. 3ª ed. México: Mc Graw Hill.
Heidegger, Martin. 1983. *Ciencia y técnica*. Santiago de Chile: Editorial Universitaria.
——. 1994. "La pregunta por la técnica." Pp. 9-37 en *Conferencias y artículos*. Barcelona: Ediciones del Serbal.
Hoggart, Richard. 1958. *The uses of literacy: aspects of working-class life*. Harmondsworth: Penguin.
Huyssen, Andreas. 2002. *Después de la gran división. Modernismo, cultura de masas, posmodernismo*. Argentina: Adriana Hidalgo.
Ingenieros, José. 1946. *Sociología argentina*. Buenos Aires: Losada.
Jameson, Fredric. 2002. *El giro cultural. Escritos seleccionados sobre el posmodernismo 1983-1998*. Buenos Aires: Manantial.
Jaureche, Arturo. 1967. *El medio pelo argentino. (Apuntes para una sociología nacional)*. 4ª ed. Buenos Aires: A. Peña Lillio.
Jenkins, Henry. 2006. "Confronting the Challenges of Participatory Culture: Media Education for the 21st Century" in *Building the New Field of Digital Media and Learning*. Mac Arthur Foundation. Obtenido el 15-03-13 de http://goo.gl/zyK6A3
Jiménez López, Lucina. 1993. "¿Qué onda con la radio? Un acercamiento a los hábitos radiofónicos e intereses culturales de los jóvenes de la ciudad de México." Pp. 337-383 en *El consumo cultural en México*, coordinado por N. García Canclini. México: Consejo Nacional para la Cultura y las Artes.
——. 1994. "Públicos fieles, pero exigentes". *Memoria de papel. Crónicas de la cultura en México* 4(12):100-105.
Korn, Francis. 1984. Conceptos y Variables en la Investigación Social. Buenos Aires: Nueva Visión.

Kozak Rovero, Gisela. 2001. "¿Adónde va la literatura? La escritura, la lectura y la crítica. Entre la galaxia Gütemberg y la galaxia electrónica." *Revista Iberoamericana* 67(197):687-707.
Laera, Alejandra. 2008. "Cronistas, novelistas: la prensa periódica como espacio de profesionalización en la Argentina (1880-1910)." Pp. 495- 522 en *La ciudad letrada, de la conquista al modernismo*, editado por J. Myers (vol.1), en *Historia de los intelectuales en América Latina*, dirigido por C. Altamirano. Buenos Aires: Katz Editores.
Landi, Oscar. 1987. "Mirando las noticias". Pp. 169-197 en *El discurso político. Lenguajes y acontecimientos*. Buenos Aires: Hachette.
Landi, Oscar, Ariana Vacchieri y Luis Alberto Quevedo. 1990. *Públicos y consumos culturales en Buenos Aires*. 2ª ed. Buenos Aires: CEDES.
Lash, Scott y John Urry. 1998. *Economías de signos y espacio. Sobre el capitalismo de la posorganización*. Buenos Aires: Amorrortu.
Lerman, Gabriel. 2009. "Todos los libros el libro" en *Portal Realidad Económica. Cultura y Educación*, Instituto Argentino para el Desarrollo Económico. Obtenido el 12-10 de http://goo.gl/4NUaXL
León, Maru. 2002. "Representaciones sociales: actitudes, creencias, comunicación y creencia social" en Morales; et. al. *Psicología social*. Buenos Aires: Prentice Hall.
Link, Daniel. 1999. "Opiniones contundentes. Saer en Buenos Aires." *Página/12, Radar libros*, 14 de noviembre. Obtenido el 28-03-13 de http://goo.gl/jsFIeV
——. 2003. "Literatura de compromiso" en Foro hispánico. *Revista hispánica de Flandes y Holanda* 24:15-28.
López Pintor, Rafael y Jose Ignacio Wert. 1989. "El análisis de los datos de la encuesta" en *El análisis de la realidad social*, Manuel García Ferrando; et.al. Madrid: Alianza.

Lukács, Georg. [1923] 1970. *Historia y conciencia de clase*. La Habana: Editorial de Ciencias Sociales del Instituto del Libro.

Ludmer, Josefina. 2007a. "Cambia, todo cambia."*Página/ 12, Radar libros*, 26 ago. Obtenido el 25-09-08 de http://goo.gl/D3iUiv

——. 2007b. "Literaturas postautónomas." *Ciberletras* 17(7). Obtenido el 25-09-08 de http://goo.gl/jKtWYZ

——. 2007c. "Elogio de la literatura mala". *Clarín, Revista Ñ*, 01 dic. Entrevista de F.Costa. Obtenido el 01-12-08 de http://goo.gl/mxYYqc

——. 2013. "América latina hace literatura política, una literatura que toma partido." *Clarín.com*, 06 ene. Entrevista de P. Kolesnicov. Obtenido el 10-01-13 de http://goo.gl/1JyhC5

Lyons, Martyn. 2012. *Historia de la lectura y de la escritura en el mundo occidental*. Buenos Aires: Editoras del Calderón.

Mantecón, Ana Rosas. 2002. "Los estudios sobre consumo cultural en México" en *Estudios y otras prácticas intelectuales latinoamericanas en cultura y poder*, compilado por D. Mato. Caracas: Consejo Latinoamericano de Ciencias Sociales (CLACSO). Obtenido el 04-04-12 de http://goo.gl/qlyn7F

Manzoni, Celina. 2001. "¿Editoriales pequeñas o pequeñas editoriales?" *Revista Iberoamericana* 67(197):781-793.

Marchesi, Álvaro. 2005. "La lectura como estrategia para el cambio educativo". *Revista de Educación* 15:35, Universidad Complutense de Madrid. Obtenido el 01-04-14 de http://goo.gl/z19PrV

Margulis, Mario; et. al. 1994. *La cultura de la noche: la vida nocturna de los jóvenes en Buenos Aires*. Buenos Aires: Espasa-Calpe.

Margulis, Mario. 1996. *La juventud es más que una palabra*. Buenos Aires: Biblos.

Mata, María Cristina. 1997. *Públicos y Consumos Culturales en Córdoba*. Córdoba: Centro de Estudios Avanzados, Universidad Nacional de Córdoba.

Martín-Barbero, Jesús. 1998. *De los medios a las mediaciones*. Bogotá: Convenio Andrés Bello.

——. 2005. "Los modos de leer". Presentado en la semana de la lectura CERLALC en el panel "Lectura y medios de comunicación". Bogotá: Centro de Competencia en Comunicación para América Latina. Obtenido el 14-10-13 de http://goo.gl/Jvt06Q

Mattelart, Armand y Michel Mattelart. 1997. *Historia de las teorías de la comunicación*. Barcelona: Paidós.

Mazziotti, Nora y Patricia Terrero. 1983. *Migraciones internas y recomposición de la cultura popular urbana (1935-1950)*. Buenos Aires: CLACSO.

McKenzie, Don. F. [1985]2005. *Bibliografía y sociología de los textos*. Madrid: Akal.

Mitcham, Carl. 1989. "Tres modos de ser con la tecnología." *Anthropos* 94/95:13-27.

Morduchowicz, Roxana. 2008a. *La generación multimedia. Significados, consumos y prácticas culturales de los jóvenes*. Buenos Aires: Paidós.

——. 2008b. *Los jóvenes y las pantallas. Nuevas formas de sociabilidad*. Buenos Aires: Gedisa.

——. 2012. *Los adolescentes y las redes sociales: la construcción de la identidad juvenil en Internet*. Buenos Aires: FCE

Morduchowicz, R. y et.al. 2010. "¿Qué son las redes sociales? en Los adolescentes y las redes sociales". Obtenido el 24-10-13 de http://goo.gl/rz1ylc

Mudrovcic, María Eugenia. 2001. "Políticas culturales en los procesos de integración regional: el sector editorial en el Mercosur." *Revista Iberoamericana* 67(197):755-766.

Mukarovsky, Jan. 1977. *Escritos de estética y semiótica del arte*. Barcelona: Gustavo Gili.

Mumford, Lewis. 1982. *Técnica y civilización*. Madrid: Alianza.

Munne, Frederic. 1989. *Psicosociología del tiempo libre. Un enfoque crítico.* México: Trillas.
Neffa, Julio; Demian Panigo y Pablo Pérez. 2001. "Las normas internacionales" en *Actividad, empleo y desempleo. Conceptos y definiciones.* Argentina: Asociación Trabajo y Sociedad.
Olalquiaga, Celeste. 2001. "Vigencia y caducidad del libro: reflexiones de una lectora errrática." *Revista Iberoamericana* 67(197):661-670.
Ong, Walter. 1993. *Oralidad y escritura: tecnologías de la palabra.* México-Buenos Aires: FCE.
Ortega y Gasset, José. [1929]1996. *La rebelión de las masas.* Barcelona: Altaya.
Ortiz, Milagros. 2009. "Las discusiones conceptuales frente a las realidades periféricas."Pp. 21-44 en *Es por amor: las condiciones de creación, empleo y producción cultural en una ciudad excéntrica.* Córdoba: Ábaco. Obtenido el 14-10-13 de http://goo.gl/782Fhj
Ortiz, Renato. 1994. *Mundialización y cultura.* Buenos Aires: Alianza.
——. 1995. "Cultura, modernidad e identidades". *Nueva sociedad* 137: 17-23. Obtenido el 15-03-2014 de http://goo.gl/AJPuMs
Parada, Alejandro E. 1998. *El mundo del libro y de la lectura durante la época de Rivadavia: una aproximación a través de los avisos de La Gaceta Mercantil (1823-1828).* Buenos Aires: Instituto de Investigaciones Bibliotecológicas, Facultad de Filosofía y Letras (UBA).
——. 2002. "El orden y la memoria en una librería Porteña de 1829: El Catálogo de la Librería Duportail Hermanos." *Información, cultura y sociedad* 7:9-80. Obtenido el 05-08-13 de http://goo.gl/Wbb8UE
——. 2003a. "Tipología de las bibliotecas argentinas desde el período hispánico hasta 1830: Una primera clasificación provisional." *Información, cultura y sociedad* 9:75-94. Obtenido el 04-08-13 de http://goo.gl/61cxcx

——. 2003b. "Los usuarios como «modelos abiertos para armar»: una mirada desde las representaciones de las prácticas de lectura." *Información, cultura y sociedad* 9: 5-8. Obtenido el 08-08-13 de http://goo.gl/n6Y0id

——. 2006. "La historia de la lectura como laberinto y desmesura." *Páginas de Guarda* 1:89-100.

——. 2008. *Los libros en la época del salón literario. El Catálogo de la Librería Argentina de Marcos Sastre (1835)*. Buenos Aires: Academia Argentina de Letras.

——. 2010. "Una relectura del encuentro entre la Historia del Libro y la Historia de la Lectura (Reflexiones desde la Bibliotecología / Ciencia de la Información)." *Información, cultura y sociedad* 23:91-115. Obtenido el 07-08-13 de http://goo.gl/IHnX4H

——. 2012. "Historia de la edición y de la lectura desde los espacios públicos e institucionales. La participación de la ciudadanía en el ámbito de la cultura impresa en la Argentina. Nota de investigación." *Información, cultura y sociedad* 26:105-119. Obtenido el 04-08-13 de http://goo.gl/BQxcYp

Pastormerlo, Sergio. 2007. "Novela, mercado y *succès de scandale* en Argentina, 1880-1890." *Estudios* 15(29):17-28 Obtenido el 15-08-13 de http://goo.gl/qI0i1b

Pecourt, Juan. 2007. "El intelectual y el campo cultural. Una variación sobre Bourdieu." *Revista Internacional de Sociología (RIS)* 65(47):23-43.

Pennac, Daniel. 2001. *Como una novela*. Barcelona: Anagrama.

Petrucci, Armando. 1999. *Alfabetismo, escritura, sociedad*. Barcelona: Gedisa.

——. 2003. *La ciencia de la escritura: primera lección de paleografía*. Buenos Aires: FCE.

Pindado, Julián. 2003. "El papel de los medios de comunicación en la socialización de los adolescentes de Málaga". Tesis de doctorado. Facultad de Ciencias de la Comunicación. Universidad de Málaga. Obtenido el 20-09-2014 de http://goo.gl/QnPp8O

——. 2004. "El desencuentro entre los adolescentes y la lectura". *Comunicar* 23. Obtenido el 15-06-14 de http://goo.gl/Mig2Nb

Planas, Javier. 2009. "Para un catálogo atractivo: libros y políticas editoriales para las bibliotecas populares. La propuesta de Domingo Faustino Sarmiento." *Información, cultura y sociedad* 20:63-81. Obtenido el 08-08-13 de http://eprints.rclis.org/17173/

Prensky, Marc. 2001. "Digital Natives, Digital Inmigrants". *On the Horizont.* Obtenido el 15-06-14 de http://goo.gl/S6A7Sq

——. 2010. "Nativos e Inmigrantes digitales". *Institucipon Educativa SEK.* Obtenido el 15-06-14 de http://goo.gl/W4o2Mi

Prieto, Adolfo. 1956. *Sociología del público argentino.* Buenos Aires: Ediciones Leviatán.

——. 1988. *El discurso criollista en la formación de la Argentina moderna.* Buenos Aires: Sudamericana.

Quevedo, Luis; Ariana Vacchieri y Mónica Petracci. 2000. "Públicos y consumos culturales en Argentina", informe diciembre. Secretaría de Cultura y Comunicación de la Nación-FLACSO.

Radway, Janice. 1983. "Women Read the Romance: The Interaction of Text and Context" in *Feminist Studies* 9(1):53-78. Obtenido el 20-07-2014 de http://goo.gl/jDG4A0

Rama, Claudio. 2003. *Economía de las industrias culturales en la globalización digital.* Buenos Aires: Eudeba.

——. 2007. "La transformación de las industrias culturales en industrias educativas con la digitalización." Obtenido el 01-12 de http://goo.gl/IVTgmD

Ravettino Destefanis, Alejandra Jimena. 2011. "La producción de contenidos literarios en Internet. Emprendimientos culturales y autogestión", ponencia presentada en las IX Jornadas de Sociología "Capitalismo del Siglo XXI, crisis y reconfiguraciones. Luces y sombras en Amércia Latina", del 08 al 12 de agosto de 2011, Buenos Aires.

——. 2012a. "La producción y el intercambio comercial de libros. Una reflexión a propósito de la situación actual argentina", ponencia presentada en las I Jornadas de Estudios de América latina y el Caribe, organizadas por el Instituto de Estudios de América latina y el Caribe y la Facultad de Ciencias Sociales de la UBA, del 26 al 28 de septiembre de 2012, Buenos Aires.

——. 2012b. "Hábitos de lectura y gusto literario en jóvenes adultos de sectores medios urbanos", ponencia presentada en el I Coloquio Argentino de Estudios sobre el Libro y la Edición, organizado por el Centro de Documentación e Investigación de la Cultura de Izquierdas en la Argentina (CeDInCI); Universidad Nacional de San Martín (UNSAM), el 02 de noviembre, La Plata.

——. 2012c. "Prácticas de lectura. Acerca del placer y la literatura en jóvenes adultos estudiantes", ponencia presentada en las VII Jornadas de Sociología de la UNLP "Argentina en el escenario latinoamericano actual: debates desde las ciencias sociales", el 07 de diciembre, La Plata.

——. 2012d. "Uso del tiempo libre y consumo cultural en jóvenes adultos estudiantes. Algunas tendencias y consideraciones a partir de datos empíricos", ponencia presentada en las VII Jornadas de Sociología de la UNLP "Argentina en el escenario latinoamericano actual: debates desde las ciencias sociales", el 07 de diciembre, La Plata.

——. 2013a. "Los nuevos intermediarios culturales de la lectura. Cambios en la difusión de libros en la era digital", ponencia presentada en las X Jornadas de Sociología

"20 años de pensar y repensar la sociología. Nuevos desafíos académicos, científicos y políticos para el siglo XXI", del 01 al 06 de julio de 2013, Buenos Aires.

——. 2013b. "Las políticas públicas vinculadas con la promoción de la lectura. Un panorama breve y actual acerca de las iniciativas estatales", ponencia presentada en la I Jornada de Argentina Reciente "30 años de construcción democrática", organizadas por las cátedras La Argentina Reciente de Ciencia Política y Universidad Política de Sociología, 14 de noviembre de 2013, Facultad de Ciencias Sociales de la Universidad de Buenos Aires.

——. 2014. "La dimensión social del proceso de comercialización de libros: acerca de lo poco que se lee para lo mucho que se ofrece", ponencia presentada en las IX Jornadas de Estudios Sociales de la Economía "La dimensión social de los procesos y objetos económicos", organizadas por el Centro de Estudios Sociales de la Economía del IDAES, del 22 al 26 de septiembre de 2014, Buenos Aires.

Reguillo, Rossana. 1995. *En la calle otra vez. Las Bandas: identidad urbana y usos de la comunicación.* Guadalajara: Instituto Tecnológico de Estudios Sociales.

Rest, Jaime. 1961. "Situación del arte en la era tecnológica." *Revista de la Universidad de Buenos Aires* 2:297-338.

Richard, Nelly; et. al. 2010. *En torno a los estudios culturales. Localidades, trayectorias y disputas.* Santiago de Chile: CLACSO.

Rivera, Jorge. 1998. *El escritor y la industria cultural.* Buenos Aires: Atuel.

Rodríguez Menéndez, María del Carmen y Jóse Vicente Peña Calvo. 2005. "Identidad de género y contexto escolar: una revisión de modelos". *Revista Española de Investigaciones Sociológicas*, 112: 165-196.

Rodríguez Menéndez, María del Carmen. 2008. "Mujeres, hombres y lectura. Las diferencias de género en los hábitos de lectura de libros, revistas y periódicos." En

J. Masensio et al. XXVI Seminario Interuniversitario de Teoría de la Educación (SITE). Lectura y Educación. Universitat Autònoma de Barcelona. Obtenido el 20-07-2014 de http://goo.gl/Z6AG6v

Rojas, Ricardo. 1922. *Historia de la literatura argentina. Ensayo filosófico sobre la evolución de la cultura en El Plata*. Buenos Aires: Guillermo Kraft Limitada.

Rojas Soriano, Raúl. 1992. *Guía para realizar Investigaciones Sociales*. México: Plaza y Valdés.

Romero, José Luis. 1986. *Libros baratos y cultura de los sectores populares*. Buenos Aires: CISEA.

——.1987. *Las ideas en la Argentina del siglo XX*. Argentina: Biblioteca Actual.

Romero Ramos, Héctor y Pablo Domingo Santoro. 2007. "Dos caminos en la sociología de la literatura: hacia una definición programática de la sociología de la literatura española." *Revista Española de Sociología (RES)* 8:195-223. Obtenido el 02-04-12 de http://goo.gl/DWjfty

Rotbaum, Gabriel. 2006. "Las encuestas sobre consumos culturales en Argentina y la ciudad de Buenos Aires." Pp. 74-89 en Dossier Consumos Culturales, Observatorio de Industrias Culturales de la Ciudad de Buenos Aires, Gobierno de la Ciudad de Buenos Aires.

Sancholuz, Carolina. 2007. "Del lado del lector: la lectura como práctica y objeto en los estudios literarios latinoamericanos."*Estudios* 15(29):173-185. Obtenido el 08-08-13 de http://goo.gl/Y1V3bd

Sarlo, Beatriz. 1983. "La perseverancia de un debate." *Punto de Vista* 18(6).

——. 1994. *Escenas de la vida posmoderna. Intelectuales, arte y videocultura en Argentina*. Buenos Aires: Ariel.

——. 1997. *La máquina cultural*. Buenos Aires: Planeta.

——. 2004. *El imperio de los sentimientos*. Buenos Aires: Grupo Editorial Norma.

——. 2007a. *Escritos sobre literatura argentina*. Buenos Aires: Siglo XXI.

——. 2007b. *Una modernidad periférica: Buenos Aires 1920 y 1930*. Buenos Aires: Nueva Visión.
——. 2007c. *La batalla de las ideas (1943-1973)*. Buenos Aires: Emecé Editores.
Sarmiento, Domingo F. 1961. *Facundo: Civilización y barbarie*. Buenos Aires: Eudeba.
——. 1970. *Recuerdos de provincia*. España: Salvat.
Satué, Enric. 1998. "Introducción". Pp. 19-36 en *El diseño de libros del pasado, del presente, y tal vez del futuro. La huella de Aldo Manuzio*. Madrid: Fundación Sánchez Ruipérez. Obtenido el 02-11 de http://goo.gl/4oFrna
Sautu, Ruth. 2001. "Acerca de qué es y no es investigación científica" en *La Trastienda de la Investigación*, compilado por C. Wainerman y R. Sautu. Buenos Aires: Lumiere.
——. 2005. *Todo es teoría. Objetivos y métodos de investigación*. Buenos Aires: Lumiere.
Sautu, Ruth; et.al. 2005. "Recomendaciones para la redacción del marco teórico, los objetivos y la propuesta metodológica de proyectos de investigación en ciencias sociales". Buenos Aires: CLACSO, Colección Campus Virtual. Obtenido el 15-03-2012 de http://goo.gl/5DRkqw
Schiffrin, André. 2002. *La edición sin editores*. Barcelona: Ediciones Destino.
——. 2005. *El control de la palabra*. Barcelona: Anagrama.
Schücking, Levin. 1950. *El gusto literario*. México: Fondo de Cultura Económica.
Semán, Pablo y Pablo Vila. "Rock *chabón* e identidad juvenil en la Argentina neoliberal". Pp. 225-259 en *Los noventa. Política, sociedad y cultura en América Latina y Argentina de fin de siglo*. Daniel Filmus. Buenos Aires: Flacso/Eudeba.
Semán, Pablo. 2006. *Bajo continuo. Exploraciones descentradas sobre cultura popular y masiva*. Buenos Aires: Gorla.

——. 2007a. "Libros para las masas." Entrevista de G. Lerman y C. del Cueto. *Página/12*, Radar libros, 18 de febrero. Obtenido el 10-01-13 de http://goo.gl/Khko5Q
——. 2007b. "Retrato de un lector de Paulo Coelho" en *Cultura y Neoliberalismo*, compilado por A. Grimson. Buenos Aires: CLACSO. Obtenido el 01-04-13 de http://goo.gl/TvBn2o
Sigal, Silvia. 1991. *Intelectuales y poder en la década del sesenta*. España: Siglo XXI.
Silverstone, Roger. 1996. *Televisión y vida cotidiana*. Buenos Aires: Amorrortu.
Simmel, Georg. 2006. "La Metrópolis y la vida mental." *Bifurcaciones* 4. Obtenido el 04-04-12 de http://goo.gl/vCWcCq
Smith Allen, James. 1993. *In the Public Eye: A History of Reading in Modern France, 1800-1940*. Oxford University Press. *The American Historical Review*. 98(2):509-510.
Solano Solano, Mario. 2007. "La mercantilización del saber." *Tecnología en Marcha* 20(3):88-103.
Sorá, Gustavo. 2004. "Editores y editoriales de ciencias sociales: un capital específico." Pp. 265-292 en *Intelectuales y expertos: la constitución del conocimiento en Argentina*, compilado por C. Altamirano, F. Neiburg y M. Plotkin. Buenos Aires: Paidós.
Stenstrom, Monika. 2008. "El consumo cultural en contextos urbanos." *Revista Ciencias de la Educación* 18(31). Obtenido el 04-04-12 de http://goo.gl/ajiMII
Sunkel, Guillermo. 2006. *El consumo cultural en América Latina*. Santafé de Bogotá: Convenio Andrés Bello.
——. 2002. "Una mirada otra. La cultura desde el consumo" en *Estudios y otras prácticas intelectuales latinoamericanas en cultura y poder*, compilado por D. Mato. Caracas: Consejo Latinoamericano de Ciencias Sociales (CLACSO). Obtenido el 04-04-12 de http://goo.gl/vLTkDF
Terán, Oscar. 2009. *Historia de las ideas en Argentina. Diez lecciones iniciales, 1810-1980*. Buenos Aires: Siglo XXI.

Terrero, Patricia. 1999a. *Culturas locales y cambio tecnológico.* Entre Ríos, Argentina: UNER.
——. 1999b. "Ocio, prácticas y consumos culturales. Aproximación a su estudio en la sociedad mediatizada". Pp. 207-228 en *El consumo cultural en América Latina. Construcción teórica y líneas de investigación,* coordinado por G. Sunkel. Convenio Andrés Bello, Bogotá.
Urresti, Marcelo. 2008. *Ciberculturas juveniles.* Buenos Aires: La Crujía.
Urteaga Castro-Pozo, Maritza. 1998. *Por los territorios del Rock. Identidades juveniles y rock mexicano.* México: Causa Joven / Dirección General de Culturas Populares.
Vanoli, Hernán. 2009. "Pequeñas editoriales y transformaciones en la cultura literaria Argentina." *Apuntes de Investigación del CECYP* (15):161-185.
——. 2010. "Sobre editoriales literarias y la reconfiguración de una cultura." *Nueva Sociedad* (230):129-151. Obtenido el 05-10-13 de http://goo.gl/LJkCNB
Vargas Llosa, Mario. 2006. "Literatura light: humo sobre el agua." *Fin.* Obtenido el 01-04-13 de http://goo.gl/enTMLK
——. 2009. "La civilización del espectáculo." *Letras Libres.* Obtenido el 01-04-13 de http://goo.gl/PPsytw
Vega Zaragoza, Guillermo. 2012. "El futuro del libro ya llegó." *Revista de la Universidad de México. Nueva época* (101). Obtenido el 30-09-13 de http://goo.gl/vaWK6w
Vila, Pablo. 1985. "Rock nacional, crónicas de resistencia juvenil". Pp. 83-148 en *Los nuevos movimientos sociales,* (vol. 1) *Mujeres, rock nacional.* Buenos Aires: CEAL.
Viñas, David. 1971. *Literatura argentina y realidad política: de Sarmiento a Cortázar.* Buenos Aires: Siglo XXI.
Viñas, David; et al. 1981. *Contorno.* Selección. Buenos Aires: CEAL.
Weber, Max. 1944. *Economía y Sociedad.* Vol. 2. México-Buenos Aires: FCE.
——. 2003. *Obras selectas.* Buenos Aires: Distal.

Williams, Raymond. 1978. *Los medios de comunicación social*. 3ª ed. Barcelona: Península.
——. 2000. *Marxismo y literatura*. 2ª ed. Barcelona: Península.
——. [1975]2001a. *Cultura y sociedad. 1780-1950. De Coleridge a Orwell*. [1975]. Buenos Aires: Nueva Visión.
——. [1961]2001b. *The Long Revolution*. Great Britain: Broadview Press.
Winocur, Rosalía. 2006. "Internet en la vida de los jóvenes." *Revista Mexicana de Sociología* 68(3). Obtenido el 15-03-2013 de http://goo.gl/lMyqFi
——. 2010. "Procesos de socialización, prácticas de consumo y formas de sociabilidad de los jóvenes universitarios en la red." Obtenido el 15-03-2013 de http://goo.gl/zyK6A3
Wolf, Mauro. 1987. "Contextos y paradigmas en la investigación sobre los media" en *La investigación de la comunicación de masas*. Barcelona: Paidós. Obtenido el 29-08-14 de http://goo.gl/gonHAP
Wortman, Ana. 1991. *Jóvenes desde la periferia*. Buenos Aires: CEAL.
——. 1996. "TV e imaginarios sociales: los programas juveniles". Pp. 103-133 en *La juventud es más que una palabra. Ensayos sobre cultura y juventud*, editado por M. Margulis. Buenos Aires: Biblos.
——. 2001. "El desafío de las políticas culturales en la Argentina" en *Estudios latinoamericanos sobre cultura y transformaciones sociales en tiempos de globalización*, compilado por D. Mato. Caracas: CLACSO. Obtenido el 28-03-13 de http://goo.gl/j7lYkZ
——. 2002. "Vaivenes del campo intelectual político cultural en la Argentina" en *Estudios y otras prácticas intelectuales latinoamericanas en cultura y poder*, compilado por D. Mato. Caracas: CLACSO. Obtenido el 28-03-13 de http://goo.gl/HTGEdi

——. 2003. *Pensar las clases medias. Consumos culturales y estilos de vida urbanos en la Argentina de los noventa.* Buenos Aires: La Crujia.

——. 2004. *Imágenes publicitarias/nuevos burgueses.* Buenos Aires: Prometeo.

——. 2006. "Cultura y nuevas tecnologías: dimensiones para repensar la investigación en consumos culturales desde las ciencias sociales." Pp. 66-73 en Observatorio de Industrias Culturales de la Ciudad de Buenos Aires. Dossier Consumos Culturales. Gobierno de la Ciudad de Buenos Aires. Ministerio de Producción.

——. 2007. "Políticas culturales, ¿para quién?" *Revista de la Facultad de Ciencias Sociales,* Universidad de Buenos Aires, 69:36-37.

——. 2009. "Cambios culturales, cambios de consumos culturales." Pp. 100-109 en Indicadores culturales 2009, Universidad Nacional Tres de Febrero. Obtenido el 01-12 de http://goo.gl/TAClW6

Wortman, Ana y Rubens Bayrdo. 2005. "La cuestión de los consumos culturales en la Argentina: el impacto de las políticas culturales y de la crisis del Estado." ALAS, Porto Alegre.

——. 2012. "Consumos culturales en Argentina." *Alteridades* 22(44):11-21

Yúdice, George. 2001. "La reconfiguración de políticas culturales y mercados culturales en los noventa y siglo XXI en América latina." *Revista Iberoamericana* 67:639-659.

——. 2002a. *El recurso de la cultura: usos de la cultura en la era global.* Barcelona: Gedisa.

——. 2002b. "Las industrias culturales: más allá de la lógica puramente económica, el aporte social." Organización de Estados Iberoamericanos para la Educación, la Ciencia y la Cultura. *Pensar Iberoamérica* 1. Obtenido el 12-09 de http://goo.gl/WmAhhV

——. 2002c. "Contrapunteo estadounidense/latinoamericano de los estudios culturales" en *Estudios y otras prácticas intelectuales latinoamericanas en cultura y poder*, compilado por D. Mato. Caracas: CLACSO. Obtenido el 03-13 de http://goo.gl/4y1iJK

Zaid, Gabriel. 1996. *Los demasiados libros*. Barcelona: Anagrama.

Fuentes secundarias consultadas

Ball State University. 2015. "What Middletown Read". http://goo.gl/Xl5qby

Banco Interamericano de Desarrollo. Abril 2013. "Informe de la situación de conectividad de Internet y banda ancha en Argentina." http://goo.gl/azqrJ3

Bowker Market Research. "Young Adult Books Attract Growing Numbers of Adult Fans". 13-09-2012. http://goo.gl/Jxr1ME

Cámara Argentina del Libro (CAL). 2013. "Informe estadístico anual de producción del libro argentino". http://goo.gl/M9aXph

Cámara Española de Comercio de la República Argentina (CECRA). 2007. "CECRA. 120 años creando futuro." http://goo.gl/lJAI4C

Centro Regional para el Fomento del Libro en América Latina y el Caribe (CERLALC); Organización de Estados Iberoamericanos para la Educación, la Ciencia y la Cultura (OEI). 2004. "Agenda de políticas públicas de lectura" en *Plan Iberoamericano de Lectura*. http://goo.gl/MVhDVz

Centro Regional para el Fomento del Libro en América Latina y el Caribe (CERLALC); Organización de las Naciones Unidas para la Educación, la Ciencia y la Cultura (UNESCO). 2005. "Propiedad intelectual, piratería e industrias culturales" en Reflexiones sobre la piratería en Iberoamérica. *Pensar el Libro*, 02. http://goo.gl/KWzL8P

——. 2006. *El espacio iberoamericano del libro*. Septiembre. http://goo.gl/Vfglud

——. 2008. *El espacio iberoamericano del libro*. Julio. http://goo.gl/J7lVJT

——. 2010. *El espacio iberoamericano del libro*. Octubre. http://goo.gl/xkuzc7

——. 2012a. *El espacio iberoamericano del libro*. Noviembre. http://goo.gl/LlOfjW

——. 2012b. *El libro en cifras. Boletín estadístico del libro en Iberoamérica*. Vol 1 Agosto. http://goo.gl/eC0T3g

——. 2013a. *El libro en cifras. Boletín estadístico del libro en Iberoamérica*. Vol 3 Julio. http://goo.gl/eZMcXQ

——. 2013b. "Comportamiento lector y hábitos de lectura. Una comparación de resultados en algunos países de América Latina". http://goo.gl/P1gflz

Comité Federal de Radiodifusión (COMFER). 2004. "Radiografía del Consumo Mediático". http://goo.gl/OnYD1z

Consejo Nacional de Lectura; Sistema de Información Cultural de la Argentina (SInCA). 2012. "Encuesta Nacional de Hábitos de Lectura 2011". http://goo.gl/AcBzmL

Gobierno de España; Ministerio de Sanidad, Servicios sociales e Igualdad; Instituto de la Juventud. 2001. "Informe Juventud en España 2000". http://goo.gl/O0Ynwh

Gobierno de España; Ministerio de Educación, Cultura y Deporte; Centro de investigación y documentación educativa. 2002. "Encuesta sobre hábitos lectores de la población escolar." http://goo.gl/oLCSQd

Gobierno de la Ciudad de Buenos Aires; Dirección General de Estadística y Censo del Ministerio de Hacienda; Fundación El Libro. 2014. "Resultados de la encuesta sobre perfil de los asistentes a la Feria Internacional del

Libro de Buenos Aires 2013 e informe sobre el comportamiento del lector en la región Ciudad de Buenos Aires." Abril 2014. http://goo.gl/wvvKAN

Gobierno de la Ciudad de Buenos Aires; Ministerio de Desarrollo Económico; Observatorio de Industrias Creativa. 2008. "La economía creativa de la Ciudad de Buenos Aires. Delimitación y primeras estimaciones." http://goo.gl/1wtIk8

Gobierno de la Provincia de Buenos Aires; Dirección General de Estadística y Censos. 2005 "Encuesta Anual de Hogares". Informe de Resultados N° 328. http://goo.gl/OdpWKN

Federación de Gremios de Editores de España. 2012. "Barómetro de Hábitos de Lectura y Compra de libros." http://goo.gl/tim6SY

Fundación El Libro. 2014. "Historia de la Feria". http://goo.gl/bw7btI

Fundación Mexicana para el Fomento de la Lectura. Encuesta Nacional de Lectura 2012; "De la penumbra a la oscuridad...". http://goo.gl/KsW6o4

Instituto Nacional de Estadística y Censos (INDEC). Marzo 13, 2012. "Accesos a Internet. Cuarto trimestre 2011." http://goo.gl/4l5KP0

Instituto Nacional de Estadística y Censos (INDEC). Ministerio de Economía. 2006. Encuesta Nacional de Gastos de Hogares 2004-2005. http://goo.gl/RLNjy6

Instituto Pró-Livro; CERLALC 2011. "Retratos do Leitura no Brasil". http://goo.gl/7QdGcV

Internet World Stats. June 30, 2012. "Internet Users and in Sounth America". http://goo.gl/0K9hn2

——. September 30, 2012. "Argentina Internet Usage Stats and Telecommunications Report." http://goo.gl/vKvajr

Julio Cortázar. Entrevista 1983. Librería El Juglar en México, un año antes de su muerte. http://goo.gl/469b1D

La fábrica de los libros. 2013. "Una breve historia de los libros" en ¿De dónde vienen los libros? http://goo.gl/J6F3QP

Ministerio de Cultura. Sistema de Información Nacional de Cultura. "Creación del Sistema Nacional de Medición de Consumos Culturales". http://goo.gl/oQtwZ5

Ministerio de Educación de la Nación; Catterberg y Asociados. "Encuesta Nacional de Lectura y Uso del Libro." 2001. http://goo.gl/dzoVoV

Ministerio de Educación de la Nación. "Inmigrantes digitales vs. nativos digitales". 2005. *Educ.ar*. http://goo.gl/2sYyL4

———. 2006. "Encuesta nacional de consumo cultural en asolescentes de 11 a 17 años." *Educ.ar*. http://goo.gl/62R9tb

Ministerio de Educación de la Nación; Pini, Mónica; et.al. 2012. "Consumos culturales digitales: jóvenes argentinos de 13 a 18 años". *Educ.ar*. http://goo.gl/GJRoQs

Morales, Nicolás. "¿Qué se lee en los Andes y la Javeriana?". 27-03-2015. *Arcadia*. http://goo.gl/VokWSC

Moreno, Hilario; Santiago García y Valeria Sardi. 2014. "Lectores, libros, lecturas. Cambios en las prácticas y hábitos de lectura". Buenos Aires: Secretaría de Cultura de la Presidencia de la Nación. http://goo.gl/QmzDkg

Muñoz Rodriguez, José Manuel y Azucena Hernández Martín. 2011. "Hábitos lectores de los alumnos de la ESO en la provincia de Salamanca, 2008. ¿Son el género y el entorno factores diferenciales?" *Revista de Educación* 354: 605-628. http://goo.gl/KFbvqQ

National Book Awards. 2014. "Author of the Year". http://goo.gl/CHPnVo

Rey, Germán; et.al. 2002. "Las vetas de la Cultura. Encuesta Nacional de Cultura de Colombia 2002" en Culturas simultáneas. Ministerio de Cultura, Colombia. http://goo.gl/pIyqlR

Secretaría de Cultura de la Nación. Dirección Nacional de Acción Federal e Industrias Culturales. 2006. "La medición de la economía cultural en Argentina. Informe diagnóstico." http://goo.gl/roCIOy

Secretaría de Cultura de la Nación; Dirección Nacional de Industrias Culturales. Sistema de Información Cultural de la Argentina (SInCA). 2014. "Encuesta Nacional de Consumos Culturales y Entorno Digital 2013". http://goo.gl/RUd9ot

Secretaría de Cultura de la Ciudad Autónoma de Buenos Aires; Dirección General del Libro y Promoción de la Lectura. 2005. "Encuesta sobre tiempo libre desde la perspectiva del consumo cultural." http://goo.gl/SZLkeF

Secretaría de Medios de Comunicación. Jefatura de Gabinete de Ministros. Presidencia de la Nación. Sistema Nacional Consumos Culturales (SNCC). Consumos Culturales. Agosto 2005. 1° Parte. http://goo.gl/2Tz1qw

Secretaría de Medios de Comunicación. Sistema Nacional Consumos Culturales (SNCC). Consumos Culturales. Marzo 2006. 2° Parte. http://goo.gl/0OA7qV

Secretaría de Medios de Comunicación. Sistema Nacional Consumos Culturales (SNCC). Consumos Culturales. Noviembre 2006. 3° Parte. http://goo.gl/EsS3tv

Seivach, Paulina. 2003. "Las industrias culturales en la Ciudad de Buenos Aires. Evolución reciente y potencialidades" en Cuadernos de trabajo N° 4, CEDEM, Gobierno de la Ciudad de Buenos Aires. http://goo.gl/CJ01cF

Stanford University. Center on longevity. 2011. "Electronic multitasking is a brain drain". *Proceedings of the National Academy of Sciences.* http://goo.gl/MRGmR7

Organización de Estados Iberoamericanos, para la Educación, la Ciencia y la Cultura (OEI), UNESCO, Banco Interamericano de Desarrollo (BID), et. al. (2000, diciembre). "La edición independiente en América Latina. Riesgos y desafíos en el contexto de la concentración del sector y de la mundialización cultural." I Encuentro de Editores de América Latina. Gijón, España, 25 y 26 de mayo de 2000. http://goo.gl/cKIxDl

Organización de las Naciones Unidas para la Educación, la Ciencia y la Cultura (UNESCO). 2002. "Comprender las industrias creativas. Las estadísticas como apoyo a las políticas públicas." http://goo.gl/U4XJYq / "Actas de la Conferencia General. Vol.1. Resoluciones". http://goo.gl/EaL8mP

Proyecto Educar 2050. 2013. "No logramos mejorar. Informe sobre el desempeño de Argentina en el Programa para la Evaluación Internacional de Alumnos PISA 2012". http://goo.gl/N93nsd

Publishers Weekly. "Argentinos y venezolanos: los que menos gastan en la región." 29-07-2011. http://goo.gl/hc60dC

———. "New study: 55% of YA Books Bought by Adults". 13-09-2012. http://goo.gl/1Asbtf

The Open University. 2015. The Reading Experience Database, 1450–1945. http://goo.gl/5TjPuE

UNESCO. 2014. "Ciencias Sociales y Humanas. Juventud." http://goo.gl/UNgsrT

Universidad Austral; Facultad de Comunicación; IAE Business School. 2011. "Hay siete tipos de usuarios de nuevas tecnologías en el país". http://goo.gl/bw1rdW

Universidat Autònoma de Barcelona. 2008. "Lectura y Educación". XXVI Seminario Interuniversitario de Teoría de la Educación (SITE). http://goo.gl/HsX4wp

Uribe Schroeder, R. 2006. "La distribución del libro en América Latina." http://goo.gl/Ww1Zcf

Villarino, Julio y Fernando Bercovich. 2014. "Atlas Cultural de la Argentina". Buenos Aires: Secretaria de Cultura de la Presidencia de la Nación.

Yunes, Eliana. 2005. "Políticas públicas de lectura: modos de hacerlas." *Pensar El Libro*, 03. http://goo.gl/CyTXIX

Artículos periodísticos leídos

Aguirre, Carolina. "Verdades a medias. El furor de los book trailers". 30-05-2011. *Lanacion.com* Obtenido el 30-05-2011 de http://goo.gl/GkwyaY

"Autores argentinos que más libros vendieron en 2011". 10-01-2012. *Fortunaweb.com* Obtenido el 30-05-2011 de http://goo.gl/FlpNaz

BBC. "The Big Read. Top 100". Obtenido el 30-08-2014 de http://goo.gl/qPjYXi

Ballester, Alejandra y Jorgelina Nuñez. "Metamorfosis del libro." 25-04-2009. *Revista Ñ, Clarin.com* Obtenido el 09-04-2013 de http://goo.gl/3sarRD

Barnet, Alex. "Google pondrá 50 millones de libros gratuitos en Internet." 02-02-2005. *Clarín.com* Obtenido el 01-02-2009 de http://goo.gl/h5Mr3B

Benito, Irene. "El nuevo papel del libro está en las pantallas". 28-05-2011. *La Gaceta.* Obtenido el 30-05-2011 de http://goo.gl/1VNDUZ

Berlanga, Ángel. "Ojos bien abiertos". 27-03-2011. *Radar Libros, Página/12.com* Obtenido el 30-03-2011 de http://goo.gl/2V6C1B

Bilbao, Horacio. "Larga vida a la tinta electrónica". 05-03-2013. *Revista Ñ, Clarin.com* Obtenido el 03-03-2013 de http://goo.gl/8OIS6e

Bishop, Brian. "New 'Twilight' Short Films Are Coming to Facebook". 30-09-2014. *The Hollywood Reporter.* Obtenido el 10-10-2014 de http://goo.gl/80nKL0

"Cerebros ante el efecto Internet". 29-05-2011. *La Nación*, p.5

Ceruti, Leandro. "El extraño y misterioso negocio del libro". 18-04-2015 *Perfil*. Obtenido el 19-04-2015 de http://goo.gl/MJdN7H

Chaktoura, Educardo. "Multitasking: la manía de estar en todo". 03-06-2012. *Lancion.com* Obtenido el 15-03-2014 de http://goo.gl/sWSfzP

"Cincuenta sombras de Grey: 5 cosas que deberías saber". 14-04-2013. *Melty.es* Obtenido el 15-03-2014 de http://goo.gl/7ZXG1r

"Código best seller". *elboomerang.com* Obtenido el 25-05-2014 de http://goo.gl/fWY8jP

Coe, Jonathan. "Composition No 1 by Marc Saporta. A beautiful edition of a 1962 experimental novel." 28-10-2011. *theguardian.com* Obtenido el 25-05-2014 de http://goo.gl/6fGDBV

"Composition nº 1, Marc Saporta". 10-05-2010. *Literatura electrónica*. Obtenido el 25-05-2014 de http://goo.gl/J6sgf3

Cowles, Gregory. "Inside the List". 08-10-2009. *New York Times*. Obtenido el 31-03-2014 de http://goo.gl/VjRVTU

Crettaz, José. "Hay siete tipos de usuarios de nuevas tecnologías en el país." 27-05-2011. *La Nación*. el 20-03-2014 de http://goo.gl/JWeUmt

de Vedia, Mariano. "Mala nota para la educación argentina". 21-06-2008. *Lanacion.com* Obtenido el 31-03-2014 de http://goo.gl/VlNHCE

"Dos chilenos figuran entre los más influyentes de la industria editorial hispanoamericana". 24-04-2012. *emol.com* Obtenido el 17-03-2013 de http://goo.gl/asIAoY

"Doscientos millones de años leyendo". 20-01-2010. *Literatura electrónica*. Obtenido el 31-03-2014 de http://goo.gl/AzxkAO

"El mapa de Internet en hogares argentinos." 16-03-12. *Lanacion.com* Obtenido el 16-03-2013 de http://goo.gl/XyJFVW

Estrada, Socorro. "Cultura: radiografía de la lectura: datos del consumo editorial en Buenos Aires. El lector tiene cara de mujer, profesional y de clase media alta." 05-06-2005. *Clarín*.com Obtenido el 01-02-2010 de http://goo.gl/RvTfWj

Friera, Silvina. "Para nuestros lectores, la literatura es un viaje." 31-05-2010. *Página/12.com* Obtenido el 06-10-2013 de http://goo.gl/08vUgN

Graham, Ruth. "Against YA". 05-06-2014. *The Slate Book Review*. Obtenido el 31-03-2014 de http://goo.gl/wwz1hc

Hax, Andrés. "El futuro del libro." 21-10-2006. *Revista Ñ, Clarín.com* Obtenido el 01-04-2013 http://goo.gl/yLTWz2

"La llegada del libro electrónico expande la venta de contenidos a través de Internet". 24-05-2011. *Cronista.com* Obtenido el 30-04-2011 de http://goo.gl/JYgsyX

"La muerte de Eduardo Galeano dispara las ventas de sus obras." 18-04-2015. *RPP Noticias*. Obtenido el 25-04-2015 de http://goo.gl/d0kHqp

"La inclusión social, motor del desarrollo de la Comunidad Iberoamericana". Santa Cruz de la Sierra, Bolivia, 14 y 15 noviembre de 2003. http://goo.gl/xcpoAL

"Las impresionantes cifras de la literatura y el cine juvenil". 30-11-2014. *delaurbe*. Obtenido el 02-12-2014 de http://goo.gl/pxgvgP

Link, Daniel. "Cartón pintado." 28-12-2003. *Radar Libros, Página/12.com* Obtenido el 06-10-2013 de http://goo.gl/TcPJ9m

Mapelli, Daniel. "La literatura requiere de la reflexión". 18-10-2008. *Ñ Revista, Clarín.com* Obtenido el 09-04-2013 de http://goo.gl/FWxYbb

Micheletto, Karina. "Nos interesa hacer libros que desafíen a los lectores." 06-04-2012. *Página/12.com* Obtenido el 11-10-2013 de http://goo.gl/Iuu58W

Pascual, Rubén. "Fatiga visual: síndrome de las pantallas de visualización". 14-10-2006. *Ocularis*. Obtenido el 12-03-2013 de http://ocularis.es/blog/?p=75

Pavón, Héctor. "Un nuevo recurso para vender libros: trailers, como en el cine." 08-03-2011. *Revista Ñ, Clarin.com* Obtenido el 14-08-2011 de http://goo.gl/3ArqBf

Piglia, Ricardo, Carlos Altamirano, Germán García, Guillermo Schavelzon y Héctor Schmucler. "Historia oral de los libros." 8-04-2012. *Página/12.com* Entrevista de Patricia Somoza y Elena Vinelli. Obtenido el 11-10-2013 de http://goo.gl/SMFAUL

Pisani, Francis. "Los nativos del mundo digital y el futuro de las TICs." 27-10-2005 *ElPaís.com* Obtenido el 11-03-2014 de http://goo.gl/lR3sHn

"Premios a los libros de Harry Potter." *Hogwarts*. Obtenido el 15-03-2014 de http://goo.gl/KAb748

"Por una soberanía idiomática." 17-09-2013. *Página/12.com* Obtenido el 23-09-2013 de http://goo.gl/CUJyvC

Rodríguez Rivero, Manuel. "Cómo se fabrica un best seller." 26-04-2009. *Elpaís.com* Obtenido el 17-09-2013 de http://goo.gl/mlK4iJ

Roffo, Julieta. "La Feria del Libro en cifras: van los jóvenes y 'reincidentes'." 03-03-2015 *Clarin.com* Obtenido el 03-03-2015 de http://goo.gl/aVgqzt

San Martín, Raquel. "Cae la lectura de libros y crece el consumo cultural". 23-07-2007. *Lanación.com*. Obtenido el 03-08-2011 de http://goo.gl/mNekDv

"Smartphones y tablets, estrellas del mercado informático en la Argentina". 23-12-13. *Infobae.com* Obtenido el 23-12-2013 de http://goo.gl/Wq57Lt

"Sobre los libros de Babel". 30-04-2011. *La Nación*, p.18.

Soler, Fernando; Grupo Innova Ocular. "¿Es bueno leer con iPad, e-books o tablets?" 08-11-2012. *Blog de ojos, Clínica Soler*. Obtenido el 12-03-2013 de http://goo.gl/0CIknG

"Sólo el 34% de los mexicanos lee por gusto". 30-04-2014. *ElUniversal.mx* Obtenido el 03-08-2011 de http://goo.gl/n06uap

Suero, Indhira. "Nuevos modos de escribir y difundir literatura. La literatura se vuelve virtual." 28-01-2012. *Listindiario.com* Obtenido el 18-04-2013 de http://goo.gl/yInHEol

The Guardian. "Top-selling 100 books of all time". 01-01-2011. *Data Blog*. Obtenido el 17-09-2013 de http://goo.gl/9rlTho

"What makes a four-quadrant film? 10 essential elements". 22-11-2013. *ScreenCraft*. Obtenido el 15-03-2014 de http://goo.gl/KF7H1e

Zemborin, Martín. 2011. "Hay siete tipos de usuarios de nuevas tecnologías en el país". Universidad Austral; Facultad de Comunicación; IAE Business School. Obtenido el 20-03-2014 de http://goo.gl/bw1rdW.

Sitios y portales cibernéticos visitados

Buenos Aires Ciudad. Economía Creativa. http://goo.gl/KaS3mk

Cámara Argentina del Libro (CAL). Estadísticas. http://goo.gl/Rcb8PO

Centro de Estudios para la Producción (CEP), Secretaría de Industria, Comercio y de la Pequeña y Mediana Empresa, Ministerio de Economía y Producción. http://industria.gov.ar/cep

Clarín.com / Revista de Cultura Ñ. http://www.revistaenie.clarin.com/

Conectar Igualdad. http://www.conectarigualdad.gob.ar/

Fundación El Libro. http://www.el-libro.org.ar/internacional/general

Fundación Leer. http://www.leer.org/

Fundación Mexicana para el Fomento de la Lectura. http://www.funlectura.org.mx/

Instituto Argentino para el Desarrollo Económico (IADE). http://www.iade.org.ar/modules/noticias/

Instituto Cultural, Buenos Aires La Provincia. http://www.ic.gba.gov.ar/index.php

Instituto Verificador de Circulaciones (IVC). http://www.ivc.org.ar

Laboratorio de Industrias Culturales (LIC), Secretaría de Cultura de la Presidencia de la Nación. http://lic.cultura.gov.ar/

La Nación.com / Revista de Cultura ADN. http://buscar.lanacion.com.ar/tags/ADN
Mercado de Industrias Culturales Argentinas (MICA), Secretaría de Cultura de la Presidencia de la Nación. http://www.mica.gob.ar/
Ministerio de Economía y Finanzas Públicas, República Argentina. http://noticias.mecon.gob.ar/
Museo del libro y de la lengua. http://museo.bn.gov.ar/
Observatorio Iberoamericano de Cultura (OIBC). http://goo.gl/aVV7AF
OCLC. The world´s libraries connected. http://www.oclc.org/dewey.en.html
Organización de Estados Iberoamericanos (OEI). http://www.oei.es/cultura.php
Organización de las Naciones Unidas para la Educación, la Ciencia y la Cultura Ciencias Sociales y Humanas (UNESCO). http://www.unesco.org/new/es
Página/12 / Revista de Cultura RADAR. http://goo.gl/zw96fw
Plan Nacional de Lectura. http://www.planlectura.educ.ar/
Penguin y Random House. http://goo.gl/YNNz1j
Portal Iberoamericano de Gestión Cultural. http://www.gestioncultural.org/portal.php
RBA Libros. http://goo.gl/NKYzIe
Real Academia Española. (DRAE) 23ª edición, 2014. http://goo.gl/p6yBb5
Secretaría de Cultura de la Presidencia de la Nación. http://www.cultura.gov.ar/home/
Sistema de Información Cultural de la Argentina. Ministerio de Cultura. http://sinca.cultura.gov.ar/
Sistema de Información Cultural del MERCOSUR (SICSUR). http://www.sicsur.org/
Sistema Nacional de Información Cultural (SINIC). Ministerio de Cultura. Colombia. http://www.sinic.gov.co/SINIC/

Sistema de Información Cultural (CONACULTA). Secretaría de Educación Pública. México. http://sic.conaculta.gob.mx/

Apéndice metodológico

Instrumento de recolección

CUESTIONARIO SEMIESTRUCTURADO APLICADO A JÓVENES ESTUDIANTES, MAYORES DE 18 AÑOS, EN LA CIUDAD AUTÓNOMA DE BUENOS AIRES, 2012-2013.
Solicitamos unos minutos de su tiempo para responder el siguiente cuestionario de carácter voluntario y anónimo.
Marque sólo una opción, aquella que más se ajuste a su realidad.
Cuando responda "otros", especifique su respuesta. Gracias
Sexo
Femenino
Masculino
Edad
Máximo nivel de estudios alcanzado
Zona de residencia
Condición de actividad:
¿Qué estudios cursa?
¿En qué institución educativa?
¿Trabaja?
Sí
No
¿A qué se dedica?
¿Cuál es su categoría ocupacional?
Patrón
Cuentapropista
Empleado

#1. ¿Cuál de estos objetos valora en mayor medida?

CD
DVD
Libro
Radio
Celular
Videoconsola
Computadora
Reader/tablet/IPOD
Cámara de fotos
Teléfono de línea
Otro (especificar)

#2. ¿Cuál actividad prefiere realizar en su tiempo libre?
Leer
Pasear
Estudiar
Mirar TV, videos o películas
Escuchar radio o música
Jugar videojuegos
Practicar un deporte
Realizar tareas domésticas
Navegar en Internet
Otra (especificar)

Si respondió "Navegar en Internet", ¿cuál es su principal actividad on-line?
Utilizar redes sociales
Visitar sitios de interés
Leer diarios y revistas
Descargar música, audio y videos
Otra (especificar)

#3. ¿A cuál de estos espacios culturales prefiere asistir en su tiempo libre?
Cine
Teatro
Ferias artesanales

Exposiciones varias
Museos y galerías de arte
Recitales y conciertos de música
No asisto a eventos culturales
Otro (especificar)

#4. ¿Cuál es el principal uso que otorga a Internet en su tiempo libre?
Leer blogs y afines
Jugar video-juegos
Buscar información específica
Utilizar redes sociales
Visitar sitios de interés
Acceder a bases de datos
Leer diarios y revistas
Escuchar radio y ver videos
Descargar música, audio y videos
Otra (especificar)

#5. ¿Cuántas horas diarias navega en Internet en su tiempo libre?
Hasta 2 hs diarias
De 2 a 4 hs diarias
Más de 4 hs diarias
No navego en Internet en mi tiempo libre

#6. ¿Cuántas horas diarias pasa frente a la TV en su tiempo libre?
Hasta 2 hs diarias
De 2 a 4 hs diarias
Más de 4 hs diarias
No miro la TV en mi tiempo libre

#7. ¿Cuál es el principal contenido que mira en TV en su tiempo libre?
Series
Películas

Noticieros
Telenovelas
Documentales
Entretenimientos
Políticos
Deportivos

#8. ¿Con qué frecuencia lee el/los diario/s?
Todos los días
Algunos días entre semana
Los fines de semana
No leo los diarios *(CONTINÚE EN LA P.9)*

Si lee los diarios regularmente,
8.1) ¿Cuál es la principal edición leída?
Edición digital
Edición impresa
Leo en ambas ediciones en igual proporción
8.2) ¿Cuál es el principal diario que lee?

#9. ¿Lee en pantalla o soporte digital fuera del ámbito de estudio y/o trabajo?
Siempre
Frecuentemente
Ocasionalmente
Nunca *(CONTINÚE EN LA P.12)*

Si lee en pantallas regularmente,
9.1) ¿Cuál es la de uso más frecuente?
Tablet / Smartphone
e-Reader
Monitor de PC / Deskbook / Nootbook / Netbook

9.2) ¿Cuál es el principal contenido que lee en esa pantalla?
Blogs / Sitios web de interés
Libros de Texto / Literatura
Diarios / Revistas

Textos técnico-profesionales / Artículos de divulgación científica
Otros (especificar)

#10. Si dispone de un dispositivo para leer contenidos digitales (e-reader/tablet/smartphone), ¿podría mencionar sus principales atributos?

#11. ¿Cuáles considera son las *ventajas* y/o *desventajas* que proporciona la lectura digital en contraposición con la analógica?

#12. ¿Compra ediciones coleccionables en formato de fascículo o libro?
Sí
No *(CONTINÚE EN LA P.13)*

Si ha comprado fascículos coleccionables en el último año,
12.1) ¿Cuál es el último adquirido? *(MÁS DE UNA OPCIÓN ES POSIBLE)*
Arte / Diseño
Ficción y Literatura
Ciencia y tecnología
Labores y manualidades
Filosofía / Historia
Infantiles
Otro (especificar)

12.2) ¿Con qué propósito lo hizo? *(MÁS DE UNA OPCIÓN ES POSIBLE)*
Para formar una biblioteca propia
Para abaratar costos
Por una cuestión estética y decorativa
Por interés personal
Por motivos laborales
Por motivos de estudio
Otro (especificar)

#13. ¿Cuál es el principal motivo de lectura de la mayor parte de los libros que consume?
Principalmente leo por placer (entretenimiento)
Principalmente leo por deber (estudio y/o trabajo)
Leo por ambos motivos en igual proporción

#14. ¿Lee por placer con cierta regularidad?
Sí
No

Si NO lee por placer, ¿cuál es la principal razón?
No tengo el hábito
Los libros son caros
No dispongo de tiempo
No me interesa la lectura
Prefiero otras actividades
Otra (especificar)
(*Continúe respondiendo sólo si leyó al menos un libro por placer durante el último año. De lo contrario, salte a la P.16*).

#15. Si lee por placer regularmente,

15.1) ¿Cuántos libros lee aproximadamente al año?
De 1 a 5 libros anuales
De 6 a 10 libros anuales
Más de 10 libros anuales

15.2) ¿Qué tiempo destina a la lectura?
Todos los días
Uno o dos días a la semana
Alguna vez al mes
Alguna vez al año

15.3) ¿Qué momento del día prefiere para leer?
Temprano en la mañana
Durante la tarde

Antes de dormir
En cualquier momento del día

15.4) ¿Cuál es el principal soporte que utiliza para leer?
Un dispositivo digital
El libro convencional en papel
Ambos soportes en igual proporción

15.5) ¿Cuál es la procedencia de la mayoría de los libros que lee?
Compras
Obsequios
Préstamos
Descargas virtuales

15.6) ¿Dónde adquiere la mayor cantidad de los libros que compra?
Librerías
Supermercados
Grandes librerías
Tiendas virtuales
Espacios públicos / Ferias

15.7) Si compra libros digitales en tiendas virtuales con cierta regularidad, ¿qué ventajas considera tiene esa modalidad?

15.8) Cuando lee por recomendación, ¿quiénes son sus principales referentes?
Colegas
Publicidad
Crítica cultural
Círculo de lectores
Comunidad virtual
Amigos y/o familiares
Asesoramiento en la librería
No compro libros por recomendación

15.9) Cuando lee por iniciativa propia, ¿cuál es el principal motivo de impulso?
Leer los Clásicos
Leer un best-seller
Buscar curiosidades
Adquirir conocimiento
Seguir al autor de moda
Leer el guión visto en cine o TV
Leer el libro recomendado del mes
No compro libros por iniciativa propia

15.10) ¿Qué tipo de lectura prefiere para su tiempo libre?
Ensayo
Biografía
Ficción y Literatura
Divulgación científica / Técnica y profesional
Comics / Novela gráfica
Religiosidad y esoterismo
Autoayuda, espiritualidad y superación
Investigación periodística

Si eligió "Ficción y Literatura", ¿cuál género literario prefiere leer?
Policial y detectivesco
Terror, suspenso e intriga
Romance
Fantástico
Humor
Ciencias ficción
Histórica
Aventura, fantasía y viajes

15.11) ¿Podría mencionar el *título del último libro leído* y brindar su valoración?

15.12) ¿Podría mencionar su *autor preferido* y comentar qué valora de su obra?

#16. ¿Cuál de las siguientes frases describe mejor un *libro*? *"Un libro es..."*
un objeto obsoleto.
un soporte del texto.
un medio de conocimiento.
un medio de entretenimiento.
un bien que confiere prestigio.
Otra (especificar)

#17. ¿Cuál de las siguientes frases lo describe mejor en tanto *lector*? *"Soy..."*
un lector ávido.
un lector constante.
un lector inconstante.
un lector formado.
un lector curioso.
un lector que debe leer por trabajo/estudio.
Otra (especificar)

#18. ¿Qué mira primero en un libro?
El arte de tapa
El título de la obra
El nombre del autor
Una indicación sobre premios obtenidos
Una indicación sobre ejemplares vendidos
La contratapa y/o synopsis

#19. ¿Compra libros para regalar?
Siempre
Frecuentemente
Ocasionalmente
Nunca *(CONTINÚE EN LA P.20)*
Si compra libros para regalar regularmente, ¿cuál es el motivo?

#20. ¿Compra libros infantiles?
Siempre
Frecuentemente
Ocasionalmente
Nunca *(CONTINÚE EN LA P.21)*
Si compra libros infantiles regularmente, ¿cuál es el motivo?

#21. Respecto de la Feria del Libro, ¿con qué frecuencia asiste?
Cada año
Algún año
No asisto a la Feria del Libro *(FIN DEL CUESTIONARIO)*

Si concurre regularmente, ¿con qué propósito asiste? *(MÁS DE UNA OPCIÓN ES POSIBLE)*
Por simple curiosidad
Por cuestiones laborales vinculadas con el evento
Para apreciar la variedad de libros concentrados en un solo lugar
Para actualizarme respecto de novedades
Para aprovechar ofertas y promociones
Para participar del evento como paseo
Para formar parte de un evento cultural
Para presenciar debates, conferencias o presentaciones de libros
Para acompañar a alguien
Otro (especificar)

Gracias por su colaboración.

Con respecto a la estructura interna del instrumento, se trata de un cuestionario semiestructurado ya que indaga a partir de preguntas cerradas –de opción única y múltiple– y preguntas abiertas. Para las preguntas cerradas o precodificadas se pensaron opciones de respuestas teniendo presente los criterios de exhaustividad y exclusividad[104]. Sin embargo, se sabe que varias categorías en apariencia no son mutuamente excluyentes o bien la elección de una alternativa resulta dificultosa. Aún así se sostuvieron los sistemas de categorías y se pidió que eligieran sólo una opción para ceñir los resultados lo más posible. Como se previeron distintas respuestas posibles a las dadas, se colocó "otros" a modo de última opción con espacio suficiente para que especifiquen. Respecto de la opción "no sabe, no contesta", no fue incluida porque la experiencia indica que éstas constituyen opciones de respuesta recurrentes cuando el encuestado no quiere o no puede manifestar una respuesta concreta.[105] Además de captar la incidencia de las prácticas de interés, la intención era rescatar los significados que los jóvenes dan a su conducta y sus perspectivas en relación con diversos temas que hacen al comportamiento del consumidor de libros. Para ello se incluyeron preguntas abiertas que brindaran la posibilidad de libre expresión para luego elaborar sistemas de categorías en la etapa de poscampo. Antes de aplicar el cuestionario definitivo se realizó una prueba piloto entre jóvenes conocidos. Originalmente, algunas preguntas eran dicotómicas pero siendo varios los cuestionarios que llegaban con ambas opciones marcadas, se decidió incluir una tercera opción después del cuestionario pretest. Asimismo, en el definitivo se disminuyeron la cantidad de preguntas abiertas después de codificarlas y precisaron algunos términos ambiguos –refinaron los indicadores–.

---

[104] Mientras la exhaustividad precisa que el sistema de categorías de una variable debe considerar toda la gama de variaciones para garantizar que ningún elemento quede excluido, el criterio de exclusividad señala que las categorías de la variable deben ser mutuamente excluyentes, garantizando que una misma unidad analizada no pueda ubicarse en dos categorías a la vez.

[105] Este problema se evidencia más en cuestionarios autoadministrados, cuyo cumplimiento se deja al arbitrio del encuestado. Bourque y Clark (1994:19) matizan que la exclusión de las categorías de respuesta "no sabe, no contesta", adquiere mayor relieve en indagaciones conductuales o de hecho (Cea D´Ancona 2001:255).

La primera variable, *consumos culturales*, comienza indagando por el bien tecnológico-cultural más valorado, por la actividad preferida –que profundiza en las actividades online a quienes respondieron "navegar en Internet"– y por los espacios culturales a los que prefieren asistir. Asimismo, pensando estrictamente en medios de comunicación, se preguntó acerca del principal uso que otorgan a Internet y la cantidad de horas diarias de navegación, así como la cantidad de horas diarias frente a la TV y el principal contenido que miran en TV. Además se indagó en la lectura de diarios a partir de la frecuencia –si lee los diarios regularmente, preguntamos cuál es el principal medio utilizado y diario que lee– (Preguntas 1 a 8). Este primer eje de análisis cierra con la compra de ediciones coleccionables en formato de fascículo o libro –si ha comprado ediciones coleccionables en el último año, se preguntó cuál es la última adquirida y con qué propósito lo hizo– (Pregunta 12). Luego se realizaron un par de interrogantes claves, considerados de especial relevancia para la investigación, ubicados en el centro del cuestionario. (En general, estas preguntas suelen situarse, de forma estratégica, en el tercio medio del instrumento.) Se preguntó por el principal motivo de lectura de la mayor parte de los libros que consumen, y si leen por placer con cierta regularidad –si la respuesta era negativa, se les preguntó cuál es la principal razón–. (Preguntas 13 y 14). Además estas preguntas actuaron a modo de filtro porque a partir de aquí la población encuestada quedó dividida entre quienes leen por placer con cierta regularidad y quienes no encuentran en la lectura una actividad de esparcimiento. A los "no lectores" se les solicitó que continuaran respondiendo a partir de la P.16; mientras que al resto se le pidió que continuara respondiendo sólo si habría leído al menos un libro por placer durante el último año. (El mismo criterio emplea el CERLALC para determinar "lectores de libros").

Entonces para la segunda variable, *lectura por placer*, se distribuyeron secuencialmente preguntas que forman una batería, en tanto conjunto de interrogantes sobre un mismo eje de análisis, que se complementan al enfocar distintos aspectos (Preguntas 15.1 a 15.12). En primer lugar, "prácticas de lectura", abierta en dos variables intermedias. Por un lado, "hábitos de lectura" cuyos indicadores son la cantidad de libros leídos al año, la frecuencia con la que lee, el momento del día preferido para leer, el soporte que utiliza, la procedencia de la mayoría de los libros que lee y el lugar de compra. Si compra libros digitales en tiendas virtuales, se preguntó qué ventajas considera tiene esa modalidad. Y por otro lado, "motivadores de lectura" cuyos indicadores son los referentes cuando lee por recomendación –intermediarios culturales o facilitadores de lectura– y el motivo de impulso cuando lee por iniciativa propia. En tercer lugar, "preferencias literarias". En esta instancia se indagó acerca de la lectura preferida a través de un listado de temáticas –si eligen "ficción y literatura", se preguntó cuál género literario que prefieren leer–. Luego se solicitó que indiquen el título del último libro leído y brinden su valoración al respecto. Y por último, se les pidió que mencionen a su autor favorito y den una apreciación respecto de la obra de ese escritor.

La tercera variable, *consumos vinculados con los libros*, contempla dos dimensiones que involucran a todos los jóvenes. Aquí se preguntó acerca de la compra libros para regalar y la compra de libros infantiles –si lo hacen con cierta regularidad pedimos el motivo–. La última pregunta del cuestionario indaga en la frecuencia con la que asisten a la Feria del Libro –si concurren regularmente con qué propósito asisten–. Vale mencionar que se llega a un sistema de categorías a partir de las reiteraciones de la primera toma, y que se replica en la segunda. (Preguntas 19 a 21).

Finalmente, la cuarta variable, *imágenes mentales vinculadas con el libro y la lectura*. La primera dimensión, "percepciones sobre el libro y el lector". En primer lugar, se pidió a través de un listado de frases que eligieran la que mejor caracteriza al libro y luego se ofrecieron otras frases para que se describan a sí mismos en tanto lectores. En tercer lugar, pensando en términos de mercado, se preguntó por aquello que miran primeramente cuando tienen un libro –el autor, la tapa, la sinopsis, etc. – (Preguntas 16 a 18). La segunda dimensión, "los nuevos modos de leer", indaga en cómo leen y cómo perciben la lectura digital. En este sentido, se preguntó acerca de la lectura en pantalla o soporte digital fuera del ámbito de estudio y/o trabajo –si leen en pantallas regularmente, se preguntó cuál es la de uso más frecuente y cuál es el principal contenido que leen en esa pantalla–. Si disponen de un dispositivo para leer contenidos digitales, se pidió que mencionen sus principales atributos; y las ventajas y/o desventajas que proporciona la lectura digital en contraposición con la analógica. Ambas preguntas son abiertas, de modo que se pudo, a partir de las respuestas espontáneas, elaborar categorías de análisis. (Preguntas 9 a 11).

En términos metodológicos se considera que el instrumento aplicado cumple con validez interna, es decir, el grado de confianza en la eficacia de los resultados. Aunque la validez externa –que se relaciona con la posibilidad de generalizar los resultados a otras situaciones o poblaciones– presentaría limitaciones debido al tipo de muestra.

Algunas características sobre la muestra y recolección de datos. Se procuró obtener una muestra representativa mediante la inclusión de grupos típicos a partir de los aspectos constantes de la población. Además se intentó que reprodujera la composición de la población: considerando la proporción de mujeres y varones que siguen estudios superiores, se intentó cierto equilibrio en el número de casos según edad. (Con ello, no podría decirse que la muestra sea por cuotas, porque la cantidad de casos en cada grupo es desigual). En suma, esta investigación toma una muestra no probabilística de tipo intencional o por conveniencia –es decir, los casos resultaron accesibles–. Para administrar el cuestionario se contó con la colaboración de las profesoras de la asignatura Metodología de la Investigación Social de la Cátedra de la Mgter. María Gabriela Iglesias.[106] Se destinó parte de la clase utilizando como excusa el contenido temático de aquel día "instrumentos de recolección". Estratégicamente se pensó que responder el cuestionario permitiría a los alumnos aprender cómo se lo diseña en un caso real. Si bien el cuestionario fue entregado para que cada alumno lo respondiera por sí mismo, la presencia de los docentes permitió explicar el objetivo del mismo –en el marco del problema de investigación– y responder las dudas que surgían a estudiantes-encuestados. Además, se les aseguró que sus respuestas tendrían un fin exclusivamente académico, y que no debían colocar su nombre en el cuestionario por su carácter anónimo. Entonces se llevó a cabo la recolección de datos durante 2012 y 2013. En función del calendario académico se realizaron dos tomas. Vale mencionar que el instrumento utilizado en la primera de ellas tuvo más preguntas abiertas que el utilizado posteriormente, puesto que para ese momento ya se habían categorizado algunas de esas preguntas a partir de las respuestas reiteradas. Respecto de la extensión, responder el cuestionario tuvo una duración promedio de veinte minutos. Se evitó fatigar al joven encuestado para que no merme la calidad de sus respuestas. De allí que se eliminaron preguntas consideradas repetitivas o no relevantes a los fines de la investigación y recordando que "no es el número de preguntas lo que determina la amplitud máxima de un cuestionario, sino la duración media de la entrevista. Suele aconsejarse que éste no sobrepase la hora, mejor aún si dura

---

[106] Los casos recolectados se distribuyen en las siguientes carreras e instituciones: Contador, Economía, Administración de Empresas, Recursos Humanos, Comunicación Social, Sociología, Turismo y Diseño gráfico de la Universidad de Ciencias Empresariales y Sociales (UCES); Diseño gráfico y Ciencias de la Comunicación de la Universidad de Belgrano (UB); Trabajo Social de la Universidad de Buenos Aires (UBA); y Profesorado de Ciencias de la Educación y Profesorado de Psicología (Instituto Joaquín V. González).

entre treinta y cuarenta y cinco minutos" (Cea D´Ancona 2001:280). Precisamente por el perfil del encuestado y para no perjudicar el clima áulico –teniendo en cuenta el contexto en que se administró el cuestionario– se decidió acortar aún más el tiempo recomendado.

Acerca del procesamiento y análisis de datos, una vez que se contó con la totalidad de cuestionarios completos se realizaron las tareas correspondientes al trabajo de poscampo en gabinete: revisión, edición, codificación y consistencia de los mismos. Para el procesamiento de datos se utilizó el programa estadístico SPSS 11.5 para Windows, con el que cual se diseñó una estructura de base para incorporar cada uno de los campos de información previstos. La carga de cuestionarios tuvo lugar en los meses posteriores a las tomas. Antes fue necesario recuperar y salvar información en aquellos casos donde se presentaba algún tipo de inconsistencia lógica.

En el análisis estadístico se emplearon tablas de contingencia para el registro y análisis de las variables, y se presentaron los resultados en cuadros multivariados. En los cuadros de resultados cada celda está expresada en frecuencias relativas sobre el total de respuestas obtenidas –como los gráficos, salvo que mencionen lo contrario–. Además el epígrafe menciona si la pregunta es de respuesta múltiple, sobre todo porque en esos casos la suma de las frecuencias es distinta de 100. Cuando una cifra supera la longitud, el programa estadístico aproxima hacia arriba los decimales si el valor del último de ellos es igual o mayor que cinco, de lo contrario aproxima hacia abajo. Para la exposición de los datos, se dejó un decimal tal cual el sistema de cálculo, aunque en el relato se redondee la cifra. Como parte del procesamiento, se aplicaron las medidas de tendencia central. Sólo para las variables escalares o de intervalo se utilizó la media aritmética, y como medida de dispersión, el desvío. En tanto para las variables categóricas, nominales y ordinales, además del valor modal se aplicó la prueba no paramétrica Chi-cuadrado de Pearson ($X2$). Esta prueba permite determinar si existe relación entre dos variables de esa naturaleza; es necesario resaltar que indica si existe o no una asociación, pero no indica el grado o el tipo de relación. Es decir, *no* revela el porcentaje de influencia de una variable sobre la otra o la variable que causa la influencia. Siempre se trabajó con el valor de alfa 0,05 y el nivel de confianza 95%. Durante el procesamiento, cuando la matriz presentó una considerable cantidad de celdas vacías, la prueba de X2 no pudo realizarse por insuficiencia de frecuencias (observadas y esperadas). El sistema indicó que más del 20% de las casillas de cada tabla tienen frecuencias esperadas menores a 5, por ello, los resultados podrían ser inválidos. Estas notas advierten que existen irregularidades que afectan la muestra, ya sea un sesgo muestral, la fidelidad de los datos o el tamaño de la muestra. Cada vez que esto ocurrió, se salvó esta situación pidiendo la prueba sólo para las principales categorías.

Caracterización de los jóvenes encuestados

En lo que sigue se describe a los jóvenes a partir de las preguntas de clasificación ubicadas al inicio del cuestionario. Como se adelantó, los denominados "aspectos sociodemográficos" permiten trazar el perfil de la unidad de observación pero no constituyen variables de análisis en sí mismas, no sólo porque se las considera aspectos constantes, sino porque la cantidad de casos al interior de cada una es baja y el sesgo en el procesamiento de datos sería importante. Como se mencionó anteriormente, al hacer referencia a la unidad de análisis, sí importa el sexo y la edad porque son aspectos significativos –teórica y metodológicamente– y han sido cruzados con las variables de comportamiento y percepción. En primer lugar, se tomó una muestra compuesta en un 62% por mujeres y un 38% por varones. La edad promedio es 27 años.

El grupo etario 18-25 años –es decir, los jóvenes-plenos– representa poco más de la mitad con el 55% de la muestra, mientras el grupo 26-40 años –los jóvenes-adultos– el restante 45%.

Respecto del entorno, los jóvenes viven y estudian en zonas urbanas. Si bien todas las unidades de la muestra cursan estudios superiores en instituciones educativas ubicadas en la Ciudad Autónoma de Buenos Aires, el 66% reside en la Ciudad y el resto en el Gran Buenos Aires. Se deduce que el restante 34% se traslada hacia la Ciudad para estudiar cada día, y posiblemente también trabaje en esa misma zona.

Todas las unidades de la muestra están dentro del sistema de educación formal: cursan estudios superiores no universitarios –profesorados– (9%) y universitarios (91%).

A excepción del profesorado, el 87% asiste a una institución educativa privada.

Respecto de la condición de actividad y su posición en el mercado de trabajo remunerado, los jóvenes pertenecen a la población económicamente activa. El 84% trabaja. Dentro de esta proporción, los varones, y sobre todo el grupo 26-40 años, está casi en totalidad ocupado.

Entre los jóvenes que trabajan, el 91% está empleado en relación de dependencia mientras el resto es cuentapropista o microemprendedor. El grupo 18-25 años trabaja de forma independiente en mayor proporción que el resto; entre ellos, se destacan los varones (12,5%) –podría tratase de las primeras inserciones laborales, muchas de las cuales son ocupaciones informales–.

Como calificación laboral –el nivel del trabajador de acuerdo con la jerarquía de la organización en la que esté inserto–, previsiblemente, los jóvenes debido a su reciente trayectoria académica y laboral no estarían en condiciones de ocupar el nivel directivo –empleos a los cuales corresponden las funciones de dirección, formulación y adopción de políticas, planes, programas y proyectos para su ejecución–. No obstante, casi el 2% indica desempeñarse como "jefe" o "socio" –este nivel se acentúa en los varones, y podría tratarse de microemprendedores con algún trabajador a cargo–. En tanto, el 33% de los jóvenes encuestados ocupa cargos técnicos. Se desconoce si han egresado de carreras con una duración que varía entre los 2 y 3 años, que confieren la capacidad y conocimientos necesarios para desempeñarse en una especialidad de apoyo al nivel profesional. De acuerdo con las respuestas obtenidas al preguntarles a qué se dedica, se trata de analistas contables, de finanzas y de recursos humanos. (Vale mencionar que poco más de la mitad de los jóvenes apunta su ocupación). Por su parte, el 54% ocupa cargos operativos, es decir, desempeña tareas administrativas, comerciales y contables. Dentro de esta categoría se encuentran ejecutivos de cuentas, secretarias, empleados bancarios, entre otras ocupaciones. Poco más del 3% indica ser profesional: posiblemente se trate de jóvenes que al momento de administrar la encuesta se encontraban cursando su segunda carrera. En general, se deduce que los casos observados al finalizar sus estudios ocuparán la categoría profesional, porque se trata de carreras que tienen una duración de cuatro años y conducen a un título profesional: licenciatura. El resto de la muestra se distribuye en empleos no calificados (8%) como babysitter, cajero de supermercado, ayudante de cocina o mozo –autónomos especializados y no especializados–. En términos generales, podría sugerirse que las proporciones tienden a ser parejas entre los niveles ocupacionales al interior de los distintos grupos, por sexo y edad. Las diferencias se encuentran en pocos casos cuando se lee qué han apuntado los jóvenes, y que se registran como "no calificada". Por ejemplo, babysitter o pedicura como empleos femeninos o repartidor –delivery– y cadete como empleos masculinos.

Pensando en el *origen socioeconómico*, los jóvenes pertenecen a los sectores medios –medio típico y medio alto–. Si bien en el cuestionario no se incluyó ningún indicador que permitiese calcular el nivel socioeconómico (NES), la deducción es casi una obviedad. En términos generales, trabajan en relación de dependencia –lo que les asegura cobertura médica y tarjeta de débito–, cursan estudios superiores arancelados, poseen computadora –como mínimo– y se conectan a Internet asiduamente. Por último, si bien se desconoce el nivel de ingresos, podría suponérselo según las ocupaciones indicadas, y sugiriendo el gasto mensual en los aranceles educativos.

Este libro se terminó de imprimir en junio de 2018 en Imprenta Dorrego (Dorrego 1102, CABA).

www.ingramcontent.com/pod-product-compliance
Lightning Source LLC
Chambersburg PA
CBHW032001220426
43664CB00005B/99